知识产权系列教材

《企业知识产权管理规范》培训教程

国家知识产权局 ◎ 组织编写

朱 宇 支苏平 唐 恒 ◎ 主编

知识产权出版社
全国百佳图书出版单位

图书在版编目（CIP）数据

《企业知识产权管理规范》培训教程/朱宇，支苏平，唐恒主编. —北京：知识产权出版社，2015.1（2016.3加印）（2017.3加印）

知识产权系列教材

ISBN 978-7-5130-2755-7

Ⅰ.①企… Ⅱ.①朱…②支…③唐… Ⅲ.①企业—知识产权—管理规范—中国—教材 Ⅳ.①D923.4

中国版本图书馆CIP数据核字（2014）第113547号

内容提要

本书在对《企业知识产权管理规范》的制定背景、内容框架等进行概述的基础上，分别专章对《企业知识产权管理规范》的实施要求与步骤、知识产权管理贯标诊断、企业如何构建知识产权管理体系框架、企业如何具体落实贯标管理程序、企业如何开展宣贯培训与运行实施、企业的内部审核及管理评审进行论述。本书是企业加强知识产权管理标准化的重要参考工具书。

读者对象：知识产权行政管理人士及企业知识产权管理人员。

责任编辑：卢海鹰	责任校对：韩秀天
装帧设计：张　翼	责任出版：刘译文

知识产权系列教材

《企业知识产权管理规范》培训教程

国家知识产权局　组织编写

朱　宇　支苏平　唐　恒　主编

出版发行：知识产权出版社有限责任公司	网　　址：http://www.ipph.cn
社　　址：北京市海淀区西外太平庄55号	邮　　编：100081
责编电话：010-82000860转8122	责编邮箱：lueagle@126.com
发行电话：010-82000860转8101/8102	发行传真：010-82000893/82005070/82000270
印　　刷：北京科信印刷有限公司	经　　销：各大网络书店、新华书店及相关专业书店
开　　本：787mm×1092mm　1/16	印　　张：19.25
版　　次：2015年1月第1版	印　　次：2017年3月第3次印刷
字　　数：332千字	定　　价：58.00元

ISBN 978-7-5130-2755-7

出版权专有　侵权必究

如有印装质量问题，本社负责调换。

国家知识产权教材编委会

主　　任：申长雨

副 主 任：甘绍宁

委　　员：王景川　徐治江　吴汉东　李明德

　　　　　马　浩　单晓光　陶鑫良　宋柳平

　　　　　白光清　马　放　高　康

《企业知识产权管理规范》培训教程

本册主编：朱 宇 支苏平 唐 恒

编 写：韩奎国 刘 佳 程 龙

何 英 宋东林

序

党的十八届四中全会确立了依法治国的指导思想，并提出完善激励创新的产权制度、知识产权保护制度和促进科技成果转化的体制机制。30年来，我国知识产权事业取得了举世公认的巨大成就，党中央、国务院高度重视知识产权事业发展，在2014年11月5日召开的国务院常务会议上，再一次全面部署了加强知识产权保护和运用，努力建设知识产权强国，助力创新创业、升级"中国制造"各项工作。建设知识产权强国意义重大，这既是我国知识产权事业发展到现阶段的必然选择，也是我国转变经济发展方式、全面建成小康社会、实现中华民族伟大复兴中国梦的必然要求。

在知识产权强国建设中，知识产权人才发挥着重要的支撑作用。作为我国人才队伍中的一支新生力量，知识产权人才是发现人才的人才、保护人才的人才、激励人才的人才，是我国经济社会发展急需紧缺的战略性资源。可以说，实现创新驱动发展，人才是基础；建设知识产权强国，人才是保障。"十二五"以来，全国知识产权培训工作蓬勃发展，为我国知识产权人才培养奠定了坚实的基础。全国知识产权系统大力开展针对党政领导干部、企事业单位、高校和科研机构、知识产权服务业等各级各类知识产权人才举办培训，推动了全国知识产权培训工作科学化、标准化和体系化发展，产生了良好的社会效应。

知识产权教材建设是知识产权人才培养与培训的基础性工作，也是我国知识产权理论和实践成果的集中体现。国家知识产权局高度重视知识产权教材建设，自2012年启动教材编写工作以来，组织编写了一套具有权威性、实用性和系统性的精品教材，加强对企事业单位等实务型人才的培养，为知识产权人才培训提供服务。系列教材邀请了一批具有深厚学术功底和丰富实践经验的专家学者承担编写任务，同时广泛听取了各领域专家学者的意见建议，做到质量为先、字斟句酌。教材建设工作力求解决知识产权工作实际问题，推动我国知识产权人才队伍建设，为建设具有中国特色、具备世界水平的知识产权强国提供坚实的人才保证和智力支持。

2014 年 12 月

目 录

第一章 《企业知识产权管理规范》概述 ········· 1
 第一节 《企业知识产权管理规范》制定背景 ········· 1
 第二节 《企业知识产权管理规范》管理模型 ········· 3
 第三节 《企业知识产权管理规范》内容框架 ········· 4
 第四节 《企业知识产权管理规范》特点 ········· 7

第二章 《企业知识产权管理规范》实施要求与步骤 ········· 8
 第一节 《企业知识产权管理规范》指导原则 ········· 8
 第二节 《企业知识产权管理规范》实施要求 ········· 9
 第三节 《企业知识产权管理规范》实施步骤 ········· 11

第三章 贯标诊断 ········· 13
 第一节 知识产权管理诊断程序 ········· 13
 第二节 知识产权管理诊断内容 ········· 17
  一、知识产权方针目标的诊断 ········· 17
  二、管理体系文件的诊断 ········· 19
  三、管理机构的诊断 ········· 20
  四、资源管理的诊断 ········· 21
  五、基础管理的诊断 ········· 22
  六、实施和运行的诊断 ········· 23
 第三节 知识产权管理诊断报告 ········· 24
  一、信息收集与统计 ········· 25
  二、访谈记录 ········· 26
  三、存在问题 ········· 27
  四、问题剖析 ········· 27
  五、实施方案 ········· 28

第四章 构建体系框架 ········· 29
 第一节 管理体系内容 ········· 29
 第二节 编制知识产权方针 ········· 30
 第三节 制定知识产权目标 ········· 31

第四节　明确知识产权管理职责 ································· 33
一、最高管理者 ·· 33
二、管理者代表 ·· 33
三、知识产权管理部门 ·· 34

第五节　配备知识产权管理资源 ································· 38
一、人力资源 ··· 39
二、基础设施 ··· 41
三、财务资源 ··· 42
四、信息资源 ··· 43

第五章　编写文件 ·· 45

第一节　知识产权手册 ··· 45
一、知识产权手册 ·· 45
二、知识产权手册构成 ·· 45

第二节　知识产权管理职责 ··· 64
一、最高管理者的职责 ·· 64
二、管理者代表的职责 ·· 64
三、知识产权管理部门的职责 ·· 65
四、其他部门通用的职责 ·· 65
五、技术部（研发部）的职责 ·· 65
六、采购部的职责 ·· 66
七、生产部（品质部）的职责 ·· 66
八、市场部的职责 ·· 66
九、财务部的职责和权限 ·· 66
十、行政部的职责 ·· 66
十一、人事部的职责 ··· 66

第三节　程序文件 ··· 67
一、文件控制程序的要点 ·· 67
二、法律法规和其他要求的要点 ····································· 67
三、人力资源控制程序的要点 ·· 67
四、财务资源管理程序的要点 ·· 69
五、信息资源管理程序的要点 ·· 69
六、知识产权获取程序的要点 ·· 69
七、知识产权维护程序的要点 ·· 71

八、知识产权运用程序的要点 …… 72
　　九、知识产权保护程序的要点 …… 73
　　十、合同管理控制程序的要点 …… 74
　　十一、保密管理的要点 …… 75
　　十二、研究与开发控制程序的要点 …… 75
　　十三、采购控制程序的要点 …… 77
　　十四、生产控制程序的要点 …… 78
　　十五、销售及售后控制程序的要点 …… 80
　第四节　记录表单 …… 80
　第五节　知识产权程序及记录样例 …… 81
　　样例一　文件管理程序及记录 …… 81
　　样例二　管理职责程序及记录 …… 86
　　样例三　资源管理程序及记录 …… 93
　　样例四　基础管理程序及记录 …… 128
　　样例五　实施和运行程序及记录 …… 231
　　样例六　审核与改进程序及记录 …… 259

第六章　宣贯培训 …… 265
　一、内审员培训要求与内容 …… 265
　二、知识产权专职人员技能的培养 …… 265
　三、全员培训要求与内容 …… 266
　四、知识产权管理人员培训要求与内容 …… 266
　五、相关部门培训要求与内容 …… 267
　六、最高管理层培训要求与内容 …… 267

第七章　运行实施 …… 270
　第一节　运行要求 …… 270
　第二节　实施和保持 …… 270

第八章　持续改进 …… 283
　第一节　内部审核 …… 283
　　一、内部审核的工作要点 …… 283
　　二、内审员的要求 …… 283
　第二节　管理评审 …… 286
　　一、管理评审与改进的关系 …… 287

二、如何从输入的信息中寻找改进的机会 …………………… 288
三、管理评审的输出 …………………………………………… 288

第九章 《企业知识产权管理规范》贯彻实施常见问题 …… 291
第一节 知识产权管理诊断问题 ………………………………… 291
第二节 方针目标问题 …………………………………………… 292
第三节 职责权限问题 …………………………………………… 293
第四节 体系文件问题 …………………………………………… 294
第五节 贯彻实施问题 …………………………………………… 294
第六节 企业意识问题 …………………………………………… 295

第一章 《企业知识产权管理规范》概述

第一节 《企业知识产权管理规范》制定背景

2008年6月,国务院颁布《国家知识产权战略纲要》,明确提出到2020年把我国建设成为知识产权创造、运用、保护和管理水平较高的国家,这是继科教兴国战略、人才强国战略之后第三个国家战略。纲要强调实施国家知识产权战略,大力提升知识产权创造、运用、保护和管理能力,有利于增强我国自主创新能力,建设创新型国家;有利于完善社会主义市场经济体制,规范市场秩序和建立诚信社会;有利于扩大对外开放,实现互利共赢。纲要指出:"实施国家知识产权战略,要坚持以邓小平理论和'三个代表'重要思想为指导,深入贯彻落实科学发展观,按照激励创造、有效运用、依法保护、科学管理的方针,着力完善知识产权制度,积极营造良好的知识产权法治环境、市场环境、文化环境,大幅度提升我国知识产权创造、运用、保护和管理能力,为建设创新型国家和全面建设小康社会提供强有力支撑。"

企业是国家知识产权战略实施的重要主体和基础力量,在国家知识产权战略中处于核心地位。国家知识产权战略目标的实现,很大程度上体现在企业运用知识产权制度能力的提高和企业知识产权核心竞争力的大幅提升。大力提高企业知识产权创造、运用、保护和管理能力,推动企业在创新道路上持续发展是实施国家知识产权战略的一项重要任务。

目前,我国绝大多数企业的知识产权综合管理能力与发达国家跨国公司相比,差距非常明显,突出表现在以下四个方面:

一是企业知识产权意识薄弱,知识产权管理不全面。许多企业把知识产权管理简单理解为专利、商标管理。知识产权管理工作仅限于申请和维护专利、注册商标、品牌宣传等简单的日常管理工作,并没有将知识产权管理工作与企业的经营发展战略有机结合起来,将知识产权管理工作融入企业生产经营活动的全过程，使知识产权管理工作服务于企业的整体发展战略。

二是企业知识产权人才匮乏，缺乏科学系统管理。虽然近年来我国已涌现出一批将知识产权管理作为企业管理重要方面的企业，但是大多数企业仍然没有有效地开展知识产权管理工作，尚未建立相应的知识产权管理部门，而且普遍存在缺乏系统规范的管理制度和专业化的管理人员，知识产权管理工作仍然处于临时性、兼顾型的状况，难以保证企业的知识产权管理工作持续开展，更难以确保知识产权管理为企业创造效益。

三是企业自主创新能力弱、核心知识产权产出少。尽管我国知识产权制度建立以来经过了30年的不断发展和完善，但企业仍然没有成为知识产权创造的主体。当前，我国企业的自主创新能力还普遍较弱，企业核心知识产权产出仍然普遍较少。从企业的专利产出数量来看，当前我国企业的专利申请量和授权量占总量的比例仅为30%左右，全国规模以上企业有专利申请的仅为万分之一左右，突出反映了我国企业高质量发明创造成果产出少，企业关键技术、核心技术的自主知识产权缺乏。

四是企业知识产权保护能力不强、市场化营运能力较弱。当前我国企业对研究成果如何实施有效的知识产权保护缺乏足够的认识，往往导致研发成果的知识产权权利丧失，或造成企业的无形资产流失。同时，大多数企业在自己的知识产权遭到侵权时或被他人控告侵犯其知识产权时，还不知道如何正确维权。另外，大量的企业对知识产权资产的管理缺失，能将知识产权作为企业的战略性资源进行运用的企业很少，大量的企业对运用知识产权上市融资、质押贷款、对外投资、开展许可证贸易等市场化运作方面能力弱，缺乏将知识产权资源优势转化为市场优势、竞争优势和资产优势的能力，企业拥有的自主知识产权对企业发展的贡献没能得到充分释放。

基于当前企业知识产权管理工作的现状，为促进我国企业自主创新能力和知识产权运用水平的不断提高，逐步实现把知识产权融入到企业生产经营的各个环节，借鉴江苏等省在推行企业知识产权管理标准化方面的经验，国家知识产权局2011年开始组织制定国家标准《企业知识产权管理规范》，在结合国内标准体系最新进展及国际上标准体系研究成果的基础上，历经预研、立项、起草、征求意见、专家审查、试点运用、报批备案等阶段后，由国家标准化管理委员会正式公布，于2013年3月1日起实施。

国家标准《企业知识产权管理规范》（GB/T 29490—2013）的提出，

旨在指导企业建立科学、系统、规范的知识产权管理体系，帮助企业全面落实国家知识产权战略精神，积极应对当前全球范围的知识产权竞争态势，有效提高知识产权对企业经营发展的贡献水平。

第二节 《企业知识产权管理规范》管理模型

《企业知识产权管理规范》提供了基于过程方法的企业知识产权管理模型，通过策划、实施、检查与改进（PDCA）的知识产权管理模式实现企业知识产权管理体系的建立与持续改进。策划（P）：理解企业知识产权管理需求，制定知识产权方针和目标；实施（D）：在企业的业务环节（产品的立项、研究开发、采购、生产、销售和售后）中获取、维护、运用和保护知识产权；检查（C）：监控和评审知识产权管理效果；改进（A）：根据检查结果持续改进知识产权管理体系。

图1.1是企业知识产权管理标准化活动的PDCA模式示意图，策划（P）是实施（D）的基础，检查（C）是监控和评审实施（D）的情况，改进（A）是对检查（C）结果进行改进，通过PDCA循环实现企业知识产权管理的良性循环，保证企业知识产权管理体系不断得到优化。

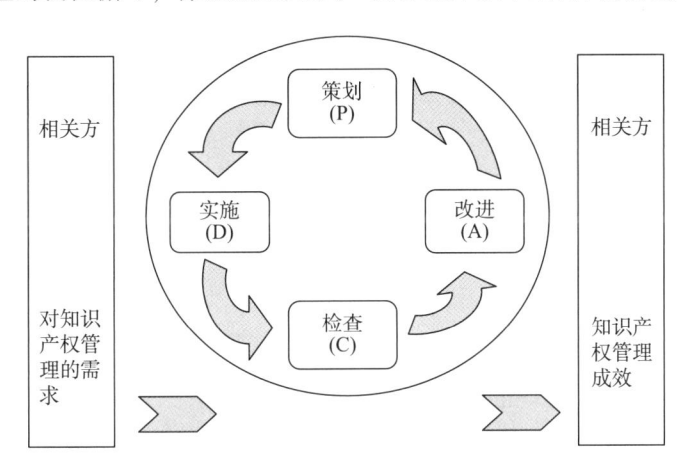

图1.1 企业知识产权管理标准化活动的PDCA模式

企业知识产权管理工作是基于过程的管理，其每个过程都有输入和输出，一个过程的输出是另一个过程的输入，环环紧扣的过程形成了知识产权管理的整个过程，即输出相关方对知识产权管理的需求，输出知识产权管理的成效。

知识产权管理过程涉及的相关方既包括企业外部的相关方，如供方、合作方、竞争者等，也包括企业内部的生产经营部门。基于企业的知识产权管理需求，通过PDCA管理模式的策划、实施、检查到改进的循环管理系统，来保证及时发现和解决管理工作中存在的问题。企业的知识产权管理的需求一般包括：开发新产品，研发新技术；提高产品附加值，扩大市场份额；防范知识产权风险，保障投资安全；提高生产效率，增加经济效益。

企业知识产权管理的最终目的是优化企业的各类资源配置，控制企业风险，实现企业效益的最大化。企业知识产权管理绩效一般包括：激励创造知识产权，促进技术创新；灵活运用知识产权，改善市场竞争地位；全面保护知识产权，支撑企业持续发展；系统管理知识产权，提升企业核心竞争力。

企业开展知识产权管理工作，首先要对本企业的知识产权现状和面临的形势进行分析和评价，在此基础上提出知识产权方针，依据该方针设定知识产权目标，通过知识产权管理体系的构建和运行控制来实现目标，并通过检查、分析与改进，来确保知识产权管理体系的不断完善，从而实现企业知识产权目标。以上过程之间是相互制约、相互影响的逻辑关系。企业知识产权方针、目标脱离企业实际，或企业知识产权管理体系过程之间存在问题都难以确保知识产权管理的有效性。

第三节　《企业知识产权管理规范》内容框架

《企业知识产权管理规范》包括前言、引言和正文三部分，正文包括范围、规范性引用文件、术语和定义、知识产权管理体系、管理职责、管理资源、基础管理、实施和运行、审核和改进九个章节，其内容介绍如下：

（一）前言

主要说明了本标准的提出和归口管理单位，主要起草单位和起草人。

（二）引言

介绍了基于过程方法的企业知识产权管理模型，该模型指导企业建立策划、实施、检查、改进的知识产权管理体系，该体系能满足企业的开发新产品、提供产品附加值、防范知识产权风险、提高生产率等经营发展中的知识产权管理需求，实现激励创造、灵活运用、全面保护和系统管理知识产权的绩效。企业知识产权管理体系在构建过程中应该遵循战略导向、领导重视和全员参与的指导原则，综合考虑经济社会发展状况、企业规模、所属行业等影响因素。

（三）正文

1. 范围

明确了本标准应用场合和适用组织。

2. 规范性引用文件

规范性引用文件部分说明了本标准是建立在知识产权管理体系的基础上，在企业具有良好的实施基础。

3. 术语和定义

界定了本标准中提到的知识产权、过程、产品、体系、管理体系、知识产权方针和知识产权手册的定义，是理解标准的基础。

4. 知识产权管理体系

规定了实施知识产权管理体系的总体要求和文件要求。总体要求是实现知识产权管理体系的文件化和持续性。文件要求是对文件化的具体限定，总则部分规定了知识产权管理体系应包括知识产权方针目标、知识产权手册、文件化的程序和记录三个层次的文件；文件控制明确了文件的保存和使用规定，应进行必要的审批程序和分类管理等；知识产权手册规定了其应涵盖的范围；外来文件和记录规定了记录涉及的范围、保管和使用要求等。

5. 管理职责

规定了管理者及管理部门的职责权限，分为五节。管理承诺规定了最高管理者应作为企业知识产权管理的第一责任人，制定知识产权方针、配备必要资源和组织管理评审，知识产权方针规定了方针应适应企业经营发展要求，形成文件，经最高管理者批准、发布，并得到全体员工的理解；策划规定了建立知识产权管理体系前应明确需求，了解知识产权管理活动，制定层次化和可考核的知识产权目标，收集知识产权法律法规和其他相关要求；职责、权限和沟通规定了最高管理者应在企业最高管理层中指定专人作为管理者代表，建立配备专业人员的机构负责知识产权工作，建立有效的沟通渠道，以确保知识产权管理体系的有效性；管理评审规定了确保体系适宜性和有效性的方法，通过对知识产权方针目标、企业经营目标、技术趋势等输入信息的分析，输出对知识产权体系修改的建议。

6. 资源管理

规定了企业知识产权资源管理的要求，包括人力资源、基础设施、财务资源、信息资源四方面的要求。人力资源规定了企业应配备专业的知识产权管理人员，举办必要的教育和培训，加强通过人事合同对知识产权相关问题进行约定，调查和监控入职和离职中的知识产权风险，建立对相关人员的奖励和惩罚机制；基础资源规定了企业应提供必要的软硬件设置和办公场所；财务资源规定了企业应设定知识产权经常性预算费用，以满足知识产权日常事务、机构运行等的经费保障；信息资源规定了企业应建立收集信息的渠道，加强筛选、分析和利用，控制信息外泄的风险等。

7. 基础管理

规定了知识产权生命周期过程的知识产权管理要求，包括获取、维护、运用和保护的知识产权管理流程，以及合同和保密管理环节的知识产权要求。获取阶段规定了企业在获取知识产权时应明确计划，实施检索分析，制定获取策略和保持获取记录；维护阶段规定了企业应加强知识产权日常管理，在权利放弃和变更前进行必要的评估；运用阶段规定了企业应促进知识产权的实施，在许可和转让前制定调查内容并进行评估，投融资前应开展尽职调查与风险和价值评估，企业重组时应重点对知识产权进行调查评估，制定或参与标准时应明确其知识产权要求，建立或参与联盟和相关组织时应明确其知识产权政策；保护阶段规定了企业知识产权管理风险控制要求，减低侵权和被侵权风险，在发生争议时应评估并选取解决方式，对外贸易时应对贸易地进行调查，并采取相应的边境保护措施。合同管理规定了应加强对合同知识产权条款的审查，加强知识产权委外合同的管理和明确技术合同中的知识产权条款。保密管理规定了应从涉密人员、涉密设备、涉密信息和涉密区域四个角度进行管控。

8. 实施和运行

规定了企业立项、研究开发、采购、生产、销售和售后各环节的知识产权管理要求，突出了企业全流程的管理理念。立项规定了企业应加强知识产权信息分析，明确竞争对手和核心专利，制定防范预案；研究开发规定了企业应加强信息利用，制定知识产权规划，适时调整研发策略，通过评估及时实现知识产权的保护；采购规定了企业应加强对供货商的调查，在合同中明确知识产权权责，实施关键信息的保密管理；生产规定了企业应及时评估创新并形成知识产权，加强对协同生产的合同管理和监控；销售和售后规定了应加强销售前的全面审查和分析，制定展会等宣传活动的风险规避方案，建立市场监控措施，因市场变化适时调整知识产权策略。

9. 审核和改进

规定了知识产权管理体系持续改进的要求。本标准规定企业应定期进行内部审核，对审核结果进行分析，根据知识产权方针、目标，制定改进措施，监督执行改进效果，以确保体系的适宜性和有效性。

第四节 《企业知识产权管理规范》特点

《企业知识产权管理规范》借鉴了江苏、广州等地的经验，广泛吸收国内专家、学者、企业、服务机构、政府部门的意见，其特点体现在以下几个方面：

（一）设计理念科学

本标准融入了知识产权是企业战略性资产的理念，提出知识产权管理体系的目标是提高企业核心竞争力，强调了知识产权管理应该与企业战略管理相结合，明确了在各业务领域和各业务环节中全员参与知识产权管理的要求。本标准借鉴了ISO质量管理体系的科学管理思想，通过策划、实施、检查、改进四个环节实现知识产权管理有效运行和持续改进。

（二）体系科学系统

本标准提出了全业务、全流程的知识产权管理要求。在组织管理方面，要求最高管理者重视、设立管理者代表和知识产权机构，体现了管理体系的系统化。在文件管理方面，规范了知识产权管理方针和目标、管理手册、程序和记录表单，实现了文件体系的系统化。在基础管理方面，从知识产权创造、运用、保护的角度实现知识产权全方位和系统化的管理；同时，根据产品和技术的生命周期，规范了立项、研究开发、采购、生产、销售和售后等生产经营环节中的知识产权流程化管理。

（三）操作适用易行

目前，大多数企业运行质量管理、环境管理、安全管理三大管理体系，本标准立足将知识产权管理体系嵌入企业现有体系中，同现有体系具有高度一致性。企业在执行标准过程中，只需要对原有管理体系做适应性调整即可，企业贯标工作量小，实施比较容易。该标准在编制过程中综合考虑了不同规模、不同行业、不同类型企业知识产权管理的需求，吸收全国各地方知识产权管理标准的优点，注重结合知识产权工作的具体特点，设计关键控制环节与共性控制节点，对部分条款内容提供选择执行的指导，以满足我国大多数企业管理需求。

第二章 《企业知识产权管理规范》实施要求与步骤

第一节 《企业知识产权管理规范》指导原则

《企业知识产权管理规范》提出了战略导向、领导重视和全员参与的指导原则，从战略、领导和操作三个层面对标准的实施提出了要求，强调知识产权管理体系不是独立的体系，需要企业总体策划，最高管理者承诺和全体员工参与，才能确保其系统运行和持续改进，形成良性的循环发展。

（一）战略导向

企业应统一部署经营发展、科技创新和知识产权战略，使三者互相支撑、互相促进，提出知识产权战略的管理方针，规定在各业务领域和各业务环节中全员参与的管理理念，统筹考虑知识产权管理的影响因素，使管理体系既适应外部环境的变化，又适应企业业务发展的需要。

（二）领导重视

最高管理者的支持和参与是知识产权管理的关键，最高管理层应全面负责知识产权管理。企业应明确最高管理者是企业知识产权第一责任人，其通过制定知识产权方针目标、配备管理资源、任命管理者代表对企业知识产权事务进行管理。最高管理者应统一管理层对知识产权管理的认识，促进知识产权管理体系的持续改进和不断完善。

（三）全员参与

知识产权涉及企业各业务领域和各业务环节，应充分发挥全体员工的创造性和积极性。因此，在基础管理中围绕知识产权获取、维护、运用、保护的知识产权生命周期管理，提出知识产权管理需求，这是知识产权管理岗位的职责要求，同时又围绕立项、研究开发、采购、生产、销售和售后的生产经营过程对企业其他部门的知识产权管理提出要求，通过每个岗位的员工提升知识产权意识，构建企业知识产权文化。

第二节 《企业知识产权管理规范》实施要求

《企业知识产权管理规范》要求企业建立知识产权管理体系，形成文件，运行并持续改进，保持其有效性。企业可根据自身特点，结合企业战略目标，对在生产经营活动中所涉及的知识产权管理内容、管理环节，进行规范化管理，形成知识产权管理体系，如制订工作计划、活动记录要求以及生产经营各个环节的知识产权管理流程、控制程序等，使企业的各类知识产权得到有效管理，企业内部各个部门的知识产权管理活动应相互衔接、协调运转，确保知识产权管理的有效开展。

企业管理是一个动态过程，知识产权管理是整个管理过程中的重要组成部分，因此知识产权管理活动受内部和外部因素的影响，为构建具有长效机制的管理体系，企业需要对影响因素进行分析评估，对知识产权管理体系进行审核，并适时进行调整，以适应形势发展的需要，促进知识产权管理体系的持续完善，保障知识产权管理体系的有效运行。

知识产权管理体系文件是描述知识产权管理体系的一整套文件，是企业建立并保持开展知识产权管理的重要基础，是知识产权管理体系审核和认证的主要依据。建立并完善知识产权管理体系文件是为了进一步理顺关系、明确职责与权限、协调各部门之间的关系，使各项知识产权活动能够顺利、有效地实施，确保知识产权管理活动有效运行，从而满足相关方对知识产权的需求，防范知识产权风险，提升企业竞争力。

知识产权管理体系文件是企业知识产权管理的基本要求和规定，企业通过文件化的管理程序规范企业的管理流程和要求。文件的基本要求是既要符合企业知识产权管理规范的要求，又要关注企业的管理重点和特点，满足企业的知识产权管理需要。文件在内容上应注重合规性和可操作性，即文件的内容既要满足各类法律法规的要求，又能与企业管理实际流程相结合，对企业的管理过程进行知识产权管控。文件是企业知识产权管理的基础，文件的可操作性关系到知识产权管理体系的执行程度，因此在文件编制前应充分学习标准的要求，深入调研企业的知识产权管理环节和流程，广泛征求相关管理岗位人员的意见，严控管理文件的质量。知识产权管理体系文件包括形成文件的知识产权方针、知识产权目标、知识产权手册、知识产权管理程序以及最终形成的知识产权活动记录。对体系文件的管理应符合标准中的文件要求。体系文件的层次结构如图2.1所示：

方针、目标　方针是知识产权管理宗旨和方向；目标是对知识产权工作的具体要求

手册　手册是知识产权管理体系文件之一，也是知识产权管理体系审核的依据

程序和记录　程序是知识产权管理的规范性要求，记录是执行程序形成的活动

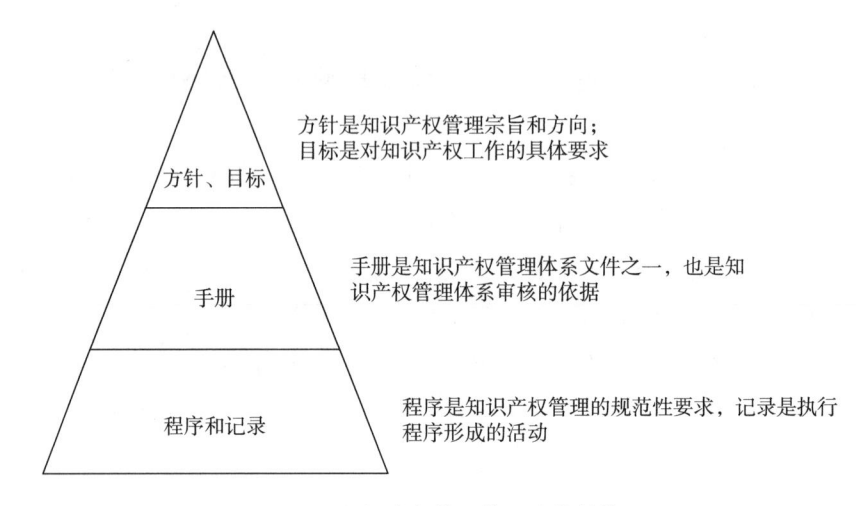

图2.1　知识产权管理体系文件结构

文件要求主要是针对企业知识产权方针、目标，知识产权手册，程序和记录这三个层次的内容，其内容应符合以下要求：一是文件内容符合标准要求；二是文件要求符合企业实际情况；三是知识产权体系文件在发布或更新发布前应得到审核和批准；四是划分保密等级，进行档案管理；五是对其执行情况进行跟踪、评价。

知识产权方针是企业知识产权管理的宗旨和方向。知识产权方针应与企业的经营发展方针相适应，符合企业的行业特点、发展阶段和战略规划。

知识产权目标是知识产权具体的计划要求。知识产权目标应具体、明确，包括长期目标、中期目标和年度目标等，其目标应具有层次性和可考核性。

知识产权手册是知识产权管理体系的基本规定，明确涉及的程序及其关系。知识产权手册内容包括知识产权机构的设置、职责和权限，程序或程序的引用，各管理过程之间的关系。

知识产权管理程序是知识产权管理的具体要求，涉及具体的管理流程规定，包括知识产权申请、维护、管理、奖励以及保密等各方面的要求。

记录是管理活动的客观反映。记录包括内部记录和外来文件，外来文件包括行政决定、司法判决、律师函等，对外来文件应确保能识别来源出处以及取得的时间；内部记录是企业知识产权管理活动的记录，应做到详

细、准确、清晰、客观，保证活动过程的可追溯性。企业应对记录进行归档整理，确保其完整性和易于取阅。

第三节 《企业知识产权管理规范》实施步骤

《企业知识产权管理规范》是国家推荐标准，其目的是规范企业知识产权管理活动，提升企业知识产权管理能力，为更好地运用知识产权，降低企业风险奠定基础，实现企业创新力和竞争力的提升。标准的实施过程是通过设定知识产权方针目标，建立知识产权管理部门，制定知识产权管理职责，配备知识产权管理资源，建立知识产权文件，实施知识产权管理体系，持续完善实现的，其过程符合管理的 PDCA 循环。贯彻实施标准可以参照如下步骤进行：

1. 知识产权管理诊断

组织学习《企业知识产权管理规范》，明确标准条款的要求；对企业知识产权管理过程、问题、岗位等进行梳理分析，对比企业经营目标，找出知识产权管理的不足，明确贯彻标准的方法、步骤和重点要求，设计贯彻实施标准的方案。

2. 构建知识产权管理体系框架

知识产权管理体系是由知识产权方针、目标、知识产权管理组织机构和人员职责、生产经营活动各个环节的知识产权管理事项所构成的有机整体。企业知识产权管理体系的适宜性和有效性是知识产权管理标准化成功的关键，因此企业应对照《企业知识产权管理规范》要求，依据企业的规模、行业特点和发展重点策划知识产权方针，并在方针的指导下通过最高管理者承诺，设立知识产权管理部门，任命知识产权管理者代表，明确管理职责，配备人力资源、财务资源、信息资源和基础设施，建立企业知识产权管理体系框架，为进一步推动贯标工作和实施知识产权日常管理确定基础。

3. 编写知识产权管理体系文件

知识产权管理体系文件主要包括知识产权手册、管理程序和记录表单。知识产权手册是企业知识产权管理体系文件的总框架，是企业管理文件的总纲；管理程序是知识产权管理制度和控制程序的总称，明确规定知识产权生命周期和生产经营过程中的要求，其固化了企业中各个知识产权管理流程，是进行知识产权日常管理的依据；记录表单是知识产权活动的记录，是有效追溯知识产权管理过程的工具。知识产权体系文件应充分体现知识产权管理的需求，涵盖企业知识产权管理流程，有效管理知识产权事项。

4. 开展宣贯培训

知识产权教育培训是企业员工推行知识产权管理体系的基础，是全体员工参与知识产权管理的要求。企业应通过各种渠道向全体员工进行知识产权管理标准化的宣传培训，包括知识产权方针的内涵，知识产权目标的要求，各个岗位的知识产权管理职责，知识产权管理制度要求，知识产权管理流程要求等。对于企业的管理层应该从宏观层面进行培训，使之明确知识产权与企业经营发展的关系；对知识产权管理人员应加强对标准理解方面的培训，使其对知识产权管理体系有总体认识和具体了解；对研究开发等重点岗位的人员应进行相关技能培训，使之能提升创新能力。在知识产权贯标培训中还必须培训专业的知识产权管理内审人员，使之了解内容的基本要求，为知识产权管理体系的内审和管理评审做好人才储备。

5. 知识产权管理体系运行实施

管理的关键是执行力，知识产权管理的执行力是贯标工作成功的关键，因此应重点推动各岗位和环节的执行力，使各项知识产权活动按照流程规范的要求推进，使各种知识产权事务按照制度要求的方式管理，在管理过程中加强对记录的检查，采用规范化的记录表单记录活动情况，并依据文件规定进行归档保存。

6. 持续改进知识产权管理体系

知识产权管理是动态的过程，企业对自身知识产权管理的理解也随着企业内外部环境的变化而变化，为持续保持管理体系的有效性，应对管理过程进行定期的检查分析和评审工作。持续改进既是 PDCA 循环的精髓，也是企业知识产权管理体系不断完善的需要，企业应按照建立的内部审查程序和管理评审程序对企业知识产权管理的执行情况和管理体系的适宜性、有效性进行审查，从而满足标准的要求，实现企业知识产权管理的良性循环，提升企业的创新力和竞争力。

第三章 贯标诊断

第一节 知识产权管理诊断程序

知识产权管理诊断不是随意的活动，而是一种目的性很强的、有组织、有计划的活动，因此在诊断前一定要制定详细的诊断计划。诊断计划中要明确诊断的内容、重点，诊断实施的部门、人员，诊断进行的时间、阶段，使被诊断对象了解诊断工作，并做好配合工作，以提高诊断的效率和效果。

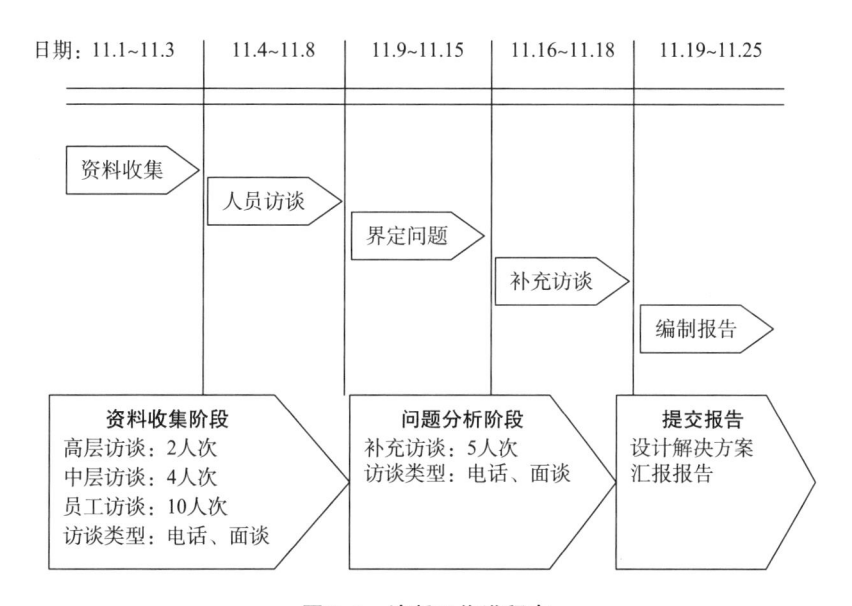

图 3.1 诊断工作进程表

如图3.1所示，图中给出了某企业知识产权诊断工作的进度表，用了近4周的时间。11月1~3日，收集资料；11月4~8日，开展人员访谈，方式包括电话访谈和面谈两种，访谈对象包括高层领导、中层领导和基层员工；11月9~15日，界定发现的问题，并在11月16~18日，进行补充访谈。在此基础上，11月19~25日，编制诊断报告，设计解决方案。

由于是基于标准化的知识产权管理诊断工作，因此《企业知识产权管理规范》是诊断的依据，在开始诊断工作之前，需要深入理解规范的要求，然后根据规范的内容梳理出诊断的基础性问题和收集的基础资料，制定企业知识产权诊断前的调查问卷，调查问卷可以分为针对企业的和针对个人的。

针对企业的调查问卷内容可以包括以下内容（见表3.1）：

表3.1 企业调查问卷内容

序号	问题	提交材料
1	贵企业有无知识产权专职管理部门？	请提交组织架构和部门职责表
2	贵企业有无知识产权专职管理人员？	请提交管理人员任职条件和职责
3	贵企业有无知识产权管理专项经费？	请提交管理预算资料
4	贵企业有无专利审查机制？	请提交程序资料
5	贵企业是否有员工知识产权激励机制？	请提交制度文件和记录
6	贵企业是否遇到过知识产权纠纷？	请提供相关资料
7	贵企业是否进行知识产权培训？	请提供培训记录
8	贵企业是否约定员工知识产权权属？	请提供约定材料
9	贵企业是否有商业秘密控制规定？	请提供相关文件
……		

针对个人的调查问卷内容可以包括以下内容（见表3.2）：

表3.2 个人调查问卷内容

序号	问题	提交材料
1	是否参加过知识产权相关培训？	请列出培训名称和时间
2	是否参与过知识产权管理工作？	请列出工作内容
3	是否了解企业的知识产权规定？	请列出管理的规定内容
4	是否和企业签署过知识产权约定？	请列出约定内容
5	是否受到过企业知识产权的奖励或惩罚？	请列出奖惩事项
……		

调查问卷的发放要有针对性，针对企业的调查问卷既要发放到知识产

权管理部门，也要发到诸如法务部、人事部等，从不同层次了解企业的知识产权管理情况。针对个人的调查问卷应考虑到不同层次不同岗位的人员，包括公司的高级管理者、中级管理者，也包括企业的基层工作人员。在回收调查问卷结论的基础上，还需要对其他知识产权管理资料进行收集。

在调查问卷发放完成后还要进一步收集企业其他的知识产权资料，最终形成企业知识产权资料集合，其收集的资料包括以下内容（见表3.3）：

表3.3 收集资料清单

序号	提交材料
1	企业知识产权从业人员数及构成情况
2	组织架构及职责范围
3	知识产权规章制度情况
4	知识产权种类、数量及其法律状态
5	知识产权考核和能力评价的方法
6	知识产权流程的实施情况
7	知识产权培训情况及其效果
8	发明人、设计人提薪、晋级情况
9	部门、人员间情报交流情况
10	知识产权从业人员工作热情
	……

在资料收集完成之后需要进行现场的人员访谈，访谈可以采用集中式和个体性相结合的方式，既发挥人员集中过程中的头脑风暴作用，又能针对个人了解企业知识产权管理的实际问题。在访谈过程中还需要有针对性地查找企业的文件资料，用文件去印证访谈的内容。现场访谈之前需要做好访谈的计划，并提前提交给企业进行访谈前的安排，以便于访谈工作能顺利进行，表3.4是某公司的访谈安排，由于该公司知识产权的工作是归人事行政部管理，因此在访谈安排中关于知识产权的问题主要集中在人事行政部，对其他部门也进行了与其职能相关的知识产权问题的访谈。

表 3.4 访谈进度安排

部门	内容	历时
人事行政部	员工入职、离职中知识产权问题审查情况	1 天
	知识产权培训规定和实施情况	
	保密管理规定和实施情况	
	专利管理规定及实施情况	
	人员进出管理规定及实施情况	
	奖励规定及实施情况	
	商标申请规定、管理规定及使用规定	
	公司域名、网络安全、计算机安全管理规定及实施情况	
	……	
生产部	生产环节保密规定及实施情况	3 小时
	合理建议规定和实施情况	
	……	

在资料收集和人员访谈之后，需要对收集到的信息进行分析，资料分析是对资料消化吸收的过程，也是发现问题、分析原因的过程。在资料分析中要明确界定企业管理过程中涉及的知识产权类别，以及经营管理中所涉及的知识产权事项，并在此基础上明确企业的管理重点，对比企业的经营发展方针，发现企业知识产权管理与经营管理是否匹配。在分析过程中要注意企业本身的特点，包括企业规模、行业特点、所处地位等因素的影响，分析过程中不能掺杂先入为主的思想，要尽可能从企业的客观材料中找原因。图 3.2 是企业知识产权问题分析鱼骨图，图中展示了企业知识产权管理水平低的问题，主要包括认识问题、资源问题、制度问题和执行问题，然后又针对各个问题进行分析，了解了企业实际存在的管理问题。

在企业知识产权管理分析阶段，既要考虑到依据企业生产经营过程的知识产权事项和问题的横向分析，也应结合知识产权的特点，依据知识产权取得、维护、运用和保护的生命周期的纵向分析，同时考虑横向和纵向的联系，理清企业知识产权管理和部门间的关系，知识产权管理和企业发展的关系，知识产权管理和企业产品的关系等，为确定知识产权管理解决方案提供充足的支撑。

编制知识产权诊断报告时，要依据过程分析的实施，避免主观判断，

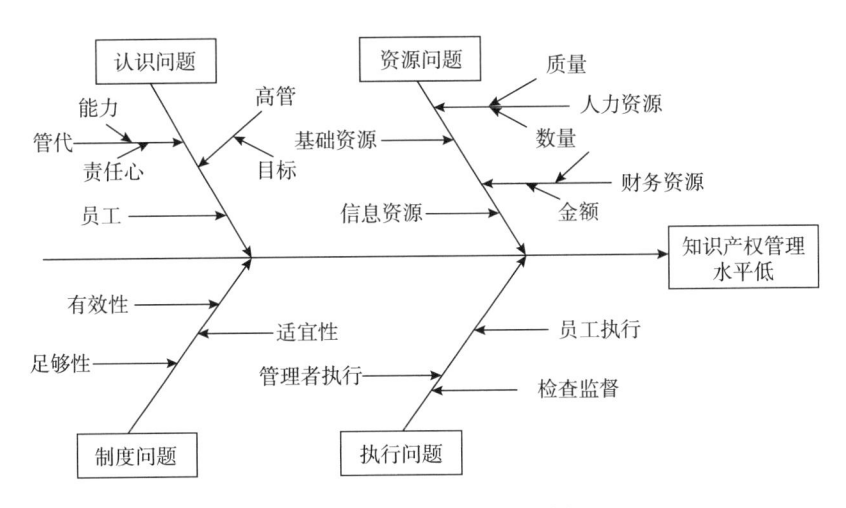

图 3.2 企业知识产权问题分析

要做到有理有据。解决方案的编制时也应立足企业的实际情况，不能过于超前，也不能落后于企业发展的需要。由于规范是普适性的标准，兼顾了不同企业的需求，而在针对具体企业进行方案设计时应考虑其个性化的需求，对不适用的标准内容进行适度的裁减。

第二节 知识产权管理诊断内容

企业知识产权管理诊断内容可以按照不同方式进行分析，如按照企业管理过程的知识产权方针目标诊断、知识产权管理机构及职责诊断、知识产权管理资源诊断、生产经营过程的知识产权管理诊断等；也可以按照企业知识产权类型的知识产权获取、维护、运用、保护的诊断或者基于专利、商标、商业秘密、著作权等的知识产权管理过程诊断。针对《企业知识产权管理规范》的诊断，可以选择依据规范内容的诊断，包括：知识产权方针目标的诊断、管理体系文件的诊断、管理机构职责的诊断、管理资源的诊断、基础管理的诊断、实施和运行的诊断。

一、知识产权方针目标的诊断

企业知识产权方针是企业知识产权管理的总纲，关系到企业知识产权管理的大方向，因此要重点诊断知识产权方针与企业文化、经营方针、发展阶段的适应性。在知识产权方针的诊断过程中可以从形式诊断和效果诊断两个方面进行，既解决知识产权方针有无的问题，又解决知识产权方针的适用性问题。

形式诊断可以从以下的问题进行评判（见表3.5）：

表 3.5　形式诊断问题

序号	诊断问题
1	是否具有知识产权方针
2	知识产权方针是否符合相关法律和政策的要求
3	知识产权方针是否审批发布
4	员工对知识产权方针的理解和认可度
5	知识产权方针是否是其他文件制定的指引
6	知识产权方针是否得到评审
	……

效果诊断可以从以下的问题进行评判（见表3.6）：

表 3.6　效果诊断内容

序号	诊断问题
1	知识产权方针与企业经营方针是否适应
2	知识产权方针与企业的发展阶段是否适应
3	企业高级管理人员对知识产权方针是否理解和认可
4	知识产权方针是否在企业内得到有效地运行
	……

由于知识产权方针处于企业知识产权管理体系的金字塔顶部，是把握知识产权方针的大方向问题，因此在方针的诊断上要多从企业的整体经营策略出发，多与企业高级管理者进行沟通和交流，以评判方针的适应度。

> 某企业作为黄麻纺织行业的领先者，其市场地位稳固，准备推进黄麻织品技术标准国际化，此企业该具有什么样的知识产权方针？

知识产权目标是企业知识产权管理的绩效考核依据，应首先明确知识产权目标与方针的一致性，然后评判知识产权目标是否具有层次性和考核性。层次性是指企业知识产权目标是否分为长期目标、中期目标和短期目标，短期目标是否分解为年度目标、部门目标和岗位目标。考核性是指企业知识产权目标的可量化性和可考核性。在进行目标诊断时不仅要诊断目标是否存在，更重要地是诊断目标的可执行性和执行情况。

企业所处阶段不同，能分别制定基于保护性、经济性和战略性的知识产权目标，其目标的实现目的与其所采取的行动策略是直接相关的。如企业将保护性地防范他人抢先申请专利作为目标，则可以在具体策略上选取及时申请专利的方式。在诊断过程中需要对企业实际的需求进行收集，通过其方针的指向，确定知识产权目标的适应性。

二、管理体系文件的诊断

《企业知识产权管理规范》目的是实现文件化的知识产权管理体系，体系文件是企业进行知识产权管理的依据，体系文件的质量将直接关系到企业知识产权管理的质量。体系文件主要包括知识产权手册、管理制度、管理程序等文件，诊断过程中主要从体系文件的内容覆盖度、体系文件的合法性等角度进行。

体系文件的内容覆盖度主要评判体系文件是否能覆盖企业知识产权管理的需求，如企业拥有专利和商业秘密，知识产权管理文件是否全面覆盖了专利和商业秘密管理各个方面，例如专利申请、维护、运用和保护，商业秘密的人员、区域、信息和设备的管理要求。针对专利管理的覆盖度的诊断可以重点考虑以下方面（见表3.7）：

表 3.7 专利管理程序

序号	程　　序
1	专利申报程序
2	职务发明创造规定
3	专利申报和授权奖励规定
4	专利维护职责规定
5	专利评估程序
6	专利放弃程序
	……

体系文件的合法性诊断主要诊断体系文件是否符合法律法规的规定，使企业的文件能够遵守国家法律法规的要求，避免体系文件与法律规定相违背。如商标管理过程中应考虑《商标法》《商标法实施条例》《驰名商标认定和保护规定》《商标印制管理办法》《特殊标志管理条例》《原产地标记管理规定》等法律法规的要求。

请思考网络游戏公司涉及的知识产权管理体系文件都包括哪些？

三、管理机构的诊断

管理机构是企业进行知识产权管理的部门，其负担着知识产权管理的主要职责。在对管理机构进行诊断时既要考虑专职知识产权管理机构的职责，也要考虑其他部门的知识产权职责是否满足企业经营发展的需要。

在针对管理机构的诊断过程中首先要了解企业的整体组织架构，并了解企业当前的知识产权管理部门在企业中所处的位置，综合分析企业知识产权管理的需要，进而明确管理部门职责是否能满足管理的需要。在部门诊断过程中要避免主观性，对企业来说适合其自身需要的知识产权管理机构设置才是最好的。

某小型公司设置了如图 3.3 所示的知识产权管理组织架构，知识产权办公室负责公司知识产权总体管理工作，知识产权办公室设置专职知识产权管理主管，并配置专职知识产权管理人员 1 名，其他部门设置知识产权管理联络员各 1 名。其中，知识产权办公室的知识产权职责为：

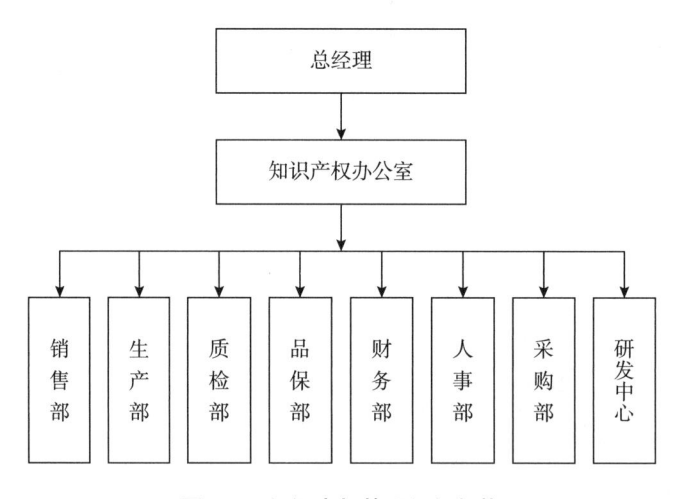

图 3.3　知识产权管理组织架构

（1）负责制订年度专利工作计划，督促工作计划的实施，对计划的执行情况进行年度总结；

（2）负责专利的申请、维护、放弃；职务与非职务发明的审查；专利权的运用，包括实施、转让、许可、质押和以专利权出资等；

（3）建立专利管理台账，对专利申请状况、专利年费交纳和专利事务所办理情况等进行监控；

（4）负责涉及公司的专利纠纷或诉讼的处理，必要时可委托专利代理机构或律师事务所办理；

（5）负责为每件专利建立档案，包括专利申请文件、审查及答复文件、授权证书、相关合同和纠纷（或诉讼）处理文件，交档案室保管；

（6）负责组织专利检索工作，可以自行检索，也可以委托专门机构进行检索；

（7）负责保密工作的计划、实施、检查、管理；负责对外发布信息（包括用于发表或者向研讨会提交的论文、用于展览的宣传资料等）的内容审查；组织有关人员对窃密、泄密、失密案件进行调查和处理；

（8）向各部门提供有关专利的业务咨询，组织员工进行知识产权相关培训。

上述案例中由于公司规模较小，其知识产权管理的重点是专利和商业秘密，相关的专利代理、专利检索等工作主要是委托外部机构进行，因此将知识产权管理业务集中到知识产权办公室是能够满足知识产权管理要求的。但由于该公司还具备专门的人事部门，其知识产权培训相关的具体事宜可以转移给人事部门负责。

> 某大型集团公司，总公司负责公司总体计划协调事项，分公司负责具体的业务执行，其知识产权的权属分属于各个分公司。请思考该企业如果采用案例中的管理模式，会存在什么问题？其知识产权架构和职责该如何设置？

四、资源管理的诊断

资源管理是企业知识产权活动的重要事项，于企业而言，资源永远是有限的，合理地获取资源、使用资源、调配资源是企业知识产权管理获得成功的重要因素。一个成功的企业知识产权管理体系，对资源的管理应当是严格、迅速和有效的。知识产权资源管理包括人力资源、财务资源、基础设施和信息资源，在管理诊断时主要评判资源的获取、使用和调配机制是否满足企业知识产权管理的需要。

在资源管理诊断中人力资源的诊断尤为重要，诊断内容涉及任职资格体系设置的吻合性，能力提升途径的符合性，人员流动的知识产权管理事项等。在人力资源管理中可以重点考虑以下问题（见表3.8）：

表 3.8 人力资源重点管理内容

序号	内容
1	知识产权管理人员的任职条件是否明确
2	知识产权管理人员的晋升路径
3	知识产权管理人员的能力提升路径（培训体系）
4	企业人员入职的知识产权管理
5	企业人员离职的知识产权管理
6	知识产权绩效考核体系
7	知识产权激励政策的实施
	……

财务资源是知识产权管理的有效支撑，是知识产权工作有效开展的重要保障。在诊断过程中主要关注知识产权的预算管理和财务的支出管理，知识产权的费用主要涉及知识产权申请、注册、登记、维持、检索、分析、评估、诉讼和培训等事项。

基础设施和信息资源是知识产权管理的基础，在诊断过程中可以通过现场访谈和走访发现其是否满足企业实际管理的需求。这里的基础设施主要涉及企业能提供的办公场地、办公设备等，信息资源主要涉及企业的知识产权信息库，以及信息的利用等内容。

> 某企业建有专业的专利数据库，数据库的内容和产品直接相关，且数据库会定期更新，但发现企业研发人员对数据库的应用很少，甚至很多人员不知道企业具有该专利数据库。

五、基础管理的诊断

基础管理是从企业知识产权的获取、维护、运用和保护，以及合同管理和商业秘密管理等方面对企业知识产权管理事项进行诊断。知识产权获取、维护、运用和保护是知识产权的生命周期管理，主要适用于能够通过注册和登记等方式获得的知识产权。合同管理主要涉及与知识产权相关的合同，包括技术开发、技术合作、知识产权委托、保密协议等企业对内和对外的合同的审查和管理。商业秘密涉及商业秘密中的人员、设备、信息和区域控制管理。

基础管理的诊断工作需要首先明确企业知识产权的种类，从知识产权种类纵向梳理其主要的管理事项，在明确管理事项之后再进一步确定知识产权管理的重点。基础管理的重点是围绕权利展开的，是权利的生命周期的管理诊断。表3.9列出了以权利为核心的基础管理内容，在对基础管理诊断中应以此为切入点重点诊断。

表3.9 基础管理内容

基础管理	事　项	特　征
获取	申请、注册、登记	以权利为核心，围绕权利的获取、维护、运用和保护，以及合同管理和保密展开
维护	维护、异议、无效、复审	
运用	实施、许可、转让、投融资、资产重组	
保护	诉讼、纠纷处理、风险管控	
合同管理	委外合同、合作研发合同、协同生产合同	
保密	人员、设备、信息、区域	

在保密诊断过程中既要收集保密的规定，包括保密制度、保密程序，又要收集保密管理的记录，同时也应通过人员访谈的方式获取员工对保密工作的认识。由于企业行业的不同，其保密措施的选择也应有所差别，在保密诊断过程中既要考虑企业的实际需要，又要考虑员工的承受力，图3.4是某企业的保密程序和记录。

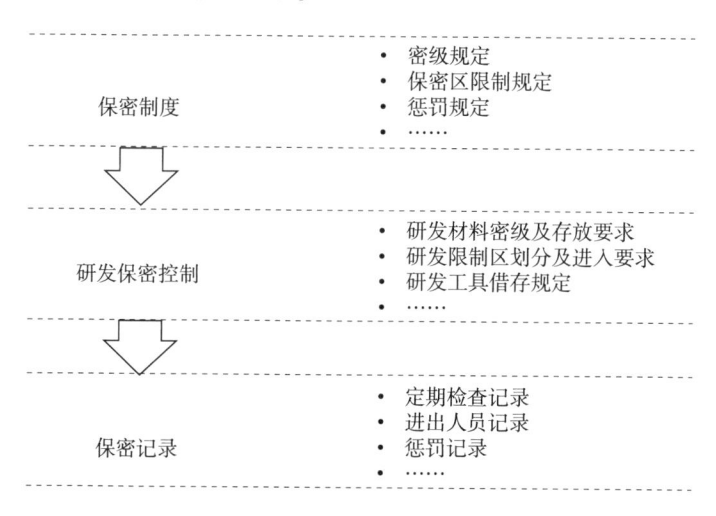

保密制度
- 密级规定
- 保密区限制规定
- 惩罚规定
- ……

↓

研发保密控制
- 研发材料密级及存放要求
- 研发限制区划分及进入要求
- 研发工具借存规定
- ……

↓

保密记录
- 定期检查记录
- 进出人员记录
- 惩罚记录
- ……

图3.4 保密程序和记录

六、实施和运行的诊断

实施和运行的诊断是对企业生产经营环节的知识产权诊断，是针对业务中的知识产权的诊断，包括立项、研究开发、采购、生产、销售和售后等环节。知识产权管理应该是全员参与，即每个岗位上都应该明确知识产权的职能，因此实施和运行中的知识产权诊断应明确企业不同部门中的知识产权管理职能。

以研究开发过程为例，应着重考虑以下与知识产权相关的事项：

（1）对该领域的知识产权信息、相关文献及其他公开信息进行检索，对项目的技术发展状况、知识产权状况和竞争对手状况等进行分析；

（2）在检索分析的基础上，制定知识产权规划；

（3）跟踪与监控研究开发活动中的知识产权，适时调整研究开发策略和内容，避免或降低知识产权侵权风险；

（4）督促研究人员及时报告研究开发成果；

（5）及时对研究开发成果进行评估和确认，明确保护方式和权益归属，适时形成知识产权；

（6）保留研究开发活动中形成的记录，并实施有效的管理。

请诊断某企业研发部门的知识产权职能是否合理：

1. 负责挖掘和提交研发过程中技术改进与创新、合理化建议、阶段性发明创造等成果。

2. 负责常规的专利检索和研发信息库的维护。

3. 负责对研发记录的记录整理和归档。

4. 负责本部门知识产权的保密条款执行。

第三节　知识产权管理诊断报告

知识产权诊断报告是诊断过程和解决方案的最终展现形式，既要体现过程数据，又要给出解决方案。诊断报告的内容要具体、可操作，能给企业指明方向。知识产权诊断报告要让企业能明确企业知识产权管理现状与《企业知识产权管理规范》的差距，找出出现问题的原因，并给出依据企业的现状应该采取何种措施，以达到知识产权管理标准化。

知识产权诊断报告一般分为信息统计、访谈记录、存在问题、问题剖析和实施方案等五个方面。知识产权信息统计主要从管理制度、管理程序、管理记录统计、知识产权数量统计、资源统计等方面明确企业的知识产权管理现状；访谈记录可以根据访谈的总结归纳出重点的记录信息；存在问题是在统计信息和访谈记录的基础上对知识产权问题进行界定；问题剖析是对界定的问题进行深度分析，明确产生问题的原因；实施方案是根据问题和原因设计企业实现知识产权管理标准化的途径。

知识产权诊断报告可以参考如下形式（见表3.10~表3.17）：

一、信息收集与统计

（一）管理制度

表3.10　知识产权管理程序诊断表示例

制　　度	编制及运行情况
专利管理制度	无管理制度，研发部正在着手编制管理制度
商标管理制度	无商标
著作权管理制度	拥有软件著作权12项，但是没有相应的管理制度
商业秘密管理制度	无相应的管理制度
知识产权奖惩制度	有奖励制度，但是过于简单，有奖励通报
技术合同管理办法	无，法务部在起草
保密协议	无，法务部在起草
……	

（二）管理流程

表3.11　知识产权管理流程诊断表示例

管理流程	编制及运行情况
知识产权申请	申请流程：技术员→副总→主管→代理，但无成文的申请程序
知识产权引进	引进流程：市场调研→领导层决策，审查法律状态，但无成文的制度规定
知识产权检索	检索形式为委托检索，存在口头申请流程，但无成文的规定
……	

（三）知识产权信息

表 3.12　知识产权信息诊断情况表示例

种　类		总数量	自有	引进	合作	实　施
授权专利	发明					
	实用新型					
	外观设计					
在审专利	发明					
	实用新型					
	外观设计					
失效专利	发明					
	实用新型					
	外观设计					
受理的专利	发明					
已交给事务所的	发明					
计算机著作权	已授权					
	在申报					
商标	已注册					
……						

二、访谈记录

表 3.13　知识产权诊断访谈记录表示例

部门	人员	问　题	回　答
研发部	主管		
	组长		
	成员 1		
	成员 2		
……			

三、存在问题

表 3.14　知识产权诊断存在问题汇总表示例

部门	内容	存在问题
研发中心	主要工作	新产品研发，解决生产问题，新产品方向来自市场走向、原辅材料更换、客户需要等；技术部共有 30 余人，分为 9 个课题小组
	管理制度	有简单的专利奖励制度，但是不够完善；研发中心正在起草知识产权管理制度
	管理现状	管理不系统，口头申请程序比较严格，但是没有成文的制度，导致口头管理程序只限于管理层清楚，随意性很大
	研发记录	研发过程没有形成文字记录
	……	……
人事行政部	入职离职	离职有规定的手续，但是没有成文的制度
	员工培训	25% 的人员参加了知识产权相关培训，但是没有指定知识产权方面的培训计划，也没有相应的培训记录
	……	……
……		

四、问题剖析

表 3.15　知识产权管理诊断问题剖析表示例

部门	存在问题	问题解析
技术中心	研发管理不系统，大部分程序采用口头申请制	建立完善的研发管理流程
	研发过程没有文字记录	制订相应的表单供研发过程形成可追溯性记录
	……	
人事行政部	员工有随机的培训，没有计划	制订的培训计划里面增加有关知识产权的培训计划
	……	
……		

五、实施方案

(一) 机构建设

表 3.16　知识产权管理诊断机构建设表示例

待建制度	对应程序	基本记录表单	负责单位及时间
专利管理制度	知识产权申请程序、检索程序、引进程序、变更或放弃程序	知识产权 3~5 年目标、年度知识产权工作计划及任务分解、知识产权运用记录、定期评估(维护、放弃)、无形资产评估(变更、转移、放弃)、专利申请审批表	知识产权办公室，×××年××月××日前完成
……			

(二) 培训及实施计划

表 3.17　知识产权管理诊断培训及实施计划表示例

事项	时间	涉及部门及人员	备注
制度培训		研发部、采购部……	
体系运行		人事部、知识产权部……	
内部审查		知识产权部、研发部……	
……			

第四章 构建体系框架

第一节 管理体系内容

企业的知识产权管理体系是由知识产权方针、目标、知识产权管理机构和人员职责、生产经营活动各个环节的知识产权管理事项所构成的有机整体。构建企业知识产权管理体系框架包括如下内容：

第一，策划企业知识产权方针。知识产权方针是企业最高管理者代表企业向社会公开作出的承诺，指明企业知识产权工作奋斗的方向。最终知识产权方针应由最高管理者确定。

第二，制定企业知识产权长期和中期目标。企业应根据知识产权方针的内涵制定知识产权长期目标和中期目标。

第三，正式任命管理者代表。应从最高管理层中指定一名人员作为管理者代表，负责建立、实施并保持知识产权管理体系的运行、协调企业内外有关的知识产权工作等。

第四，设立知识产权管理部门和各部门知识产权管理职责。企业应设立专门的知识产权管理部门，负责知识产权工作，并制定各部门应承担的相关职责。

第五，设置专职管理岗位、明确专职或兼职管理者。人是管理有效开展的基础，专业和专职人员是知识产权顺利开展的前提，企业应配备专业的人员从事知识产权管理活动，明确其岗位职责和任职条件，并通过培训和教育等手段促进管理人员能力的提升。

第六，提供人力、财务、信息、基础设施方面的资源支持。资源投入是企业开展知识产权工作的保障，充足的资源投入可以确保各项工作有序地开展。

第七，将企业知识产权目标分解为年度目标和部门目标。年度目标是企业对知识产权工作绩效的一种测量方式。相关部门均应制定目标和指标，即对年度目标进行分解，明确完成条件、责任人等信息，并根据需要制定具体的实施方案。

第二节 编制知识产权方针

知识产权方针可以为企业的知识产权管理指明方向。第一，它是企业最高管理者对知识产权关心与重视程度的具体体现，是企业知识产权管理水平、知识产权文化的对外展示。第二，它是建立和实施知识产权管理标准化体系的总纲领，为知识产权目标的建立提供总体框架。第三，它是建立企业知识产权管理标准化体系的出发点和归宿点。企业应依据知识产权方针建立知识产权管理标准化体系。第四，它可以激励和鞭策企业员工努力提高自身的知识产权意识。

知识产权方针应由最高管理者制定，并正式向员工发布，并确保知识产权方针的实现。

知识产权方针在内容上有下列要求：

(1) 符合法律法规的要求，体现企业的特色和优势，体现公司企业文化（愿景、使命、价值观、战略等）的精神与要求，与企业文化相协调；

(2) 与企业的经营方针相适应。企业的经营方针是多方位的，包括客户、产品、质量、环境、安全、发展战略等。企业知识产权方针应与企业的经营方针相一致，并促进经营方针的实现；

(3) 是知识产权目标的制定的依据。知识产权方针是企业知识产权管理工作的行动指南，是管理理念的体现，要为企业知识产权目标的制定提供指引。因此，知识产权目标在内容上应与知识产权方针相一致；

(4) 应体现企业特色，知识产权方针应简明扼要，易读易记，并对企业知识产权管理活动起到指导作用。

不同类型的企业，知识产权方针应有所不同。研发型企业要体现出知识产权管理在技术创新中的作用，可以重点突出知识产权的创造和运营，如某研发型企业的知识产权方针是"增强意识、加大保护、持续创新、塑造优势"。生产和贸易流通企业要体现出生产和流通过程知识产权管理的特点，可以重点突出知识产权保护，如某贸易流通型企业的知识产权方针是"尊重知识产权，诚信守法经营"。

企业应通过各种方式和途径，如组织培训、会议传达、组织学习等，向全体员工宣贯，特别对从事生产经营管理、知识产权管理、技术研究开发、生产组织、市场营销等工作的人员，要进行重点宣贯，确保每个员工理解其内涵，明确自己的本职工作与企业知识产权方针、管理体系的关联性，知道如何做才能为方针的实现做贡献。

某公司的知识产权方针为："完善制度、突出专项、推进协作、强化宣传、规范管理"，其含义是，完善制度：根据需要，进一步完善知识产权管理制度，增加与集团的衔接，完善体系建设；突出专项：根据企业发展规划，扣紧公司重点项目，联系市场发展趋势，实现有效资源利用；推进协调：进一步增加技术、销售等部门有效联系，加强协作，形成条块结合、上下联动的知识产权工作机制，大力推进技术创新激励机制，促进知识产权的形成；强化宣传：注重宣传实效，强化技术员工知识产权保护意识；规范管理：规范知识产权保护相关管理工作，合理配置有限资源，建立有效的激励机制，形成决策科学、执行顺畅的知识产权保护制度。

其他企业的知识产权方针：

促进创新、持续预防、有效保护、确立优势、实现可持续发展。

自主创新、有效运用、依法保护和科学管理。

第三节 制定知识产权目标

知识产权目标是企业开展知识产权管理活动要达到的目的，是评价企业知识产权管理体系适宜性和有效性的重要指标之一。企业的知识产权目标应当符合企业当前的发展阶段，并且与知识产权方针相一致。知识产权目标的表述应当尽可能明确、无歧义，能够在企业各部门各管理层级就目标本身形成基本一致的理解，且各个层级的目标应该保持一致性，便于考核。

企业的知识产权目标一般包括长期目标和短期目标。有知识产权战略目标、3~5年规划和年度目标等。企业年度目标可设定知识产权管理部门、各相关部门和岗位的知识产权工作目标。如：科研部门年度科研项目数、专利等知识产权产出数量；生产和销售部门年度专利技术实施率，专利产品利润占企业新增利润率；人力资源部门年度知识产权培训次数、受训人员数等。

以下为某企业的知识产权目标（见表4.1）。

表 4.1 知识产权目标

年份	年度工作目标		
	知识产权创造	知识产权制度平台建设	知识产权风险预警和运用
2010	年度专利储备达到 80 项；商标全球化注册	完善知识产权各项制度 建设专利申请管理平台 建立重点项目专利风险分析机制	为重点项目提供专利风险分析
2011	年度专利储备达到 100 项，国外申请占 1/6 商标补充注册；	建立品牌保护机制；建立商业秘密的保护机制；建立专门专利信息数据库；建立行业、竞争对手专利风险分析机制	集中开展商标维权行动 完成当年度行业、竞争对手、重点项目专利风险分析
2012	年度专利储备达到 120 项，国外申请占 1/5；专利布局率达到 50%；商标补充注册	建立全 IP 流程管理机制（销售、采购、技术合作）；完善各种 IP 合同模板	完成当年度行业、竞争对手、重点项目专利风险分析；完成 IP 资产评估
2013	年度专利储备达到 150 项，国外申请占 1/5 专利布局率达到 70%；商标补充注册		完成当年度行业、竞争对手、重点项目专利风险分析；寻找 IP 资产增值机会
2014	年度专利储备达到 150 项，国外申请占 1/5 专利布局率达到 80%；商标补充注册		完成当年度行业、竞争对手、重点项目专利风险分析；寻找 IP 资产增值机会

企业知识产权目标应围绕其管理重点展开，如软件类的企业应关注软件著作权和商业秘密等相关的目标，而且目标的设定应与知识产权方针保持一致，与企业经营发展目标保持一致，目标不仅限于数量的目标，更应该包括质量的目标，如基础专利或核心专利的数量、专利的产业化水平、商标策略、软件著作权给企业的商业回报等。

执行知识产权目标时，应注意要形成具体方案，有相应的实现计划进度，并通过书面和会议等形式向全体员工进行宣贯。应当明确具体实现目标的方法、措施、步骤和时间进度。年度目标应实施目标分解，目标分解到哪个层级，企业可根据自身特点自主决定，但实现目标的方法和时间要有明确的计划，并形成相应文件。同时要定期对计划目标完成情况进行督促检查，实施动态管理。对目标完成情况建立年度考核机制，并根据本企业的激励奖惩制度规定实施奖惩，确保企业知识产权目标执行的严肃性。

第四节　明确知识产权管理职责

明确的管理职责是企业开展知识产权管理活动的保障，企业涉及知识产权管理职责的主要包括：最高管理者、管理者代表和知识产权管理部门。

一、最高管理者

企业的最高管理者是企业知识产权管理工作能否有效开展的关键人物，只有企业的一把手重视，才能将企业的知识产权管理工作真正有效开展起来。其职责包括：组织研究和制定知识产权方针、知识产权发展战略目标、知识产权管理体系，并通过召开会议、印发文件等方式，向企业的全体员工宣贯；确保人力资源、财务资源、信息资源、基础设施合理和优化配置；任命知识产权管理者代表，设置知识产权管理部门，组织管理评审。

某公司最高管理者的知识产权职责为：

（1）制定知识产权战略规划，实施知识产权管理决策；

（2）确保为建立和完善公司知识产权管理体系，实施知识产权管理提供适宜的组织机构，配备必要的资源；

（3）建立和健全各级知识产权管理责任制，落实职能，并授权管理知识产权事宜；

（4）贯彻国家有关知识产权管理工作的方针、政策、法令、法规，决策公司知识产管理方针和目标。

二、管理者代表

管理者代表由最高管理者指定专人担当，其职责包括：确保知识产权管理体系的建立、实施和保持；落实知识产权管理体系运行和改进需要的各项资源；负责领导、审查、批准和监督知识产权管理机构的各项工作；

协调企业内外知识产权工作；向最高管理者提供有关知识产权的信息。管理者代表需要最高管理者授权，以下为某公司的任命书。

任命书

为有效开展知识产权管理工作，特任命公司副总经理×××同志为知识产权管理者代表，协助公司总经理完成相关知识产权管理职责，领导知识产权管理办公室各项日常工作。具体负责下列工作：

(1) 确保知识产权体系所需过程得到建立、实施和保持；
(2) 领导知识产权管理体系工作，保持体系的有效运行；
(3) 领导知识产权管理办公室与外部各方联络沟通和协作；
(4) 向公司董事长报告知识产权管理的业绩，包括改进的需求和措施。

签发人：×××
××××年××月××日

三、知识产权管理部门

知识产权管理部门需要配备专业的专职或兼职工作人员，明确其岗位职责和权限。根据企业的实际情况，也可委托专业的服务机构代为管理。其职责包括：编制知识产权规划、计划、规章制度及知识产权战略；知识产权管理体系全过程的运行、控制及重大事项的管理；组织企业知识产权及知识产权管理标准的培训和内审；管理和处置企业知识产权日常事务；建立知识产权管理绩效评价体系等。

企业知识产权管理部门的设置可以是分散型或集中型。企业可以根据知识产权管理的战略目标、工作运行模式和管理流程设置知识产权管理机构。机构可以直属决策层，或隶属于研发部门、法务部门等。一般大型企业应当设立独立管理机构，有独立分公司的，各分公司应设立独立或隶属相关部门的知识产权管理机构，并配备知识产权工作人员。中小型企业可根据知识产权管理工作量的大小，选择适合自身特点的知识产权管理机构。如在研究部门、技术开发部门、情报部门、总经办、法务部等设置知识产权归口管理部门。当然，也可以设置独立的知识产权管理部门。企业在知识产权管理部门配备的工作人员，应具有本单位从事行业的专业知识、熟悉知识产权法律法规和相关业务知识，并具备一定的管理能力。所设机构的大小和人员配备的多少，各企业可视自身具体情况而定。但企业的知识产权管理机构设置、人员配备应当与企业的知识产权管理活动相适应。

要注意的是，知识产权只有同研发、市场、运营、采购、生产和管理等各部门紧密结合，才能真正渗透到公司运作的各个层面，帮助公司提升市场领导地位，增强竞争力。因此，知识产权、研发、市场、运营等部门应该是相互配合、彼此协助的关系，只有这样，才能真正实现公司的知识产权战略。如果不明确知识产权管理部门与其他部门的关系，则会适得其反，既无法保证知识产权管理部门的有效构建，更会阻碍企业整体管理工作。

■ 知识产权部与研发部门的关系

研发部门是企业知识产权特别是专利的大脑，是知识产权部的重要合作伙伴。在不同的企业管理模式下，知识产权部与研发部门的关系也不同。知识产权部可能位于研发部门之下，也可能位于研发部门之上，或与研发部门同级。不同的位置会造成两个部门在协调彼此关系时既要注意领导与被领导的关系，更要注意的是彼此的协调和协助关系。

首先，无论位于何种位置，知识产权部都必须给予研发部门战略上的指导。知识产权部必须整合其他部门的信息，即时制定出适合市场发展和企业发展的知识产权发展目标，以指导研发部门进行技术开发及专利申请。同时研发部可以提供给知识产权部重要信息。研发部门的人员由于专注于技术，对技术上的发展趋势有一定的敏感度，也能发现可能具有最新战略意义的技术发展方向，这时也需要与知识产权部适时沟通，以便知识产权部即时将新的信息传递到企业高层及其他部门，使得企业能即时占领市场，取得有利竞争地位。

其次，知识产权部还需要集中企业的一切资源，对研发部门的技术开发过程进行协助。一方面是联合法务部对技术中可能的侵权进行规避，提供专利回避建议；另一方面是联合人力资源部对研发人员进行知识产权教育和培训，提高相关人员的知识产权意识。

■ 知识产权部与法务部的关系

法务部是企业知识产权保护的重要部门，一方面要保护本企业的知识产权，对其他企业的侵权提起诉讼；另一方面又要应对其他企业针对本企业提出的侵权诉讼，保护企业的合法利益。同样，无论知识产权部与法务部之间领导与被领导关系如何，知识产权部首先都是沟通研发部与法务部的桥梁。

（1）可以协助研发部，联系法务部对技术开发过程中可能存在的侵权进行事先规避；

（2）可以协助法务部，联系研发部对产品预先植入反侵权技术信息，在遭遇其他企业侵权时，分析查找其他企业侵权的证据。因为有些技术上的侵权方式，法务部的律师们可能无法查证，但研发部门的研发人员却可以通过特殊的方式得出其他企业侵权的证据，以帮助法务部赢得诉讼，保护企业的利益；

（3）可以协助法务部进行知识产权使用许可谈判，使潜在的侵权者或已存在的侵权者受制于本企业，既避免本企业利益遭到损失，又可以增加企业的收入。

其次，法务部在处理企业诉讼中，也可能发现本企业的一些潜在有价值的技术还未申请法律保护，或者在研究其他企业的侵权案卷时发现一些知识产权信息，如其他企业可能在设法绕过本企业专利时，发现了一些技术上的进步，但没有申请专利。这样法务部就可以及时通过知识产权部联合研发部，完善和发展企业的知识产权保护。

最后，知识产权部还必须指导法务部的知识产权保护工作。

（1）在企业作为商业秘密保护的技术保护上，知识产权部要在保护方式和保护特殊注意方面指导法务部门的工作。因为法务部的人员一般不会知道商业秘密的具体内容，而在如何避免商业秘密被其他企业窃取，在法律上保护企业的商业秘密时，知识产权部就需要结合商业秘密的类型和需特别注意的地方，制定法务部的反侵权工作；

（2）对于企业的商标权、著作权中的计算机软件著作权，法务部门的人员也需要在知识产权部整合其他部门的协助下，才可以更好地完善企业的法律保护水平。

■ 知识产权部与人力资源部的关系

人力资源部是企业任何人员进入本企业首先接触的部门，人力资源部甄选企业需要的人才，对人才进行培训、绩效考核、离职解聘等。人力资源部既是知识产权管理的重要协助部门，也是知识产权管理的执行部门。

首先，知识产权部要与人力资源部联合，制定企业的高级人才引进战略。企业的知识产权战略侧重哪个领域，需要引进哪个领域的高级人才，知识产权部要及时综合企业高层与研发部门的信息，反馈到人力资源部，与人力资源部协商，制定企业的高级人才引进战略。如果知识产权部的地位较低，而人力资源部由于可以方便的接近高层，那么知识产权部就更需要与人力资源部合作，以了解高层的意向和向高层传达企业知识产权管理动态。

其次，知识产权部要指导人力资源部的人才管理工作。

（1）在人才引进时，要在人才专业方向和人才发展潜力各方面协助人力资源部选择最合适企业知识产权管理需要的高级人才；

（2）在人才培训时，知识产权部要配合人力资源部，针对研发人员、管理人员、法务人员等不同特点，结合企业的文化特色，做好培训课题、培训方式的准备和进行；

（3）在人才管理制度方面，知识产权部也要和人力资源部沟通协作，制定出适合企业知识产权管理的制度。

最后，知识产权还要联合法务部对人力资源部的人才管理法律文件进行指导。人才引进及离职时，都必须签订企业的知识产权确权协议书、禁止竞业协议书等针对企业知识产权管理的法律文书。从而以合同的方式确定企业知识产权归属、知识产权保护等方面的权利不会受到企业员工的侵犯。另一方面也是明确了员工的权利范围，有利于员工的创造发挥。

■ 知识产权部与采购部门、销售部门的关系

采购和销售部门是联系企业与市场的纽带。采购部门负责从市场购入企业所需原材料，销售部门负责把企业产品推销到市场。知识产权部必须利用自身熟识企业知识产权优势的特点，指导、配合采购部门和销售部门的工作。

首先，知识产权部可以协助采购部门处理以下事宜：

（1）对零部件进行知识产权调查审核，防止企业采购部门所购买的零部件侵犯他人知识产权；

（2）建立零部件知识产权资料库，提供最新零部件知识产权信息，供采购部门参考。

其次，知识产权部可以协助销售部门处理以下事宜：

（1）协助销售部门利用企业的技术优势增加客户订单，提高市场占有率；

（2）向销售部门提供公司已取得的知识产权信息，可使其业务人员充分了解公司发展趋势，供其在业务发展时参考使用。

最后，采购部门和销售部门也可以向知识产权部反馈以下信息：

（1）采购部门由于对市场中的零部件非常了解，可以发现一些有发展潜力的零部件材料，反馈到知识产权部后，知识产权部可以联合研发部开发出更具竞争力、更方便实用的产品；

（2）销售部门由于对市场中的同类产品了解较多，可以及时发现市场

中的侵权产品，反馈到知识产权部后，知识产权部可以联合法务部对侵权企业提起诉讼，及时避免企业损失。

- 知识产权部与企划部门的关系

企划部门是将企业推向市场，扩大企业市场影响力的重要部门。

首先，知识产权部可以协助企划部门正确定位，制定实施商标品牌策略。由于知识产权部制定企业的商标战略，而企划部则负责企业商标的运作，所以知识产权部可以帮助企划部门在战略上明确企业在市场上的定位，并协助企划部门制定出适合企业发展的企划宣传方式，加强企业的对外宣传，提高品牌价值；

其次，知识产权部可以联合法务部对企划部的对外宣传使用的相关文件进行著作权审查，防止企业侵害他人著作权；

再次，知识产权部可以联合销售部向企划人员提供市场信息，以便企划部抓住企业优势，策划出成功的企划案。

- 知识产权部与财务部门的关系

财务部门是结算统筹企业资金、材料，规划管理企业有形、无形财产的重要部门。知识产权开发必然要投入大量的人力物力，所以知识产权部必须得到财务部门的支持。同时知识产权部门又可以给财务部提供专业的知识产权信息，协助财务部的工作。

（1）知识产权部可以向财务管理人员提供与知识产权有关的税费征免规定，减少公司知识产权费用支出；

（2）知识产权部可以联合研发部、市场部，提供企业知识产权的相关资料，协助财务部门对企业知识产权的价值进行评估，增加企业无形资产。

第五节　配备知识产权管理资源

企业开展知识产权管理工作的保障性资源主要包括四个方面：人力资源、基础设施、财务资源和知识产权信息资源。

企业开展知识产权管理工作的人力资源是指与企业知识产权管理活动有关的所有人员的总和，几乎与企业从事生产经营活动的全部人员有关。企业知识产权管理活动的开展，离不开全体员工知识产权意识的提高，离不开高素质的创新人才队伍、管理人才队伍、财务人才队伍、营销人才队伍等各类人才的保障。因此，人力资源是企业知识产权管理活动最重要的核心资源，只有科学合理地配置人力资源，才能有效保障企业知识产权管理活动正常开展。

基础设施是指企业开展知识产权管理活动需要的办公场所和软硬件设备，包括知识产权管理软件、数据库、计算机和网络设施等，没有基础设施做基础，企业就不可能有效地进行知识产权管理，基础设施的发展直接或间接地影响知识产权管理部门的成本和效益。

财务资源是指企业开展知识产权管理活动的经费保障体系和知识产权价值管理体系。企业各项知识产权工作的开展需要经费支持，才能落实到实处，见到成效。企业的财务资源要为知识产权管理活动的开展提供有效的经费支撑，与企业的知识产权战略需求相适应。对于具有研究开发能力的生产型企业，一般知识产权工作经费投入要达到企业研究开发经费投入的 5% 以上，才能有效支撑知识产权管理体系的高效运行。同时，知识产权的价值管理体系也是企业十分重要的财务资源。在企业的财务资源管理中，只有建立知识产权价值评估体系、知识产权成本收益的会计核算体系，才能实现知识产权价值的最大化。

知识产权信息资源是指企业开展知识产权管理活动的一切有用信息。包括国家产业发展的方针政策信息、知识产权法律法规政策信息、产品市场需求信息、人才供需信息、专利文献和科技文献信息等与企业开展知识产权管理活动相关的信息。企业对知识产权信息的利用，贯穿于立项、研究开发、生产、采购、销售与售后、知识产权侵权诉讼等各个环节，与企业的人力资源、基础设施、财务资源共同构成企业开展知识产权管理活动不可或缺的基础资源。

一、人力资源

企业开展知识产权工作，要满足知识产权管理体系的要求，首先要配备从事知识产权管理的人力资源，应根据企业规模和特点，安排从事知识产权管理的专职或兼职人员。

企业知识产权人员的需求应考虑企业的行业特点和所处阶段，以专利人员为例，目前国际上研发和专利人员的常规配置比例为 4%，在考虑企业专利挖掘、申请和维护需要的情况下，企业可以根据自身特点选择合适的人员规模和素质要求。

某企业专利工程师的要求如下：

职责：负责研发或产品部门专利案源的挖掘、技术交底书撰写、专利评审、专利复核、专利提交等工作。

要求：具有理工科背景、熟悉相关技术，具备专利申请的相关经验。

数量：一般根据专利申请数量配置，按20～40件专利/人。

企业开展知识产权管理活动，首先应当开展知识产权知识的宣传普及工作，以提高员工的知识产权意识。同时，应当加强对员工进行知识产权培训教育，确保其具有开展知识产权管理工作所需的知识、技能和经验。针对中、高层管理人员、研发人员等与知识产权关系密切的岗位人员的培训，可根据自身特点和知识产权管理工作的实际需要，灵活实施。

某企业知识产权培训管理工作如下：

（1）成立知识产权培训小组，该小组成员包括知识产权工作人员、法务人员、技术开发人员、产品、工程与市场推广人员等，聘请具有一定知名度的知识产权专家作为培训讲师，专业讲授知识产权知识。确保员工（包括领导）具有一定的知识产权意识，鼓励员工为实现知识产权管理目标作出贡献。

（2）公司采取外部培训与内部培训相结合，为员工提供培训机会或职业教育，使有关人员具备相应的知识、技能和经验；知识产权管理办公室员工每年必须参加一次外部培训，以使员工获得新的专业知识，了解理论发展方向。

（3）在培训组织、实施过程中，通过理论考试、技能考核、业绩评定，评估参加过培训的人员所具备的能力，并确保培训的有效性。

（4）保持教育、培训、技能和经验的跟踪记录。

为对企业拥有的知识产权实施有效管理，企业应结合自身特点，在与员工签订劳动合同、劳务合同时，应明确规定员工对企业知识产权的保护责任和义务。对涉及或可能知悉公司商业秘密等知识产权信息的员工，应当在劳动合同中规定其负有保密责任和义务。

如图4.1所示，对于入职员工应进行知识产权背景调查，以避免侵犯他人知识产权；对于与知识产权管理密切的岗位，应要求新入职员工签署知识产权声明文件。为防止员工流动到同业企业后，造成或加剧本企业与同业企业的竞争，企业可与员工约定竞业限制要求。但竞业限制合同或条款的设立不得违反国家有关竞业限制的规定，并应给予员工相应的竞业限制补贴。

企业还应当建立知识产权激励机制，对员工的发明创造给予奖励，以调动员工发明创造积极性，形成尊重知识、尊重人才，崇尚科学、崇尚创

```
员工入职                          员工离职
   ↓                                ↓
签署劳动合同和保密协议          离职知识产权约谈
   ↓                                ↓
必要时签署竞业限制协议          离职保密协议
   ↓                                ↓
员工入职知识产权声明            离职知识产权权属协议
   ↓
入职知识产权培训
   ↓
项目或年度保密协议
   ↓
转岗保密协议
```

图 4.1　员工入职和离职流程

新，尊重知识产权、保护知识产权的良好企业文化。对于员工造成的知识产权损失，也明确由员工承担责任。某公司的激励记录如表 4.2 所示。

编号：

表 4.2　知识产权奖励表

序号	知识产权成果	奖励金额	奖励时间	受奖人	签收	备注

制表人：　　　　　复核：

二、基础设施

企业应采购知识产权管理软件、数据库、计算机、网络设备、保密设备等软硬件设备，保证知识产权管理活动的正常运行。

随着计算机和互联网的普及，企业将信息存入计算机，通过内部局域网实现信息资源共享，大大提高了工作效率。企业知识产权管理更要依托这些先进工具，尤其是专业的数据库。同时，企业还应从知识产权角度，做好计算机及互联网的保密工作，对涉密的计算机及网络采取加密、防辐射等保密措施，防止互联网络泄密。还应配备保险柜、保险箱、门禁系统、电子监视系统等保密设备。

三、财务资源

企业用于保障知识产权管理体系有效运行的财务资源管理内容包括：企业用于知识产权管理体系构建的费用支出管理，知识产权管理体系宣贯费用支出管理，原辅材料采购、技术研究与开发、产品生产、产品销售等环节中的知识产权费用管理（如采购原辅材料和服务中的知识产权成本、销售产品或提供服务的知识产权成本、研发项目的知识产权检索、查新费用支出，专利技术实施许可或受让费用支出等），用于知识产权专项工作的经费之预算、决算、使用管理（如知识产权宣传教育和培训，专利、商标等知识产权获取和维护，寻求知识产权咨询和服务，知识产权许可证贸易，知识产权纠纷处理，员工保密补贴和奖励等），各项知识产权取得的成本核算、估价评估、效益分析和财务管理，知识产权投资、融资管理等。有条件的企业可以准备知识产权风险准备金。某公司的知识产权财务管理记录如表 4.3、表 4.4 所示。

编号：

表 4.3 知识产权费用预算表

序号	预算项目	预算金额	实际发生金额	完成预算率（%）	备注
	合计				

编制：　　　　审核：　　　　批准：

编号：

表 4.4 知识产权专项费用使用记录

序号	事由	金额	经办人	时间	备注
1					
2					
3					
	合计				

编制：　　　　审核：　　　　批准：

四、信息资源

企业应设计和建立信息收集渠道。可以通过登录各国政府知识产权公共信息服务网站获取，也可以与专业知识产权信息服务机构合作。企业应及时收集的信息包括：国家、地方有关知识产权的法律、法规和政策措施，国内外相关专利文献、商标注册信息，科技文献、图书期刊、报纸等出版物记载的与企业生产经营相关的技术信息，竞争对手及其产品技术信息等。应重点收集与本企业从事行业相关的国内外专利文献信息、同类产品的商标注册信息、相应图书杂志等技术资料以及重要竞争对手的专利、商标等技术、品牌信息资料，以及时掌握本企业相关产品和技术的知识产权发展动态和市场竞争动态，实施相应的知识产权管理决策。企业应当建立科学的知识产权信息管理体系，对收集的信息实施科学的分类、维护和管理。同时，要对收集的信息定期进行清理和更新，对失效的信息应及时剔除，对有用的新信息应及时收集和补充。有条件的企业，要充分利用现代计算机管理技术，建立本企业主导产品的国内外专利信息数据库、主要竞争对手及其产品的专利信息数据库、本企业的知识产权信息化管理数据库，并对建立的数据库进行有效维护和及时更新。对外发布信息之前，应履行相应的审批程序。某公司的知识产权信息记录如表4.5、表4.6所示。

编号：

表4.5 知识产权信息传递记录

信息类别	信息文档名称	报送人	接收人	报送时间	备注

编制：　　　　　审核：　　　　　批准：

编号：　　　　　　　　　　表 4.6　知识产权信息收集记录

信息记录部门		信息来源	
信息类别		记录日期	

信息内容及分析：

　　　　　　　　　　　　　　　　　　　　　　　　　　记录人：

信息考核及处理意见：

　　　　　　　　　　　　　　　　　　　　　　　　部门领导签字：
　　　　　　　　　　　　　　　　　　　　　　　　日期：

编制：　　　　　　　　审核：

第五章 编写文件

第一节 知识产权手册

一、知识产权手册

知识产权手册是对知识产权管理体系作概括表述、阐述及指导知识产权管理体系实践的主要文件，是企业知识产权管理活动应长期遵循的纲领性文件。知识产权手册应是由企业最高管理者批准发布的、实施各项知识产权管理活动的基本法规和行动准则，为知识产权管理体系的评价和审核提供依据。

企业由于企业规模、行业特点、发展阶段、管理方式等不同，其知识产权管理体系也存在较大的差异，知识产权手册也不尽相同。企业应结合自身特点及实际，通过知识产权手册对影响知识产权获取、维护、运用和保护的各种因素作出系统的控制安排，并明确控制的重点所在。知识产权手册的主要目的是实施有效的知识产权管理以保证知识产权体系的正常运行。

知识产权手册的编制应该由知识产权管理部编制，且管理者代表和最高管理者必须参与知识产权手册的编制，以确保手册的权威性和方向性。知识产权手册是知识产权管理体系文件的纲领性文件，其不可能包罗一切，其具体的细节需要相应的程序文件作为支撑，而知识产权手册应对各程序间的关系，程序之间的接口作清晰的描述。

二、知识产权手册构成

知识产权手册通常包括封面、批准页、目录、前言、知识产权手册的管理、适用范围、术语和缩写、知识产权方针和目标、组织机构和职责、知识产权管理体系要求、附录等，其具体介绍如下：

1. 封面

封面应按组织管理标准的统一封面格式编制。一般应包括文件编号、手册名称、组织名称、发布及实施日期等，知识产权手册的编号应按组织管理标准的统一编号办法进行。

2. 批准页

批准页为知识产权手册的发布令，一般由企业最高管理者签字发布，其内容包括简要说明知识产权手册的重要性及各部门的实施要求，以及何年何月何日起实施。

3. 目录

由于知识产权手册篇幅较长，为了查阅方便，必须编写目录。目录应列出手册所含各章节的题目和页码。各章节及前言、附录等的编排应清楚、合理。

4. 前言

前言内容主要有企业基本情况，如名称、地址、规模、通信方式等，另外还有组织发展概况，尤其是知识产权管理历史及所获得的荣誉，实施知识产权管理规范的动机、目的等。

5. 知识产权手册的管理

简要阐明知识产权手册的编制、审核、批准情况；知识产权手册修改、换版规则；知识产权手册管理、控制规则等。

6. 适用范围

指出企业实施知识产权管理规范的范围，包括裁减状况和裁减说明。

7. 术语与缩写

关于知识产权管理方面的术语，以及其他可能引起使用者误解或难于理解的专门用语的解释。

8. 知识产权方针和目标

企业为构建知识产权管理体系所确定的方针和目标。

9. 组织机构和职责

明确的机构设置，分条款地阐明影响到知识产权的各管理、执行和验证的职能部门的职责、权限以及隶属和工作关系，并以职能分工表的形式，将各知识产权管理体系要求分配到各个部门，使各要求得到落实。此部分应明确最高管理者、管理者代表、知识产权管理部门和其他职能部门的知识产权职责。

10. 知识产权管理体系要求

根据《企业知识产权管理规范》的要求，结合企业的实际情况，简要阐述对每个知识产权管理体系要素实施控制的内容、要求和措施。力求语言简明扼要、精练准确，必要时可引用相应的程序文件。手册中各项内容的先后顺序尽可能与标准内容顺序一致，便于对照，如果非一一对应，应增加标准对照页。编制手册时必须注意覆盖标准要求，不能随意取舍或不加任何说明。

11. 附录

知识产权手册涉及之附录均放于此，必要时刻附体系文件目录及相关的程序文件，附录目的在于补充说明正文的内容，其编号方式为附录 A、附录 B，以此顺延。

以下是某企业的知识产权手册中的正文部分，主要涉及上述第 10 点的内容：

1 范围

1.1 总则

本手册按《企业知识产权管理规范》的要求，通过知识产权管理体系的建立、实施、保持和持续改进，规范企业的知识产权工作。

1.2 内容

本手册包括了《企业知识产权管理规范》的全部要求以及体系所需过程的相互作用。包括企业知识产权管理的方针、体系要求、资源管理、运行控制、合同管理、检查、分析和改进。

1.3 目的

贯彻《企业知识产权管理规范》国家标准，促进企业建立生产经营活动各环节知识产权管理活动规范，加强知识产权管理，提高知识产权获取、维护、运用和保护水平。

1.4 范围

本手册适用于企业内部和外部经营活动全过程。本手册涉及评价企业是否满足《企业知识产权管理规范》标准和有关法律法规要求的评价体系。

1.5 应用

公司知识产权活动涉及《企业知识产权管理规范》全部条款内容，并无删减。

2 规范性引用文件

《企业知识产权管理规范》

3 术语和定义

本手册采用《企业知识产权管理规范》中的术语和定义。

3.1 知识产权

在科学技术、文学艺术等领域中，发明者、创造者等对自己的创造性劳动成果依法享有的专有权，其范围包括专利、商标、著作权及相关权、集成电路布图设计、地理标志、植物新品种、商业秘密、传统知识、遗传资源以及民间文艺等。

[GB/T21374—2008，术语和定义3.1.1]

3.2 过程

将输入转化为输出的相互关联或相互作用的一组活动。

[GB/T19000—2008，定义3.4.1]

3.3 产品过程的结果

注1：有下列四种通用的产品类别：

——服务（如运输）；

——软件（如计算机程序、字典）；

——硬件（如发动机机械零件）；

——流程性材料（如润滑油）。

许多产品由分属于不同产品类别的成分构成，其属性是服务、软件、硬件或流程性材料取决于产品的主导成分。例如：产品"汽车"是由硬件（如轮胎）、流程性材料（如：燃料、冷却液）、软件（如：发动机控制软件、驾驶员手册）和服务（如销售人员所做的操作说明）所组成。

注2：服务通常是无形的，并且是在供方和顾客接触面上需要完成至少一项活动的结果。服务的提供可涉及，例如：

——在顾客提供的有形产品（如需要维修的汽车）上所完成的活动；

——在顾客提供的无形产品（如为准备纳税申报单所需的损益表）上所完成的活动；

——无形产品的交付（如知识传授方面的信息提供）；

——为顾客创造氛围（如在宾馆和饭店）。

软件由信息组成，通常是无形产品，并可以方法、报告或程序的形式存在。

硬件通常是有形产品，其量具有计数的特性。流程性材料通常是有形产品，其量具有连续的特性。硬件和流程性材料经常被称为货物。

[GB/T19000—2008，定义3.4.2]

3.4 体系（系统）

相互关联或相互作用的一组要素。

[GB/T 19000—2008，定义 3.2.1]

3.5 管理体系

建立方针和目标并实现这些目标的体系。

注：一个组织的管理体系可包括若干个不同的管理体系，如质量管理体系、财务管理体系或环境管理体系。

[GB/T 19000—2008，定义 3.2.2]

3.6 知识产权方针

知识产权工作的宗旨和方向。

3.7 知识产权手册

规定知识产权管理体系的文件。

4 知识产权管理体系

4.1 总体要求

企业应按标准的要求建立知识产权管理体系，形成文件，加以实施和保持，并持续改进其有效性。

4.2 文件要求

4.2.1 总则

本公司知识产权管理体系文件包括：

（1）形成文件的知识产权方针和目标

（2）知识产权手册

（3）形成的知识产权程序和记录

4.2.2 文件控制

（1）知识产权部负责编制并组织实施《文件控制程序》，以确保公司的知识产权管理体系文件得到有效控制。

（2）文件控制程序管理要求按公司文件管理的规定要求按类别分密级进行管理，以便于识别、取用、阅读、更改、保存和废止，并对执行情况进行定期跟踪、评价，确保制度控制的有效性。

形成的相关文件：文件控制程序

4.2.3 外来文件与记录文件

（1）知识产权部负责编制并组织实施《外来文件与记录控制程序》，以确保公司为提供知识产权管理体系有效运行的证据而建立的记录与外来文件得到有效控制。

（2）公司根据知识产权管理要求活动的记录，为知识产权管理体系有效运行提供客观依据，记录应有部门和记录人落款，确保过程实施的可追溯性，并按要求进行管理。

（3）记录管理要求

a）记录填写应做到详细、准确、及时、字迹清晰、内容完整、易于识别和检索；

b）记录可以采取文字（表格）、照片、电子媒体等；

c）记录的形成、保管、使用、废弃应按公司的记录管理规定要求进行管理。

（4）外来文件管理要求

a）外来文件由技术开发部统一保管；

b）及时更新外来文件清单，记录其来源、取得时间、有效时间和保存期限。

形成的相关文件：外来文件与记录控制程序

5 管理职责

5.1 管理承诺

最高管理者是企业知识产权管理的第一责任人，其职责主要有：

（1）实施知识产权管理决策；

（2）贯彻国家有关知识产权管理工作的方针、政策、法令、法规，制定公司知识产权方针和目标；

（3）成立知识产权部，配备必要的资源和人力资源，确保公司知识产权体系有序、有效地进行；

（4）建立和健全各级知识产权管理责任，落实职能，就知识产权管理的有关事宜予以授权。

5.2 知识产权方针

（1）公司知识产权方针

强化自主创新 保护知识产权 提高市场竞争 实现精业强盛

（2）知识产权方针的内涵

在全球市场经济不断发展，市场竞争日趋激烈、科学技术不断革新的形势下，使知识产权已成为维护企业利益的迫切需要，因此，企业各个层次的活动围绕以下四点开展：

a）在生产经营全过程中要重视知识产权的重要性，要不断地革新技术；

b) 依靠技术创新不断提高企业的知识产权的拥有数量和质量，使产品力求完美，技术改进，让技术创新成为企业发展的永恒动力；

c) 要带动全体员工，发动每一个人的力量来使企业科学技术稳步提升；

d) 企业只有不断创新，才能在所处的行业遥遥领先。

（3）知识产权方针的宣贯实施

最高管理者通过会议、标语等各种形式宣传贯彻本公司的知识产权方针，各部门负责人在部门内通过会议、交谈等方式确保全体人员对知识产权方针的理解，并自觉贯彻执行，管理者代表负责通过内审、工作检查等方式，检查知识产权方针贯彻实施效果，并不断改进。

（4）知识产权方针的评审

每年结合管理评审，由最高管理者负责企业对知识产权方针的持续适宜性的评审。如需修订，应执行《文件控制程序》。

5.3 策划

5.3.1 知识产权管理体系策划

（1）知识产权界定

a) 职务成果制度

由知识产权部制定《专利管理制度》，应依法对知识产权归属进行规定。

由知识产权部制定《知识产权奖惩制度》，给予创造人相应奖励，以激励员工持续创新。

b) 引进实施他人知识产权

公司引进和实施他人知识产权应按管理制度或双方签订的合同条款进行有效管理，严格依据有关法律法规规定，办理相应的手续，确保权利的有效合法取得。同时建立相应档案，确保其可追溯性。

（2）公司知识产权按照种类建立台账，分类管理。

（3）定期开展检查、分析、评价，确保持续改进，对已出现和潜在的不符合知识产权管理要求的问题，采取纠正和预防措施，对体系进行及时调整、修订和完善，促进知识产权目标的实现。

形成的相关文件：知识产权管理办法、专利管理制度、著作权管理制度、商标管理制度

5.3.2 知识产权目标

（1）企业知识产权目标是：

"……"

（2）由最高管理者组织制定公司的知识产权目标，目标应与知识产权方针保持一致，内容应包括对持续改进的承诺；当内外部环境的变化，最高管理者组织对知识产权方针的适宜性进行评审，必要时进行修改。知识产权部负责在公司的相关职能部门和各作业层次上建立知识产权目标。

（3）知识产权部每年组织培训、宣传、教育，向全体员工宣贯知识产权方针。

（4）本公司目标能够量化且是可以测量的。

（5）公司知识产权目标实施动态管理，各部门定期对本部门目标实施情况进行检查、考核评价，并报知识产权部。

形成的相关文件：目标管理程序

5.3.3 法律法规和其他要求

（1）知识产权部负责及时有效地获取本公司与知识产权有关的法律、法规及其他要求。

（2）法律、法规及其他要求包括下列内容

a）国家颁布的有关知识产权法律法规；

b）涉及知识产权的相关法律；

c）我国签订的国际条约；

d）各级地方人大、政府颁布的有关知识产权的法律法规政策；

e）其他相关方所提出的要求。

（3）获取途径

通过订阅杂志，或关注政府（国家、省、市各级）、部门（如国家知识产权局）、行业（如本行业）等相关网站，及时有效的获得法律、法规和其他要求。

（4）收集到的法律、法规和其他要求的相关内容由知识产权部向相关部门传达。

（5）知识产权部建立法律法规及其他要求的台账，对法律、法规及其他要求的变化、更新情况进行跟踪，获取最新信息。

形成的相关文件：法律法规合规性评价管理程序

5.4 职责、权限和沟通

5.4.1 管理者代表

最高管理者应在最高管理层中指定一名成员作为知识产权管理体系管理者代表，授予其权利负责以下知识产权工作：

（1）建立、实施并保持知识产权管理体系的运行；
（2）向最高管理者报告知识产权管理绩效和改进需求；
（3）确保全体员工对知识产权方针和目标的认知；
（4）确保知识产权管理体系运行和改进需要的各项资源的落实；
（5）确保知识产权外部沟通的有效性。

5.4.2 机构

知识产权部是负责协调企业内外知识产权工作的归口部门，配备了专（兼）职工作人员。

（1）公司最高管理者是知识产权管理的第一责任人。
（2）管理者代表代表企业最高管理者实施知识产权管理。

5.4.3 内部沟通

在企业内部建立知识产权沟通渠道，在各知识产权相关部门设立1名知识产权工作人员，确保对知识产权管理体系的有效性进行沟通。

形成的相关文件：沟通及信息交流程序

5.5 管理评审

管理评估由最高管理者定期组织实施，对知识产权的适宜性和有效性进行评审。采取内部会议或内部检查的形式，或委托专业评估机构进行评估或结合体系方面管理评审一并进行。

（1）应按策划的时间间隔（每年至少一次）进行知识产权管理体系的管理评审；
（2）评估目的是评估知识产权管理体系的适宜性和有效性；
（3）评审依据是知识产权方针和预期的目标，必要时，考虑内外部环境的变化；
（4）评审结论应明确管理体系调整和方针、目标改进的需求，以及采取措施的可行性，以利于持续改进。

5.5.1 评审输入

评审输入应包括：

（1）知识产权方针和目标；
（2）内部评价结果和自我评价情况；
（3）知识产权管理绩效；
（4）财务经费实施绩效；
（5）预防和纠正措施的实施情况，如对知识产权有重大影响的措施；
（6）以往管理评估的跟踪措施实施情况及有效性；

(7) 可能影响管理体系正常运行各方面出现的变化，如体制、法律法规、政策的变化等。

5.5.2 评审输出

评审输出应包括：

(1) 提出知识产权管理体系方针、目标及其过程的改进措施；

(2) 确定和投入资源（包括人力、基础设施、资金）的措施，评审的输入和输出记录应予以保持；

(3) 评审的决定和措施的实施。在管理者代表的主持下，确定责任部门，制订实施计划，明确完成时间。计划报最高管理者批准后，下发实施。相关部门对实施情况进行协调、监督、检查。

形成的相关文件：管理评审控制程序

6 资源管理

6.1 人力资源

6.1.1 知识产权工作人员

(1) 明确规定知识产权工作人员的任职条件，从教育、培训、技能和经验方面实施管理，确保从事知识产权管理工作的人员是能够胜任的。

(2) 知识产权工作人员包括知识产权管理人员、知识产权工程师及内审员。

形成的相关文件：岗位职责说明书

6.1.2 教育与培训

(1) 人力资源部归口管理企业员工培训和岗位资格培训、考核工作，建立并保持《人力资源控制程序》。

(2) 各部门负责对员工的岗位适应能力进行判断，确定员工的能力需求，根据能力需求提出培训需求计划或其他要求，人力资源部组织制订培训计划或采取其他相应措施，以满足能力要求。

(3) 人力资源部组织对培训有效性进行评价。可通过面试、笔试、实际操作等方面检查培训的效果是否达到了培训的目的。

(4) 本公司内从事验证工作的人员，必须经过相关知识的培训，取得相应的资格方可上岗工作。

(5) 人力资源部对中、高层管理人员进行知识产权培训，确保中、高层管理人员具有一定的知识产权意识。

(6) 人力资源部按业务领域和岗位要求开展针对知识产权各部门的知识产权培训，使其了解知识产权目标及知识产权工作内容。

（7）人力资源部组织开展针对全体员工和新入职员工的知识产权知识的宣传普及工作，提高全体员工和新入职员工的知识产权意识。

（8）通过知识产权方针、知识产权目标的宣传和有关培训和考核，并制订必要的作业文件，使每位员工都了解到自己所从事的活动或工作对知识产权管理体系的重要性和对其他活动的关联性，以及如何为实现知识产权目标作出贡献。

（9）人力资源部保存教育、培训、技能和经验的适当记录。

形成的相关文件：人力资源控制程序、培训控制程序

6.1.3 人事合同

（1）员工的劳动合同由人力资源部统一管理，各部门协助。人力资源部负责在新员工入职前与员工签订劳动合同，明确员工的知识产权保护责任、权利和义务，承诺不会在现职工作中因为涉及原公司商业秘密、知识产权而给本公司带来知识产权纠纷。

（2）普通员工的劳动合同由人力资源部代表公司签署，技术骨干、科长、主任及以上岗位由总经理或分管副总签署，并同时签订《保密及不竞争协议》，明确其保密责任和义务。

形成的相关文件：劳动合同管理制度

6.1.4 入职

（1）了解新员工知识产权背景，若新员工具有知识产权，应说明其内容，并出具承诺书，明确我公司录用后不造成知识产权侵权行为。

（2）技术类、中高层管理类、特殊岗位类等需签订《保密及不竞争协议》，明确保密的责任与义务。

形成的相关文件：入职管理制度

6.1.5 离职

（1）员工辞职、辞退时，该部门负责人会同人力资源负责人与该员工进行离职面谈；阐明公司和员工的权利和义务，具有知识产权者，公司方必须提醒，并按照《保密及不竞争协议》履行。

（2）《员工离职面谈记录表》经员工、谈话部门负责人及人力资源部负责人共同签字，并交人力资源部存入员工档案。

（3）涉及核心知识产权的员工离职或退休时，应交回属于企业的全部资料、实验数据、仪器设备、样品，并签订保密协议，由人力资源部发给《移交清单》依规定办理移交手续。

形成的相关文件：离职管理制度

6.1.6 激励

(1) 由知识产权部与财务部制定《知识产权奖惩制度》，对员工创造的知识产权给予相应的物质奖励和精神奖励，从而鼓励员工的创造积极性，激励员工的发明创造；同时明确员工在造成知识产权损失时应承担的责任。

(2) 公司内部每年对员工的知识产权产出进行考核，设置创新成果奖、技术发明奖、成果转化奖、技术改进奖、合理化建议奖、科研论文奖、知识产权信息奖、知识产权管理成就奖等奖项。

(3) 物质奖励标准根据国家相关法律规定的标准执行。

(4) 奖励形成奖励记录，归档备查。

形成的相关文件：知识产权奖惩制度

6.2 基础设施

根据需要配套相关资源，配套必要的知识产权管理软件、数据库、计算机、网络设备、保密设备、办公场所地等，确保体系运行。

形成的相关文件：计算机软硬件管理程序

6.3 财务资源

(1) 公司设立知识产权工作专项经费，制定《知识产权经费管理规定》，以确保知识产权管理活动的有效运转。

(2) 公司知识产权工作经费用于知识产权宣传教育和培训，知识产权申请、注册、登记、维持、检索、分析、评估、诉讼和培训等事项，保密补贴和员工奖励等。

(3) 财务部加强知识产权管理经费的使用监督和管理，确保各类知识产权费用的规范使用。同时对年度经费使用实施绩效评估，为下一年度经费预算、经费使用调整、完善经费使用管理提供依据。

(4) 公司设立知识产权风险准备金，制定《知识产权风险准备金管理办法》，提高公司防御知识产权风险的能力，维护公司生产经营正常运转提供知识产权保护和弥补因本公司不可预见风险带来的损失。

形成的相关文件：知识产权专项经费管理办法、知识产权风险准备金管理办法

6.4 信息资源

(1) 公司知识产权信息包括内部信息和外部信息，其知识产权部归口管理。

(2) 信息分类

a) 内部信息包括：专利、商标、商业秘密、专有技术、许可证贸易等各类知识产权信息；

　　b) 外部信息包括：国家和各级政府有关知识产权的法律、法规和政策措施，国内外相关专利文献等信息，相关专业期刊、图书、报纸等出版物记载的相关技术信息，竞争对手及其产品技术信息等。

（3）信息资源管理

　　a) 根据公司的产品、行业等情况识别信息的需求；

　　b) 识别并获得内部和外部的信息来源；

　　c) 将信息转换为对公司有用的知识，并传达给相关人员；

　　d) 利用数据、信息和知识来确定并实现公司的知识产权方针和目标；

　　e) 确保适宜的安全性和保密性；

　　f) 评估因使用信息所获得的收益，以便对信息和知识的管理进行改进；

　　g) 建立专利信息数据库并进行有效维护和及时更新。

　　形成的相关文件：知识产权信息发布程序、信息资源控制程序、信息分析记录

7 基础管理

7.1 获取

（1）公司根据知识产权发展战略，每年制定知识产权创造和取得的年度工作计划，并按照计划实施。

（2）知识产权部编制《知识产权检索申请程序》，在研究项目立项前进行必要的检索，研发过程中进行跟踪检索，成果产出后进行最终检索，并及时办理相应的知识产权取得手续，确保知识产权的合法性和有效性。

（3）知识产权部编制《研究与开发控制程序》，建立项目立项、审批制度，产出成果，知识产权取得审批制度，研发活动记录制度等制度规范。

（4）研发活动形成完整的文件和记录，使知识产权创造过程具有可追溯性。

　　形成的相关文件：知识产权检索、申请控制程序

7.2 维护

（1）知识产权部对公司拥有的知识产权建立分类管理台账。

（2）建立知识产权定期评价制度，由知识产权部对拥有的知识产权进

行价值评价，以便对放弃或维持该知识产权作出决策。

（3）建立知识产权监管维护系统，由知识产权部配备专职或兼职人员进行有效地监管和日常维护。

（4）知识产权发生权属变更时，根据公司有关制度，对变更及时办理相关手续。

（5）知识产权实施放弃的，明确审批程序和权限，办理手续，由知识产权部负责备案。

（6）建立知识产权分级管理机制，由知识产权部进行有效地监管和日常维护。

形成的相关文件：知识产权变更、放弃控制程序、分级管理规定

7.3 运用

7.3.1 实施、许可和转让

（1）由知识产权部制定《专利管理制度》，公司根据法律法规的规定，在生产经营过程和市场交易活动中，合理运营知识产权，评估知识产权对产品销售的贡献。

（2）知识产权权利运营包括自行实施、转让、许可时，应按照法律法规及有关政府部门规章的规定办理相关手续，并保留相应的记录。

（3）公司知识产权的运营过程应按照知识产权管理制度内部制度进行规范管理。

形成的相关文件：知识产权实施、转让、许可控制程序

7.3.2 投资融资

在投资融资活动前，知识产权部应当确认知识产权资产状况，尽到尽职调查义务，同时进行价值评估。

形成的相关文件：知识产权运营相关的手续文本和相应的记录

7.3.3 合并与并购

企业通过公司合并或并购等方式取得知识产权的，应当要求对方提供知识产权资产清单，确认其知识产权资产状况，尽到尽职调查义务，并且在合并合同中明确知识产权归属。

形成的相关文件：知识产权运营相关的手续文本和相应的记录

7.3.4 标准化

企业参与其他标准化组织的，知识产权部需要去了解标准化组织涉及的知识产权政策，按照政策的要求提案、披露和许可承诺。

企业牵头组建标准工作组的，由知识产权部制定相应的知识产权政策

和工作程序。

形成的相关文件：标准化知识产权信息检索报告、标准化工作程序

7.3.5 联盟及相关组织

参与知识产权联盟或其他组织前，由知识产权部了解其知识产权政策，评估参与利弊；

组建知识产权联盟时，以知识产权为基础，与联盟企业共同推动技术标准，增加企业的行业话语权，在联盟内将自有知识产权作为交易筹码与联盟企业互换使用，构建专利池，开展专利合作。

形成的相关文件：联盟参与程序、联盟组建程序

7.4 保护

7.4.1 风险管理

（1）知识产权部建立《风险管理控制程序》，知识产权部根据有关法律法规规定，对知识产权实施市场监控。

（2）尊重他人知识产权，通过检索、查新等开展侵权的可能性调查，出具调查报告，采取措施防止侵犯别人的知识产权。

（3）公司按照知识产权风险分析和预警机制，预防和应对知识产权纠纷。

形成的相关文件：风险管理控制程序、风险防范预案

7.4.2 争议处理

知识产权部监控知识产权被侵犯的情况，根据制定的《争议处理控制程序》适时运用行政和司法途径保护知识产权，在处理知识产权纠纷时，知识产权部组织市场信息部、财务部评估诉讼、仲裁、和解等不同处理方式对企业的影响，选取适宜的争议解决方式。

形成的相关文件：争议处理控制程序

7.4.3 涉外贸易

我公司的对外贸易和合作主要是产品进出口。在对外贸易和合作中，市场信息部收集并了解涉及公司知识产权在输出国家或地区的法律法规状况，输出国家或地区的相关知识产权法律规定。

（1）公司在对外贸易和合作过程中，知识产权部对技术或产品在我国和相关国家的知识产权状况、法规等进行分析，形成分析报告。

（2）对外贸易和合作合同中涉及的知识产权，市场信息部应明确其权利归属、使用方法和范围、侵权责任的承担、后续改进成果权属等知识产权条款。

(3) 出口的技术对涉及知识产权的要依法办理审批手续，同时公司按照《争议处理控制程》加强对输出技术或产品的知识产权进行监管。

(4) 对外贸易和合作输入输出的知识产权使用情况由知识产权部进行建档记录。

形成的相关文件：销售控制程序

7.5 合同管理

(1) 公司内部劳动合同、保密合同及就某些特定事项签订的合同（如企业内部技术开发、人员外派等的合同），由人力资源部负责保管。

(2) 公司与合作方的合同（如委托开发合同、合作开发合同等）、知识产权运用合同（如许可合同、转让合同以及投资入股合同等）由知识产权部负责保管。

(3) 产品贸易合同（如购销合同、进出口合同等）由市场信息部保管。

(4) 以上部门要明确知识产权权属、权利、义务条款，在合同签订前进行评审，并对合同变更进行跟踪评审，以避免因知识产权问题遭受损失。

(5) 公司签订对外合同或合同变更之前，应对合同标的涉及的知识产权内容进行法律审查，根据合同的内容和性质，明确相应的知识产权权属和双方权利义务条款。

(6) 重大事项（如重大技术、装备引进，重大产品投资等）在合同签订前，由知识产权部组织开展知识产权审查论证，避免因知识产权问题而招致重大损失。

(7) 对于某些合同（如专利权转让、许可合同等）国家有关行政主管部门有格式合同示范文本的，应当尽量采用。

(8) 对某些合同（如专利权、商标权转让合同）国家法律规定需要办理相关审批手续后才能生效的，企业在合同签订后，应及时办理相应手续。

形成的相关文件：合同管理控制程序

7.6 保密

公司对经营中签署的技术秘密进行规范的管理，明确知识产权权属、权利、义务条款，在秘密确认前进行评审，秘密确认后进行跟踪检查，以避免泄密遭受损失。

(1) 建立商业秘密管理台账分类分密级管理商业秘密。

(2) 商业秘密管理内容、秘密载体、管理方法、管理范围与管理程序，对秘密产生过程中载有秘密相关信息的存储介质和废旧载体管理，对涉及重大科研项目或对企业经济利益有重大影响的相关人员保密管理，对外交流、论文审核管理，对发现泄露企业秘密事件和涉密人员应急管理办法。

（3）保密的范围包括明确涉密人员，设定保密等级和接触权限；明确可能造成知识产权流失的设备，规定使用目的、人员和方式；明确涉密信息，规定保密等级、期限和传递、保存及销毁的要求；明确涉密区域，规定客户及参访人员活动范围等。

形成的相关文件：商业秘密保护制度、门禁管理规定

8 实施和运行

8.1 立项

（1）技术开发部负责制定公司的研究开发活动的计划。研究与开发的知识产权管理由知识产权部配合技术开发部实施。

（2）项目立项前技术开发部要进行知识产权的检索调查，编制立项报告（如开题报告、项目申报书、项目申请书），避免重复研发和资源浪费。

（3）立项报告内容应包括：对项目领域的科技文献、专利文献进行检索，对该技术领域的现有技术发展状况、知识产权状况和竞争对手状况进行分析。

（4）随着设计和开发的进展，必要时策划的输出应予以更新。

形成的相关文件：研究与开发控制程序

8.2 研究开发

（1）技术开发部对研究与开发活动中形成的档案和记录进行管理，以使研发活动具有可追溯性，并准确界定研发创新成果的知识产权权利归属。

（2）建立研发活动的知识产权跟踪检索与监督制度，依此及时调整研发策略和内容，避免资源浪费与规避侵权风险。

（3）研究与开发活动的知识产权管理由知识产权部与技术开发部配合实施。

（4）研发成果产出后知识产权部进行最终文献检索，并由知识产权部组织评估、确认，形成知识产权评估报告。

（5）评估报告应明确取得知识产权的可能性、知识产权类型及保护建议，报公司领导审批，采取相应的保护措施。

（6）建立研发成果信息发布控制程序，研发成果信息按规定的程序审

批后对外发布。

(7) 研究与开发评估活动的知识产权管理由知识产权部与技术开发部配合实施。

相关文件：研究与开发控制程序、知识产权信息发布程序

8.3 采购

(1) 公司对原材料、设备等采购活动加强知识产权管理。

(2) 对涉及知识产权标记的产品由知识产权部识别供方的相关知识产权信息并由市场信息部负责向供方收集，必要时要求供方提供权属证明，并按规定进行知识产权的标识。

(3) 市场信息部加强对供方信息、供货渠道、进价策略等信息资料的保密工作，防止商业秘密泄露。

(4) 市场信息部对采购产品的知识产权进行监管，采购合同中要明确知识产权条款，明确双方知识产权权利义务。

(5) 采购活动的知识产权管理由知识产权部与市场信息部配合实施。

形成的相关文件：采购控制程序

8.4 生产

(1) 生产过程的知识产权应进行有效管理，对涉及知识产权的内容提交知识产权部组织评估，采取保护措施。管理内容包括生产过程中形成的产品与工艺防范等技术改进与创新、合理化建议、阶段性发明创造等成果。

(2) 在生产合同中应设立知识产权条款，明确双方知识产权权利义务，界定权属，保密责任。

(3) 知识产权部制定《商业秘密管理制度》，就生产过程中形成的不宜对外公开的文件记录，按知识产权保密的规定采取相应的保密措施。

形成的相关文件：生产控制程序、合理化建议管理办法

8.5 销售和售后

(1) 产品销售前，知识产权部对市场同类产品知识产权状况进行调查分析（专利分布、商标注册情况），对公司产品的知识产权建立保护机制，同时也防止销售侵犯他人知识产权的产品。

(2) 产品投入市场后，建立产品销售市场监控机制。通过市场销售网络和营销队伍，监控同类产品的市场投放情况。通过产品信息发布会、展览会、各类媒体广告、网络等多种途径收集同类产品来源信息。

(3) 一旦发现同类产品涉嫌侵犯公司知识产权，应进行重点信息收

集，掌握对方侵权证据，积极采取维权措施，确保侵权行为能得到及时有效的制止和处理。

（4）产品升级或市场环境发生变化时，知识产权部负责及时进行跟踪调查，调整知识产权保护和风险规避方案，适时形成新的知识产权

（5）知识产权部建立侵权记录，整理侵权材料，并形成档案。

（6）销售活动中的知识产权管理由市场信息部与知识产权部配合实施。

形成的相关文件：销售控制程序

9 审核和改进

9.1 总则

公司每年进行内审，对知识产权管理体系过程进行检查，检查满足相关制度程序要求的符合性问题，以证实其是否保持实现预期结果的能力。知识产权部对过程检查发现的问题分析过程的输入、活动和输出是否满足预期目标，针对不符合项分析问题产生的原因，找出改进方法，及时纠正。

9.2 内部审核

（1）知识产权部建立、保持和实施内部审核程序，确保其知识产权管理体系符合标准的要求。评价结果作为管理评审的输入材料。

（2）知识产权部负责制定内部评价计划，每年进行内部审核。

（3）审核人员应符合《知识产权管理体系评价人员准则》要求。

（4）内部评价程序：

  a）按计划制订内部评价实施计划，包括评价目的、范围、准则、方法等；

  b）评价准备，成立评价组，进行文件准备；

  c）实施评价；

  d）分析评价结果，编制评价报告，提出改进措施并跟踪验证。

形成的相关文件：内部审核控制程序

9.3 分析与改进

（1）知识产权部采用适宜方法对检查或其他来源的信息进行分析，以证实其是否保持实现预期结果的能力。

（2）识别需监视和测量的过程，它涉及产品实现的全过程。

（3）对过程能力进行分析，分析过程的输入、活动和输出是否满足预期目标，对照预定目标找出差距，分析原因，找出改进方法，可供选择的

方法有内审、过程审核、过程输出的监视和测量、过程有效性的评价以及工作质量检查活动等。

(4) 在过程的监视和测量中应采用统计技术在内的适宜方法。

(5) 分析结果应传递到相关部门，为公司决策提供有效的支持。

(6) 改进的信息来源：

 a) 方针、目标执行情况；

 b) 管理评审、内部评价结果；

 c) 体系过程检查、分析结果；

 d) 相关方（如第三方评审部门）提出的问题。

(7) 知识产权部根据以上信息反映的问题，确定责任部门。

(8) 由责任部门对问题进行原因分析，与知识产权部配合制定和落实改进措施，并实施改进。

(9) 知识产权部追踪验证改进措施，以促进知识产权管理体系的持续改进。

形成的相关文件：纠正预防措施控制程序

第二节　知识产权管理职责

知识产权管理职责并不只是最高管理者、知识产权管理者代表、知识产权管理部门的职责，而且是企业每个部门都应涉及的知识产权管理职责，由于知识产权的特殊性，其部门间的管理工作侧重点不同，具体如下：

一、最高管理者的职责

1. 实施知识产权管理决策；

2. 制定知识产权方针、目标，确保为实施知识产权管理提供适宜的组织机构，并配备必要的资源；

3. 建立和健全各级知识产权管理责任，落实职能，就知识产权管理的有关事宜予以授权；

4. 贯彻国家有关知识产权管理工作的方针、政策、法令、法规，制定公司知识产权方针和目标，并使之在全体员工中理解贯彻。

二、管理者代表的职责

1. 建立、实施并保持知识产权管理体系的运行；

2. 领导、审查、批准和监督知识产权管理机构的各项工作；

3. 向最高管理者报告知识产权管理绩效和改进需求；

4. 确保全体员工对知识产权方针和目标的认知；

5. 确保知识产权管理体系运行和改进需要的各项资源的落实；

6. 协调企业内外有关的知识产权工作；

7. 确保知识产权外部沟通的有效性。

三、知识产权管理部门的职责

1. 组织编制企业知识产权战略、制度、工作计划；

2. 负责企业知识产权内部控制制度的执行；

3. 负责企业知识产权的获取、使用、维护和日常管理工作；

4. 负责企业各种获得、转让与使用知识产权的合同管理；

5. 负责知识产权风险的防范与应对，依法处理企业内外部知识产权纠纷；

6. 负责企业知识产权信息资源的建设、管理和利用；

7. 负责企业员工知识产权教育和培训；

8. 负责知识产权管理体系的管理评审、内部评审等体系运行工作。

四、其他部门通用的职责

1. 认真学习、了解并贯彻落实公司的知识产权方针、目标和方案；

2. 认真落实本部门的知识产权目标及其指标，制定并执行本部门的知识产权管理方案；

3. 根据本部门的实际情况，提出培训需求；

4. 编制相关的支持性文件；

5. 妥善保管各自的文件、记录；

6. 提供与本部门相关的管理评审资料；

7. 负责本部门知识产权的保密条款执行。

五、技术部（研发部）的职责

1. 结合技术开发项目和计划，提出知识产权管理工作意见；

2. 为知识产权管理职能部门提供必要的技术资料；

3. 配合知识产权管理职能部门具体负责技术开发过程中的知识产权管理工作。

六、采购部的职责

1. 收集供方有关产品的知识产权信息，必要时要求供方提供涉及的知识产权的权属证明；

2. 做好供方信息、进货渠道、进价策略等信息资料的管理和保密工作。

七、生产部（品质部）的职责

1. 负责将生产过程中涉及产品与工艺方法等技术的改进与创新、合理化建议、阶段性发明创造等成果及时提请知识产权部进行评估、鉴定、验收；

2. 负责将涉及产品检测方法、检测仪器设备等技术的改进与创新、合理化建议、阶段性发明等成果及时提请知识产权部进行评估、鉴定、验收。

八、市场部的职责

1. 负责对公司产品销售市场的知识产权状况信息采集汇总并进行审查分析，提出必要的知识产权保护或风险规避方案；

2. 负责对公司产品销售市场进行知识产权监控，对产品信息、展会宣传采取相应的知识产权保护措施，及时跟踪和调查相关知识产权被侵权情况，配合知识产权部采取应对措施。

九、财务部的职责和权限

1. 评价知识产权管理经费方案的财务可行性；
2. 参与相关知识产权的合同评审；
3. 参与组织评估本公司的知识产权资产。

十、行政部的职责

1. 做好上级文件管理和传阅工作；
2. 大力宣传公司的知识产权方针；
3. 负责对外信息的发布。

十一、人事部的职责

1. 负责关于与知识产权管理的人力资源的配备和相应的培训；

2. 依据培训需求和公司发展需求，制订培训计划，并妥善保存员工的培训档案；

3. 检查培训工作的有效性；

4. 负责本公司与知识产权管理有关的人员流动；

5. 负责落实本公司相关知识产权的奖励事项。

第三节 程序文件

一、文件控制程序的要点

第一，企业建立的文件应在发布或更新发布前得到审核和批准；企业应根据控制程序进行管理，并对执行情况进行定期跟踪、评价，确保制度控制的有效性；

第二，企业知识产权管理体系文件的管理应根据文件类别及秘密级别的不同分别进行；文件应按企业文件管理的规定进行管理，对文件的发布、标识、更改、使用、保存、废止进行控制，以保证体系的有效实施。

二、法律法规和其他要求的要点

第一，企业应建立渠道，收集获取与知识产权相关的法律、法规及其他要求，并进行分析和识别；

第二，企业应对法律、法规有效性进行跟踪，一旦发现废止或修正的法律、法规，应进行审查并确认登记和修改，还应组织有关人员参加相关的法律、法规要求的培训。

三、人力资源控制程序的要点

（一）工作人员的配备

企业不论规模大小，都需要配备从事知识产权管理的人力资源。从事知识产权管理的专、兼职人员应当具备本企业从事行业的专业技术知识，熟悉知识产权知识，具有一定的管理能力和经验。大型企业或知识产权事务较多的企业应有专门管理机构和专职知识产权管理人员，中小型企业可以由归口管理部门人员兼任知识产权管理工作；企业也可与外部专业机构合作，聘请从事知识产权管理和服务的专业人员担任企业的知识产权顾问，参与企业的知识产权管理活动，也可以将部分知识产权管理业务（如：专利申请，专利权、商标权维护等）外包给外部的专业机构，提高管理效率。

（二）教育与培训

企业应组织全体员工按业务领域和岗位要求开展知识产权培训，如法务部门、研发部门、人事部门、行政部门等部门的员工，使其了解其工作与实现知识产权目标的关系。企业针对职能部门负责人、主要业务骨干的知识产权培训教育，可根据自身特点和知识产权管理工作的实际需要，灵活实施，合理设置培训教育的内容。保留教育、培训的适当记录。全体员工和新入职员工应当开展知识产权知识的宣传普及工作，以提高全体员工和新入职员工的知识产权意识。

（三）人事合同的控制

企业在与员工签订劳动合同时，应明确规定员工对企业知识产权的保护义务和责任。对涉及或可能知悉公司商业秘密等知识产权信息的员工，应当在劳动合同中规定其负有的保密义务和责任。企业可以与涉及或可能知悉公司商业秘密等需要保密信息的员工签订专门的保密合同，明确其保密期限、责任和义务。为防止员工流动到同业企业后，造成或加剧其他企的不正当竞争，企业可与研发、市场营销人员签订竞业限制合同条款。同时，竞业限制合同或条款的设立不得违反国家有关竞业限制的规定，并应给予员工相应的竞业限制补贴。

（四）入职的控制

企业应了解新进员工已有的知识产权权利义务，避免侵害他人知识产权，进行适当的知识产权背景调查和沟通，以及入职知识产权培训。在员工的劳动、上岗合同中应明确员工的知识产权保护权利、义务和责任。对涉及或可能知悉公司商业秘密等知识产权信息的员工，告知其负有的保密义务（也可与员工签订专门的保密合同），明确其保密责任和义务。对于研究开发、产品线等与知识产权关系密切的岗位，也可与员工签订专门的知识产权声明文件，明确其保密责任和义务。

（五）离职的控制

为防止企业员工流动后，造成或加剧同业竞争，员工离职或退休后，应进行离职、退休员工的恳谈，提醒相应的知识产权事项。对于涉及核心知识产权的员工离职或退休时，应交回属于企业的全部资料、实验数据、仪器设备、样品，并签订保密协议，以书面形式明确知识产权的权属、其承担的竞业禁止义务，以及员工对涉及的企业商业秘密的保密责任和期限。

（六）激励控制

企业知识产权奖励制度的制定，应当严格执行国家有关法律法规的规定，奖项设置、奖金给付不得违反国家法律法规的规定。尤其是对受奖人的奖酬金给付不得低于《中华人民共和国专利法》等有关法律法规规定的最低标准。企业知识产权奖励制度可以设立技术类奖项、管理类奖项和综合奖项等各种奖项。如创新成果奖、技术革新奖、技术发明奖、技术论文奖、合理化建议奖、专利申请及实施奖、专利成果推广奖、知识产权信息利用奖、知识产权优秀管理奖、知识产权先进工作者等。应明确给员工创造的知识产权给予相应的物质奖励和精神奖励。同时，也应赏罚分明，明确员工在造成知识产权损失时应承担的责任。

四、财务资源管理程序的要点

企业应建立财务资源的预算机制，明确知识产权经费的使用范围，确保知识产权经费的足额提供，经费使用过程应明确审批流程和事项，记录资金使用情况。知识产权经费可以用于知识产权申请、注册、登记、维持、检索、分析、评估、诉讼和培训、知识产权管理机构运行和知识产权激励等事项，对于有条件的企业可以设立知识产权风险准备金。

五、信息资源管理程序的要点

企业应设计和建立信息收集渠道。同时要对收集的信息定期进行清理和更新，对失效的信息应及时剔除，对有用的新信息应及时收集和补充；对外发布信息之前，应履行相应的审批程序；有条件的企业，要充分利用现代计算机管理技术，建立本企业主导产品的国内外专利信息数据库、主要竞争对手及其产品的专利信息数据库、本企业的知识产权信息化管理数据库，并对建立的数据库进行有效维护和及时更新。

六、知识产权获取程序的要点

（一）检索控制程序

企业如果通过自主研发获得知识产权，在项目立项前，应当进行研发项目的可行性分析，开展科技文献或专利文献的检索，在项目立项后的研发过程中，要开展跟踪检索，防止重复研发或研发成果侵犯他人知识产权，确保研发成果的知识产权合法性和有效性。

企业如果通过联合研发、委托开发、合作开发取得知识产权，同样应开展开发技术或产品项目立项前的科技文献或专利文献检索和项目开发过程中文献跟踪检索，以避免产生知识产权纠纷、或重复开发、或侵犯他人知识产权，确保开发成果的知识产权合法性和有效性。企业如果通过许可证贸易方式（如专利权实施许可、转让，商标权实施许可、转让，计算机软件著作权实施许可、转让等）获得知识产权，首先要开展拟许可或受让的知识产权检索，弄清该知识产权的权利人是谁，有多少项，只有知识产权权利人或者经过其授权的人才有对外许可或转让该知识产权的权利，而且知识产权的权利许可或转让一般需要全体权利人的一致同意方能有效。

（二）申请控制程序

企业开展自主研发和技术创新活动，应当建立科学合理的研发管理流程，建立项目立项前的可行性研究、立项审批、研发过程管理、产出成果知识产权取得审批、研发活动记录等制度规范，并妥善保存相应文件和记录，使知识产权创造过程具有可追溯性。企业自主研发和技术创新活动中形成的各种文件和记录是界定知识产权权利归属的重要凭证。企业应当加强对自主研发和技术创新活动中形成的各种文件和记录的管理，如项目立项通知书、项目研发经费下达通知书、课题组成员决定书。

（三）权利化程序

1. 职务成果

企业对于职务成果的界定以及权利归属的规定，应当符合国家有关法律法规的规定，一方面不得侵害和剥夺成果创造者的权利，另一方面也要维护企业利益，防止企业无形资产流失。

企业对于职务成果的管理要明确规定创造者的权利和义务。

企业可视本单位具体情况，建立非职务成果的管理规定，对非职务成果的利用作出相应的规定，以保护员工权利，维护自身利益。

2. 委托或合作开发成果

企业委托他人开发技术，或与他人合作开发技术，应当在技术合同中明确约定下列事次：

完成成果的权利归属（包括开发目标成果和非目标成果，如相关技术成果、中间技术成果）；

完成成果申请知识产权保护的申请人、知识产权权利的维护；

完成成果的知识产权权利行使和利益分享；

后续改进成果的权利归属、权利保护和利益分享；

在委托或合作过程中涉及本单位知识产权成果的使用约定；

委托或合作双方权利和义务的规定。

3. 引进和实施他人知识产权

企业引进和实施他人知识产权，在签订合同时，首先应当遵守我国关于技术进出口管制的规定，合同签订应遵守国家有关法律法规规定，确保合法有效。

企业引进和实施他人知识产权，应当在合同中明确引进的知识产权权利种类、内容、使用期限和范围、使用费用的支付方式；权利人维护该知识产权有效性的义务；双方的权利义务及纠纷处理办法；需要办理行政审批手续的，约定双方办理义务；建立相应的档案，确保其具有可追溯性。

七、知识产权维护程序的要点

（一）分类管理档案并日常维护

企业对知识产权权利实施管理，首先应当根据知识产权的种类、技术领域或者产品，建立知识产权分类管理体系，对拥有的知识产权进行科学的分类，形成分类管理目录，建立分类管理台账。对知识产权拥有量多的企业，建立知识产权的计算机动态管理系统，对各类知识产权的法律状态、有效期限、需办理的各类手续、办理期限、权利变动、运用情况等实施计算机动态监管，以确保权利处于受控状态。

企业应定期查看本企业拥有的知识产权的状态，对需要维持的知识产权，应当按照我国有关法律、法规的规定，及时办理相应的手续（如按时缴纳专利年费、办理商标续展手续等）。每一项手续的办理都要有办理审批记录、办理结果记录，并形成管理档案，以备查考。同时利于出现问题实施责任追究。

（二）知识产权定期评价的控制

企业要建立知识产权的定期评价制度，评价报告审批制度，对拥有的各类知识产权进行价值评价，决定是否放弃或维持该知识产权，以降低管理成本。企业对知识产权的价值评价，可以由知识产权管理部门牵头，组织技术研究开发部门的技术人员、市场营销部门的销售人员、法务部门的法律工作人员等开展评估工作，提出对拥有的知识产权是否维持或放弃的建议及理由，报企业的管理决策层研究审批后执行。企业的知识产权管理部门不得自行评价决定放弃知识产权，以免对企业造成损失。

（三）知识产权变更、放弃的控制

企业对知识产权权利管理涉及权属变更、权利转移或者放弃权利的，要建立相应的审批制度。如企业对外转让专利权、许可他人实施专利、以知识产权作价对外投资、放弃专利权、商标权等，这些事项的决定一旦实施将对企业的生产经营活动产生重大影响，企业应当建立严格的审批管理制度，明确审批程序、审批部门和部门审批权限及责任，严格按照审批程序实施决策。在审批程序中形成的各种文件和记录应由知识产权部备案，权利变更状况应载入权利管理系统，做到有案可稽、有据可查，便于责任追究。同时，要高度重视知识产权权利权属变更、权利转移的实施必须符合国家法律法规的规定，需要办理国家行政审批手续的，应及时办理相应的手续，以免对企业带来损失。

八、知识产权运用程序的要点

企业对知识产权的运用体现在多个方面。企业对知识产权的运用目标不同，具体的运用方式也有所不同。如企业为自身发展需要，将取得的知识产权自己付诸实施；将取得的知识产权对外转让或实施许可；将取得的知识产权作价入股、对外投资、质押；将取得的知识产权用于战略防御；通过许可证贸易引进实施他人知识产权等，都是对知识产权的运用。

（一）实施、许可和转让控制

企业将知识产权对外转让、许可时，应按照我国有关法律、法规、规章的规定办理相关手续。如涉及专利技术实施许可的，应当办理合同备案手续；实施专利权、商标权转让的，应当办理专利权、商标权人权利人变更登记手续；涉及知识产权投资、质押的，应当依法进行资产评估，依法办理出资登记、质押登记等手续。

（二）投融资控制

企业在投资融资活动前，应当确认知识产权资产状况，尽到尽职调查义务，同时进行价值评估。

（三）企业重组控制

企业通过公司合并或并购等方式取得知识产权的，应当要求对方提供知识产权资产清单，确认其知识产权资产状况，尽到尽职调查义务，并且在合并合同中明确知识产权归属。出售或剥离资产前，应对相关知识产权开展调查和评估，分析出售或剥离的知识产权对企业未来竞争力的影响。

（四）标准化控制

企业参与其他标准化组织的，首先需要去了解标准化组织涉及的知识产权政策，按照政策的要求提案、披露和许可承诺。牵头组建标准工作组的，需要制定相应的知识产权政策和工作程序。

（五）联盟控制

企业参与知识产权联盟或其他组织前，应了解其知识产权政策，评估参与利弊；组建知识产权联盟时，以知识产权为基础，与联盟企业共同推动技术标准，增加企业的行业话语权，在联盟内将自有知识产权作为交易筹码与联盟企业互换使用，构建专利池，开展专利合作。

九、知识产权保护程序的要点

（一）风险管理

企业应通过检索、查新等开展侵权的可能性调查，出具调查报告，采取措施防止侵犯别人的知识产权（包括办公、生产等设备及软件）；知识产权部根据有关法律法规规定，对知识产权实施市场监控，各部门发现任何侵犯公司知识产权的现象应及时向公司书面报告，由知识产权部跟踪和调查相关知识产权被侵权行为，依法维权，活动过程应有记录；有条件的企业应该将知识产权纳入企业风险管理体系，预防和应对知识产权纠纷。

例如，××公司就将所有的产品开发项目纳入专利风险预警和防范机制，确保将公司所有产品的专利风险降至最低。其专利风险预警和防范机制主要包括：（1）产品调研检索，针对开发产品进行大范围调查，检索出所有产品相关专利，并交由研发部门供参考；（2）侵权检索，针对确定的产品技术方案进行侵权检索，检索出所有与产品方案相关的专利，并予以解读后交由研发部门进行初步技术判断；（3）侵权分析，针对本司方案具有潜在风险的专利进行侵权判断，出具结论给研发部门；（4）回避涉及，协助研发部门对于影响本司产品方案的专利进行回避性设计，降低专利风险；（5）专利风险评估报告，针对定型产品出具全面专利风险评估报告，列出所有风险点及回避方案；（6）持续监控，通过专利数据库的日常更新对于状态尚未确定的专利进行监控，直至该专利状态确定或本司改变方案或停止出货。

（二）争议处理

企业应监控知识产权被侵犯的情况，适时运用行政和司法途径保护知识产权，在处理知识产权纠纷时，评估诉讼、仲裁、和解等不同处理方式对企业的影响，选取适宜的争议解决方式。

（三）涉外贸易

企业在技术引进与输出、服务外包、合作开发、工程承包、产品进出口等对外贸易和合作中，要收集并了解涉及公司知识产权在输出国家或地区的法律法规状况，输出国家或地区的相关知识产权法律规定；对技术或产品在我国和相关国家的知识产权状况、所涉及法律法规等进行分析，形成分析报告；签订合同时，应明确其权利归属、使用方法和范围、侵权责任的承担、后续改进成果权属等知识产权条款；对涉及知识产权的技术出口要依法办理审批手续，同时公司按照《知识产权预警和应急预案》加强对输出技术或产品的知识产权进行监管；对外贸易和合作过程中输入输出的知识产权使用情况由知识产权部进行建档记录。

十、合同管理控制程序的要点

（一）合同的知识产权审查

企业签订各类合同，凡涉及知识产权事项的，都应当按照本企业合同管理的制度规定，开展知识产权审查工作。企业对合同的知识产权审查，可以由企业的知识产权管理部门或法务部门组织实施。应当根据合同的性质和内容，充分考虑合同事项可能涉及的知识产权问题，并对其作出明确的合同约定，防止由于知识产权事项的约定不明、责任不清对企业带来损失。

（二）知识产权对外委托业务的合同控制

企业开展检索与分析、预警研究、申请代理、诉讼代理、侵权调查与司法鉴定、管理咨询等知识产权对外委托业务时，签订的书面合同应约定知识产权权属和保密等内容。

（三）委托开发或合作研发的合同控制

企业对外签订技术开发合同，无论是委托开发，还是合作开发，合同中应当明确约定下列知识产权事项：（1）对各方投入技术（主要涉及专利权、专有技术、计算机软件著作权、植物新品种权等）的知识产权事项约定。包括知识产权权利归属、许可对方使用的方式和范围、权利维护、费用承担、各方保密责任等内容。（2）对研究开发成果的知识产权事项约定。包括产出成果的知识产权权利归属、许可对方使用的方式和范围、权利维护责任和费用分担、各方保密义务、对各方分许可权的设定、对外转让或许可的约定及许可收益分配的约定、后续改进的权属和使用等事项。

（四）重大专项的合同控制

企业重大事项（如重大技术、装备引进，重大产品投资等）在合同签订前，应组织开展知识产权审查论证，避免因知识产权问题而导致重大损失。并且需要了解项目相关的知识产权规定，并按照要求进行管理。

对于某些合同（如专利权转让、许可合同等）国家有关行政主管部门有格式合同示范文本的，应当尽量采用。

十一、保密管理的要点

企业应当建立保密管理制度，对企业的商业秘密和技术秘密、需要保密的文件、资料作出明确的规定，并合理界定保密密级、需要保密的人员范围。

对保密文件的整理、归类、保存、查阅、借用等要建立相应的审批和管理规定。对建立计算机文档管理系统的企业，需要保密的文件、资料，应实施密级权限和密码管理。

企业对外发布信息、发表论文及参加展览会、博览会和研讨会等活动，对拟向外公开的信息，应当建立信息发布审查和审批制度，防止商业秘密、技术秘密对外泄露。

企业开展对外业务谈判、接待参观人员及与外单位合作研究开发，涉及本企业商业秘密、技术秘密的，应当有相应的规制措施。

十二、研究与开发控制程序的要点

（一）立项阶段的控制

企业项目立项前要进行知识产权的检索调查，分析该项目所涉及的知识产权信息，包括各关键技术的专利数量、地域分布和专利权人信息等；通过知识产权分析及市场调研相结合，明确该产品潜在的合作伙伴和竞争对手；编制立项报告（如开题报告、项目申报书、项目申请书）；进行知识产权风险评估，并将评估结果、防范预案作为项目立项与整体预算的依据，避免重复研发和资源浪费。

（二）研发阶段的控制

企业要开展对拟研究开发的技术或产品所属技术领域内的相关科技文献及知识产权信息（重点是专利技术信息）的检索工作，获取研发项目现有技术的发展状况、知识产权状况和竞争对手状况等重要信息，并在此基础上，制定知识产权规划。

为有效规避和降低研究开发过程中可能产生的知识产权侵权风险，企业应当建立研发活动的知识产权跟踪检索与监控制度，结合研发内容及特点（如技术方案设计、工艺路线设计、配方设计等），开展经常性市场调研和市场信息收集工作，重点做好科技文献和专利文献跟踪检索工作，一旦发现有侵权风险或者在研项目已被他人所公开或申请专利，应及时修改和调整研究方案或放弃研发，避免资源浪费和侵权。

企业应当建立研究开发项目的评估管理制度，研究与开发活动结束后，项目管理部门应要求课题组把该项目的研究与开发情况以及所取得的各项研究与开发成果完整、准确、客观、及时地以书面报告形式向项目管理部门作出汇报。企业管理层或项目管理部门应按照本企业技术研究开发成果评估管理制度的规定，及时提请企业技术委员会或研究开发项目评估人员对完成的研究开发项目实施评估，对项目的新颖性、实用性、创造性，以及对企业发展的贡献程度、重要程度等作出评价，并提出是否在本企业生产中采用、是否采取保密措施、申请专利或采取其他知识产权保护措施等的建议，形成评估报告。企业的研究开发成果评估工作，应当有知识产权管理人员参加，并应当对研究开发成果进行专利文献、科技文献等文献检索，根据检索结果对成果的新颖性、创造性作出评价，以提高评估结论的准确性。

评估工作结束后，企业应当按照成果管理审批权限，将评估报告报企业领导审批。领导审批后，应根据领导审批结果，需申请专利的，应及时提请知识产权管理部门按照专利申请管理流程组织专利申请；需要保密的，按照企业保密管理工作流程，责成相关部门采取相应的保密措施；需要进行著作权登记的，提请知识产权管理部门按照著作权登记管理流程组织著作权登记。相应的评估报告、保密资料、知识产权申请登记等材料都要形成档案，归档保存。

十三、采购控制程序的要点

(一) 对供货方知识产权管理状况的调查

企业在采购产品（包括原辅材料、半成品、成品、生产设备等）或技术的过程中对供货方知识产权管理状况的调查，主要调查供货方对知识产权的管理是否规范，是否有相应的知识产权管理制度与管理流程规范、这些制度和规范的执行成效，以评价供货方是否有良好的知识产权保护意识，是否尊重他人知识产权。对知识产权的识别管理，主要涉及对采购产品（包括原辅材料、半成品、成品、生产设备等）或技术的知识产权判别和认定。如果供货方对提供的产品（包括原辅材料、半成品、成品、生产设备等）或技术明确表示具有自己的专利权、注册商标专用权以及产品或技术的说明书、宣传资料、包装装潢权等著作权，企业在采购时应当检索确认其相应知识产权权利的有效性，并弄清其是否是该权利的权利人，或者要求其提供该知识产权权利有效性的证明文件；如果其不是该权利的权利人，应要求其提供经过权利人许可或授权，其有权处分该权利的证明文件，以确保采购的产品（包括原辅材料、半成品、成品、生产设备等）或技术不侵犯他人的知识产权。如果供货方对提供的产品（包括原辅材料、半成品、成品、生产设备等）或技术未明确表示其知识产权状况，企业在采购时，应当进行必要的知识产权检索分析，特别是专利技术的检索和分析，以确保采购的产品（包括原辅材料、半成品、成品、生产设备等）或技术不会侵犯他人知识产权。

(二) 对采购信息的保密和管理工作

企业对采购信息的管理，主要涉及对供方信息、进货渠道、进货价格、进价策略等的管理。这些信息是企业生产经营活动中重要的商业秘密，也是企业的重要知识产权资源，企业对这些信息应当有相应的管理制度，对需要保密的信息应当采取相应的保密措施，对这些信息的对外发布，要有相应的信息发布审批制度，防止未经批准随意对外发布这些信息对企业生产经营带来损失。

(三) 采购合同的相关控制

企业采购合同的签订，无论供货方对提供的产品（包括原辅材料、半成品、成品、生产设备等）或技术有无明确的知识产权权利标识，都要有明确的知识产权权利义务条款，约定供需双方的知识产权权利义务。如果供货方提供的产品（包括原辅材料、半成品、成品、生产设备等）或技术有其自己的知识产权，要约定供货方维持其知识产权有效性的义务及相应的违约责任；如果供货方提供的产品（包括原辅材料、半成品、成品、生产设备等）或技术没有其自己的知识产权，要约定供货方提供的产品（包括原辅材料、半成品、成品、生产设备等）或技术保证不侵犯他人知识产权的义务，如果发生侵犯他人知识产权的情形，其相应的侵权责任应当约定由供货方承担，导致企业损失的，应约定由供货方承当赔偿责任，以减少和降低企业因采购而发生知识产权侵权风险和损失。同时，企业在采购合同中，应当明确约定对采购标的后续改进成果的知识产权权利归属和利益分享条款，以获得采购利益的最大化。如企业对采购的产品（包括原辅材料、半成品、成品、生产设备等）或技术作出后续改进，可以约定改进成果申请专利的权利归双方共有，或无偿让与供货方，以获取采购价格的优惠；或者以优惠的价格获取供货方的后续改进产品或技术。

涉及重要采购事宜的，如采购重要生产设备、重要装备、重要试验实验检测设备、关键零部件、关键技术、核心技术等，应当建立采购合同审查制度，对拟采购的项目要责成知识产权管理部门开展知识产权审查论证工作，提出拟采购项目的知识产权审查意见，经企业知识产权主管或主要负责人签署意见后实施采购。采购合同起草后，应当提交知识产权管理部门进行合同条款的审查，明确采购合同中采供双方的知识产权权利义务，以防止采购合同对知识产权事项的约定不明或者没有约定而对企业带来损失。

十四、生产控制程序的要点

（一）自主开发产品的生产控制

对于员工在生产过程中对生产的产品、工装或工艺方法等提出的改进与创新、合理化建议、阶段性发明创造等成果的管理，企业应当建立相应的管理制度，明确规定这些成果的知识产权权利归属，即在什么条件下这些成果的知识产权权利归属于本企业，在什么条件下归属于员工个人，以防止企业的知识产权权利流失。同时，应当建立员工发明创造、技术革新、合理化建议奖励制度，对于被企业采用的发明创造、合理化建议、技术革新等成果，应当根据其对企业的贡献给员工以相应的奖励，以充分调动员工的创新积极性。对于员工在生产过程中完成的职务创新成果，企业应当建立成果评估管理制度，交由知识产权管理部门进行知识产权评估，形成《知识产权评估报告》，提出知识产权保护措施。需要申请专利的，报知识产权主管或企业领导审批后，由知识产权管理部门办理专利申请手续；需要保密的，按照企业的保密管理规定，实施保密管理；需要对外公开的，按照企业信息发布管理制度规定，报领导批准后，由技术管理部门对外发布。

（二）加工承揽业务以及协同生产的控制

对外委托加工进行协同生产的知识产权管理，包括：一是对协同生产企业进行知识产权审查，了解协同生产企业的知识产权管理状况、知识产权风险和资信状况等，确定合格协同生产企业名单；二是对协同生产合同的管理。企业在开展协同生产时，要加强合同条款的审查工作，明确涉及的知识产权的权属、供需双方的知识产权权利义务、侵权法律责任和保密，以避免因对外委托加工导致企业知识产权被侵犯，招致企业损失。

企业承接加工承揽业务时的知识产权管理工作主要包括：一是对委托加工的产品或零部件实施知识产权分析，弄清该产品或零部件的知识产权状况。重点要弄清其技术的专利分布状况，商标注册状况；委托人对该产品或零部件拥有的知识产权状况，委托人是否是该知识产权的真正权利人；委托人如果不是该知识产权的真正权利人，其是否得到真正权利人的授权，以及授权使用的方式和范围，以防止因承揽加工而侵犯他人知识产权；二是对加工承揽合同的管理。企业承揽委托加工、来料加工、贴牌生产等加工承揽业务，在合同签订时，要加强合同条款的审查工作，合同中应设立知识产权专门条款，明确双方知识产权权利义务，明确界定加工标的的知识产权权属。明确规定在加工过程中承揽方对加工标的进行改进或委托方有后续改进技术成果产生时，该改进成果的知识产权权利归属及许可双方使用的权利和范围，保密责任，以及加工标的发生侵权时，双方应承担的责任，以避免因加工承揽侵犯他人知识产权招致企业损失。

（三）生产过程中知识产权使用记录的控制

企业对外委托加工的协同生产时，知识产权使用记录管理主要包括：在生产过程中监控协同生产企业的生产数量等情况，建立协同生产企业的资信记录。企业承揽委托加工、来料加工、贴牌生产等加工承揽业务，对知识产权的使用记录管理主要包括：一是委托加工标的的专利权状况记录。企业应当记录加工标的是否具有专利权、专利权的有效期限、委托方是否继续维持该专利权的信息，以掌握该专利权的法律状态，为企业的生产决策服务；二是委托加工标的的商标权状况记录。企业应当记录加工标的是否具有注册商标、商标权期限、委托方是否继续维持该商标的信息，以掌握该商标权的法律状态，为企业的生产决策服务。尤其是贴牌生产，对委托方提供的商标标识，企业应当进行严格地登记管理，防止商标标识外流对企业造成损失。对未使用完的商标标识要及时返还委托方或在委托方监管下销毁；三是委托加工标的的改进成果知识产权状况记录。企业在承揽委托加工业务过程中，对委托加工标的改进产生的成果，应及时采取知识产权保护，并形成相应的知识产权状况记录。按照合同约定申请专利的，应有申请专利的记录（申请人、申请时间、申请内容），需要保密的，应当有相应的保密措施，以确保加工过程中的知识产权使用具有可追溯性。

十五、销售及售后控制程序的要点

企业在产品宣传、上柜、销售、会展等商业活动之前，知识产权管理部门应对产品的知识产权状况进行审查和分析，并提出必要的知识产权保护或风险规避方案。企业应实施产品销售市场监控，对产品信息、展会宣传，采取相应的知识产权保护措施，及时跟踪和调查相关知识产权被侵权情况，建立和保持相关记录，制定并采取应对措施。

企业在销售过程中应对销售信息进行保密，包括客户信息、价格等，确保企业商业秘密得到合理保护。在销售过程中，企业应根据市场和技术的变化进行及时监控，并反馈信息给研发部门，对由于技术升级等原因要进行产品升级换代时，应组织进行新知识产权的申报和注册等工作。

第四节　记录表单

记录是指企业开展知识产权管理活动过程中形成的各类活动记载载体。包括纸张、磁盘（带）、光盘、照片、录音、录像、模型、样品等各种形式的载体。企业对知识产权管理活动的记录可以按照具体情况，采取相应的记录方式。但记录应当符合以下要求：

1. 完整性

首先，记录应当完整，即开展任何知识产权管理活动都要留有记录，以使各项活动都有据可查。如培训、检索、知识产权申请、会议纪要、奖励记录、分析报告、记录台账等都是反映企业开展某项知识产权活动的原始凭据。其次，记录的内容应当完整，即记录中记载的事项应当完整齐全，能够完整反映活动内容。如专利管理台账必须包括专利申请号、专利申请日、发明人、专利权人、法律状态等内容。

2. 规范性

规范性是指记录内容应当合乎规范，即企业开展知识产权管理活动的记录应当符合企业规定的记录要求，形成统一的记录体系，不能同一类事项的记录前后记录方式不一致，有多记和少记事项。可在企业内部形成一套记录模板，按模板进行填写记录。

3. 追溯性

可追溯性是指企业开展知识产权管理活动的可追溯性，即企业开展任何知识产权管理活动都应当能够通过活动记录加以查阅。这就要求记录必须完整，企业开展各项知识产权管理活动都要有记录。同时要求记录内容必须完整，即每个记录都要记载活动的所有事项，不得有遗漏内容，尤其重要事项必须完整，记录要有活动时间、地点、参加对象、活动内容、记录人、记录日期等。有审批要求的，还要有审批者签字或盖章。最后，要求所有记录都应当根据其重要程度，设立归档保存期限，归档保存，以便查阅。

第五节 知识产权程序及记录样例

样例一 文件管理程序及记录

一、知识产权文件管理规定

知识产权文件管理规定

第一章 总则

第一条 为规范公司知识产权管理体系文件的管理，特制订本规定。

第二条 公司知识产权管理体系文件包括形成文件的知识产权方针、目的、战略规划、年度计划、知识产权管理职责、各部门管理制度、控制程序和记录文件。

第三条　本规定对公司知识产权文件的起草、发布、标识、使用、修改、保存和废止作了明确的规定，适合于公司范围内的知识产权管理，包括对外来知识产权文件的管理。

第四条　公司知识产权体系文件分为公司全局性文件、方针、目标、战略、规划、年度目标等和职能性文件（知识产权工作经费管理制度、员工培训计划等）。

第五条　公司的文件可采用如下媒体形式或类型：纸张、磁盘（带）、光盘、照片或样本，其他电子媒体或它们的组合。

第二章　职责

第六条　知识产权办公室归口管理知识产权管理体系文件，组织职能部门起草、修改或直接起草、修改相关管理文件，并监督文件的贯彻实施。

第七条　知识产权办公室负责公司知识产权方针、目标、战略规划、年度计划和知识产权管理制度等全局性知识产权文件的起草；公司知识产权文件的编号、标识、发放、修改、回收、保存和废止工作，确保文件始终处于受控状态。

第八条　各部门负责职能范围内知识产权管理文件的起草、修改、组织实施、监控、并负责文件的定期备份。

第三章　审批、发布

第九条　对涉及全局性的知识产权管理文件，知识产权办公室起草并经知识产权领导小组审定后，报经理审批，公司发文公布。

第十条　对职能性知识产权文件，有相应知识产权职能部门制定，经知识产权办公室审查确认后，报主管该部门的领导审批，公司发文公布。

第十一条　《公司知识产权手册》换版，由总经理批准，公司发文公布。

第四章　修改、更改

第十二条　知识产权办公室根据知识产权法律、法规、政策的变化，政府主管部门的要求和公司组织结构、职能分工调整及知识产权管理改进提升的需要，编发有关知识产权管理文件应进行修改的通知，组织有关部门修改。

第十三条　知识产权文件起草部门及执行单位根据文件在贯彻实施中的适宜性、操作性、有效性的问题，均可向知识产权办公室提出书面改进建议。

第十四条 知识产权文件需修改、补充时，由该文件起草部门填写《知识产权修改通知单》，写明相应条款内容的变更及页码号变更信息。知识产权办公室审查认证后，属全局性知识产权文件报公司分管领导审定，总经理批准，公司发文；属职能性知识产权文件，知识产权办公室审查确认后，由公司分管领导审定批准，公司发文公布。

第十五条 在《公司知识产权手册》内容有较多变化时，知识产权办公室应组织内容变化涉及的相关部门会审，确认必须换版后，由知识产权办公室填写《知识产权手册换版说明表》，经知识产权主管审定后，报总经理批准，公司发文换版。

第五章 发文、收回、作废

第十六条 行政部在发放知识产权管理文件时，应加盖"受控文件"标识后，进行编号登记发放。各文件使用部门收文后，应及时登入《文件发放回收登记表》。

第十七条 行政部在发放修订（更改）知识产权文件时，应及时收回原文相应章节，并加盖"作废"章。作废的知识产权文件统一由行政部收回集中保存。作废文件保存期满后，由行政部进行销毁，知识产权办公室监销。

第十八条 任何保留作为参考或法律目的失效文件，应进行适当的标识。

第六章 记录文件

第十九条 公司和各部门进行贯标，组织开展知识产权活动时，应有知识产权管理人员及时进行记录。

第二十条 记录填写应做到及时、准确、内容完整。字迹清晰、易于辨识和检索。

第二十一条 记录可以采取文字（表格）、照片、电子媒体等形式。

第二十二条 下列知识产权活动的记录文件应保存于知识产权办公室：

1. 公司领导层面进行的知识产权记录活动，包括公司领导的宣传活动记录，知识产权领导小组会议纪要，公司知识产权内审文件等。

2. 公司研发活动记录，包括研发会议记录、知识产权信息检索报告、研发项目立项报告、专利申请表、专利转让申请表、技术秘密等。

3. 公司层面的各类知识产权台账，包括知识产权分类汇总台账、专利台账、知识产权成果奖励台账等。

4. 其他属公司层面的知识产权大活动（事件）记录文件。

第二十三条　各部门开展的知识产权活动记录和按部门职能组织公司相应部门开展的知识产权活动记录，由各部门自行保存。本部门重大成果申报专利或技术秘密的记录文件，正本交知识产权办公室保管，副本留本部门保存。

第七章　电子文件控制

第二十四条　文件应按规定审批，并保存其记录。当文件电子网络处理系统已按规定设置相应权限签署时，可保存媒体形式记录，其他均应保存文本形式记录。

第二十五条　文件接收部门应根据部门使用情况，下载/转发需由本部门执行的电子媒体文件，建立收文记录，并控制文件的有效性。下载时，下载人员应以适宜的方式签署姓名及下载日期。

第二十六条　电子文件（包括软件）需以U盘或光盘的形式定期备份（1次/年），并于次年1月份前将U盘交知识产权办公室归档。

第二十七条　本规定由公司行政部负责解释。

第二十八条　本规定自发文之日起执行。

二、文件控制表单

企业应严格执行《知识产权文件管理规定》。具体的记录表单包括：文件目录表、文件发放回收登记表、文件借阅表、文件更改单、文件处理审批单。

（一）文件目录表（见表5.1）

表5.1　文件目录表

编号：IPC×××-××

序号	文件名称	文件编号	版本	备注

编制：　　　　日期：　　　　复核：　　　　日期：

(二)文件发放回收登记表(见表5.2)

表5.2 文件发放回收登记表

编号:IPC×××-××

序号	文件名称	文件编号	分发号	版本	发放记录			回收记录			备注
					部门	签收	日期	数量	签回	日期	数量	

(三)文件借阅表(见表5.3)

表5.3 文件借阅表

编号:IPC×××-××

序号	文件名称	文件编号	借阅人	借阅日期	批准人	归还人	归还日期

(四)文件更改单(见表5.4)

表5.4 文件更改单

编号:IPC×××-××

文件名称		
更改前:		
更改后:		
更改人签名: 年 月 日	审核意见: 签名: 年 月 日	批准意见: 签名: 年 月 日

(五) 文件处理审批单（见表5.5）

表5.5 文件处理审批单

编号：IPC×××-××

处理报告（附目录）				
	报告人：	年	月	日
审核意见：				
	审核人：	年	月	日
审批意见：				
	报告人：	年	月	日
备注：				

样例二 管理职责程序及记录

一、管理职责相关程序

根据《企业知识产权管理规范》要求，管理职责相关程序包括法律、法规及其他要求的获取和确认程序、管理评审程序。

（一）法律、法规及其他要求的获取和确认程序

法律、法规及其他要求的获取和确认程序

1 目的

获取、确认适用于公司知识产权管理的法律、法规、标准及其他要求，确保公司的知识产权管理活动符合规定要求。

2 适用范围

适用于与本公司知识产权管理相关的法律、法规及其他要求的获取、

确认。

3 职责

3.1 知识产权部负责收集和跟踪与知识产权管理方面的法律、法规、标准及其他要求。

3.2 其他部门收集到相关要求,反馈给知识产权部。

3.3 知识产权部企管科负责汇总各部门所获取的法律法规、标准要求,进行识别确定,分类登记、归档、分发、统一管理。

3.4 公司办和各部门组织全体员工学习知识产权方面的法律、法规和其他要求。

4 工作程序

4.1 获取与确认

4.1.1 知识产权管理方面的法律、法规及相关要求包括:我国颁布施行的知识产权法律、法规、签订的国际条约、企业知识产权管理标准、国家出台的战略纲要、产业政策及其他通知等。

4.1.2 获取渠道包括:知识产权相关媒体(包括网站和报纸、杂志等)、政府机关、行业协会等。

4.1.3 知识产权部负责收集与知识产权相关的法律、法规及其他要求。

4.1.4 各相关部门收集到适用于本公司知识产权管理的法律、法规要求,反馈至知识产权部。

4.1.5 知识产权部对收集的法律、法规及其他要求进行分析和识别,确定适用于本公司的法律、法规及其他要求,记录在《法律、法规及其他要求一览表》中,报知识产权主管审核、总经理批准。

4.2 实施

4.2.1 法律、法规要求按《文件管理规定》下发到相关部门,各部门负责人组织内部员工进行学习。重要的法律、法规要求,公司办可采用培训、讲座、广播、板报、报刊等多种形式,向全体员工予以传达,确保了解,并在工作过程中严格遵守。

4.2.2 知识产权部应对法律、法规有效性进行跟踪,一旦发现废止或新版的法律、法规,进行审查并确认登记,按《文件管理规定》对《法律、法规及其他要求一览表》作出修改。

4.2.3 公司办按《教育与培训程序》组织有关人员参加相关的法律、法规要求的培训。

4.2.4 合规性评价

知识产权部每年底组织有关部门对法律法规及其他要求的遵守情况进行评价，评价结果填写在《法律、法规及其他要求遵守情况评价表》中。

4.3 跟踪与修订

知识产权部每年1次（12月）通过各种渠道对法律、法规的有效性进行查新，及时确认登记，按《文件管理规定》对《法律、法规及其他要求一览表》作出修改。

5 相关体系文件

5.1 《文件管理规定》

5.2 《法律、法规及其他要求一览表》

（二）管理评审程序

管理评审程序

1 目的

为确保知识产权管理体系的适宜性、充分性、有效性，而对体系进行评审，并提出改进措施。

2 适用范围

适用于对本公司知识产权管理体系的评审。

3 职责

3.1 总经理主持管理评审会议，负责批准《管理评审计划》和《管理评审报告》。

3.2 知识产权主管负责编制《管理评审计划》，负责整理汇总评审所需的资料，对《管理评审报告》中提出的各项改进措施进行跟踪和验证。

3.3 知识产权部负责编写管理评审报告，报知识产权主管审核，总经理批准。

3.4 公司各相关部门负责人参加评审会议，提供与本部门工作有关的评审所需资料，制定并实施直接与本部门有关的各项改进措施。

4 工作程序

4.1 参加管理评审的人员由公司领导层及各相关部门主要负责人组成。

4.2 管理评审的频次

4.2.1 公司每年至少进行一次管理评审，正常情况下，定于每年的12

月进行。

4.2.2 当出现下列影响到整合体系正常运行的情况时，由总经理决定追加管理评审：

a）当内、外部环境有变化时；

b）当公司的经营方向有变化时；

c）当公司的组织机构有调整时；

d）引起诉讼时；

e）当适用的法律、法规或标准有变化时；

f）当总经理认为有必要时。

4.3 管理评审的资料包括：

a）知识产权管理的方针和目标、方案的实施情况分析报告；

b）内外部审核结果；

c）检查情况和分析报告；

d）来自知识产权主管的关于知识产权管理体系总体运行情况的报告；

e）企业经营目标、策略及新产品、新业务规划；

f）企业知识产权基本情况及风险评估信息；

g）以往管理评审的跟踪措施；

h）相关职能部门提出的改进意见；

i）技术、标准发展趋势。

4.4 管理评审方式

管理评审可采用会议或现场评审方式，由知识产权主管决定。

4.5 评审计划

4.5.1 《管理评审计划》应包括以下内容：

a）目的、依据；

b）时间、地点和方式；

c）参加人员；

d）评审的具体内容，拟解决问题和执行方案。

4.5.2 《管理评审计划》由知识产权主管组织制定，报总经理批准后实施。

4.5.3 《管理评审计划》至少提前15天发放到相关部门。

4.6 评审的准备

4.6.1 各部门按评审计划的要求准备与各自相关的资料，并在评审前5天交知识产权主管。

4.6.2 知识产权主管对文件和资料汇总审核后,提交管理评审。

4.7 评审阶段

4.7.1 根据整合体系评审时各部门提供的资料和相关方的信息,对知识产权管理体系及其过程的有效性、适宜性、充分性的改进,资源需求等方面进行评价,作出评价结论,并提出不断改进的修改意见。

4.7.1.1 体系的适宜性——方针、目标是否适宜,组织机构是否合适,资源配置的合理性,与法律法规的适用性;

4.7.1.2 体系的有效性——体系的运行是否使公司具备保护自己的知识产权的同时又避免侵害别人的知识产权,是否使公司的生产运营降低了风险,是否使本公司的合法权利最大化;

4.7.1.3 体系的充分性——知识产权管理活动是否得到规范,各种影响因素是否得到充分监控。

4.7.2 必要时对管理体系的管理方针、目标和指标以及体系文件进行修改。

4.8 管理评审报告

4.8.1 管理评审的会议内容由知识产权部进行记录,并形成《管理评审会议记录》。

4.8.2 《管理评审报告》的内容:

a) 评审的目的和内容;

b) 参加评审的人员、日期;

c) 管理评审的主要结论;

d) 评审后的具体行动措施及完成时间。

4.8.3 《管理评审报告》由知识产权部编制、知识产权主管审核、报总经理批准后发放到参加评审的人员和相关部门。

4.9 管理评审后的措施

4.9.1 各相关部门针对评审中发现的问题及落实的行动要求,制定纠正和预防措施,报知识产权主管审批。

4.9.2 知识产权主管负责组织检查纠正和预防措施的实施情况,并验证实施效果。

4.9.3 有关纠正和预防措施的成功经验按《文件管理规定》纳入相关文件中,以巩固其效果。

5 相关体系文件

5.1 《文件控制程序》

5.2 《管理评审报告》

5.3 《管理评审计划》

二、管理职责相关表单

管理职责相关表单包括策划、职责、权限和沟通、管理评审等方面。涉及的具体表单如下(见表5.6~表5.9)：

(一)年度知识产权目标分解及考核记录

表5.6 年度知识产权目标分解及考核记录

编号：IPC×××-××

序号	目标	责任部门	协作部门	考核情况

制表人：　　　　　审核：　　　　　批准：

(二)法律法规及其他要求一览表

表5.7 法律法规及其他要求一览表

编号：IPC×××-××

分类	法律法规名称	施行日/修订日	公司适用条文	文件来源	保管部门

制表人：　　　　　　　　　　　复核：

（三）管理评审计划

表 5.8　管理评审计划

编号：IPC×××-××

评审目的：
出席评审部门、人员：
评审内容：
评审准备工作要求：
评审时间安排：

编制：　　　　审核：　　　　批准：　　　　日期：

（四）管理评审报告

表5.9 管理评审报告

编号：IPC×××-××

评审地点		评审主持人	
评审时间		参加评审人数	

评审重点：
提供评审的资料：
评审结论：

评审组织者：　　　　　　　　年　月　日

评审成员	姓名	职务职称	所在部门	姓名	职务职称	所在部门

编制：　　　　　　　审核：　　　　　　　批准：

样例三　资源管理程序及记录

一、资源管理相关程序

根据《企业知识产权管理规范》要求，资源管理相关程序包括教育与培训程序、激励程序、信息资源管理程序。相关制度及合同包括知识产权奖惩制度、合理化建议公开及奖励实施办法、保密合同、竞业禁止协议、科技情报信息管理办法。

(一)教育和培训控制程序

教育和培训控制程序

1 目的

对公司的全体员工特别是对知识产权管理活动具有影响的人员进行必要的培训,确保全体员工增强知识产权意识,相关人员具有完成相应工作的能力。

2 范围

适用于对知识产权管理体系具有影响的所有人员的培训。包括公司全体员工以及代表公司从事相关工作的人员。

3 职责

3.1 人力资源部

a) 组织制定知识产权主管的《职位说明书》;

b) 负责审核批准相关知识产权部内员工的《职位说明书》;

c) 负责针对公司的知识产权管理提出培训计划,并监督落实;

d) 负责组织对培训效果进行检查评估。

3.2 公司办负责培训计划的组织实施。

3.3 知识产权主管组织编制知识产权部员工的《职位说明书》,并负责本部门员工的岗位技能培训。

3.4 总经理负责批准知识产权主管的《职位说明书》和相应的培训计划。

4 程序

4.1 能力要求

承担知识产权管理体系规定职责的人员应具备相应的能力,对能力的要求应从教育、培训、技能和经历等方面考虑,在《职位说明书》予以明确。这些人员包括本公司在职员工以及代表公司从事相关工作的员工,对他们实施相应的培训和教育,确保满足能力要求。

4.1.1 人力资源部组织制定知识产权主管的《职位说明书》,经总经理批准后实施。

4.1.2 知识产权主管编制知识产权部各岗位的《职位说明书》,经人力资源部部长审核批准后实施。

4.1.3 《职位说明书》经批准执行后,作为人力资源部选择、招聘和安排人员的主要依据。

4.2 培训计划及实施

4.2.1 每年12月，知识产权部向人力资源部上报下年度的《培训需求表》。人力资源部根据公司发展需求及《培训需求表》，于每年初编制《年度培训计划》，经总经理批准后下发到相关部门。

4.2.2 培训计划由公司办组织实施，人力资源部进行监督检查。

4.2.3 培训时，参加培训的人员填写《培训签到表》，公司办记录培训人员、时间、地点、教师、内容及成绩考核等，填写《培训台账》，培训记录、试卷等由公司办存档。

4.3 培训内容

4.3.1 总要求

高层管理人员应着重掌握知识产权管理体系的原理、原则、功能以及控制的方法；中层管理人员应掌握本部门体系要素的工作内容；一般人员应着重对手册的支持性文件中涉及各自岗位的操作标准、规定、程序的掌握。培训过程中，相关法律法规的学习也应作为重点。

4.3.2 基本知识产权意识培训

a) 知识产权部会同人力资源部、公司办，对公司全体员工以及新进的员工进行知识产权意识培训。

b) 培训的方式可以是开会、座谈、讲座等多种形式。

c) 培训的内容包括系统的知识产权基本知识及相关法律法规、公司的知识产权方针、知识产权内部控制制度等。

4.3.3 知识产权部工作人员培训

a) 知识产权主管会同人力资源部，组织知识产权部工作人员的培训工作。

b) 培训的方式包括：聘请专家讲座、开会研讨、网络教学等。

c) 培训的内容包括：知识产权相关法律、法规；知识产权诉讼与仲裁；知识产权申请与延展；知识产权救济方式；专利回避设计；知识产权资产评估；知识产权信息的利用与管理；知识产权风险管理等。

4.3.4 特殊情况培训

a) 当公司有涉外业务时，对相关人员进行相关国家的知识产权立法和国际公约、惯例方面的知识培训。

b) 公司对外派技术人员就知识产权保护进行专门的教育和培训。

c) 公司对即将调出或者退休的员工，就专门的知识产权问题进行教育，明确其在离开企业之后仍须承担已经许诺的保护本企业知识产权的责任。

4.3.5　人力资源部会同知识产权部确定对知识产权产生重大影响的人员，安排相应的培训，主要包括技术开发人员、采购人员等。

4.4　通过教育和培训，保证员工意识到：

a）遵循知识产权方针与体系要求的重要性；

b）符合法律、法规及其他要求的重要性；

c）自己从事的工作与公司发展的相关性，公司鼓励员工参与知识产权管理，为实现知识产权目标作出贡献。

4.5　评价培训的有效性。

4.5.1　通过应知、应会考核，评价培训的有效性，评价被培训人员是否具备所需的能力和知识，并记录在《培训记录表》中。

4.5.2　每年第四季度，人力资源部负责评价培训的有效性，征求有关部门的意见和建议，以便更好地制定下年度的培训计划。

4.5.3　人力资源部可随时对各部门员工进行现场抽查，对不能胜任本职工作的员工，应及时暂停工作，安排培训、考核或转岗，使员工的能力与其从事的工作相适应。

4.6　公司办负责建立、保存员工的培训档案。

5　相关文件

5.1　《职位说明书》

5.2　《培训需求审批表》

5.3　《培训计划表》

5.4　《培训记录表》

5.5　《培训效果评价表》

（二）激励控制程序

激励控制程序

1　目的

鼓励员工积极创新，努力提高公司研发和管理水平，以实现公司的可持续发展。

2　适用范围

适用于公司全体员工。

3　职责

知识产权部制定公司的各项知识产权奖励制度，并负责各类奖项的实施工作。

4　程序概要

4.1　知识产权部依据公司发展需要，会同人力资源部门、财务部门等，制定公司各项知识产权奖励制度。

4.2　公司知识产权奖励的对象应包括：本公司的在职员工及离退休人员，以及成果权归属本单位的其他临时受聘人员、合作研究与开发人员。

4.3　公司知识产权奖励的形式包括精神奖励、物质奖励、情事奖励。精神奖励如表彰、授予荣誉称号；物质奖励如奖金、物品；情事奖励如解决配偶调动、进修学习等。

4.4　公司知识产权奖励的范围包括却不限于技术创新奖、创新成果奖、合理化建议奖。

4.5　知识产权部制定各类奖励形式的授奖标准与指标评价体系。具体见《技术创新项目管理暂行办法》《关于对研发成果实施奖励的规定》《合理化建议管理及奖励实施细则》。

4.6　知识产权部负责各类奖项的组织实施工作，包括审核评奖和发奖。

5　相关体系文件

5.1　《知识产权奖惩制度》

5.2　《合理化建议管理及奖励实施细则》

5.3　《知识产权奖励表》或《知识产权奖励台账》

（三）信息资源控制程序

信息资源控制程序

1　目的

提供并保证公司知识产权管理体系所需的信息资源。

2　适用范围

适用于公司知识产权的相关信息资源的管理。

3　职责

3.1　知识产权部负责收集、筛选公司的知识产权信息，建立并维护知识产权信息库。

3.2　其他部门收集到信息，反馈给知识产权部。

4　程序概要

4.1　公司的知识产权信息包括知识产权界定程序中确定的所有知识产权的相关信息和其他信息，如行业（产品）标准、产品信息和竞争对手信息等。

4.2　知识产权信息收集的渠道包括：知识产权相关媒体（包括网络、报纸、杂志等）、政府机关、行业协会、市场等。

4.3　公司知识产权部负责通过以上渠道收集知识产权相关信息。包括：知识产权部企管科组织技术质量部等相关部门定期（每年初）到有关权威部门核查所使用的国际标准、国家标准、部颁标准、行业标准等外部技术文件是否为有效版本，并及时更换过期文件。

4.4　其他部门收集到相关信息也反馈到知识产权部。包括：技术中心通过专利信息平台得到的信息，市场部从市场上得到的侵权与被侵权的信息等。

4.5　知识产权部对收集到的信息进行分类筛选，确定出能有效利用的信息，并反馈到技术中心、市场部、采购部等相关部门，为其决策提供依据。

4.6　知识产权部将确定的能有效利用的信息建成知识产权信息数据库，并根据不断补充的信息，及时更新数据库。

4.7　知识产权部要负责知识产权信息库的维护和管理，确保其有效性和安全性。

（四）知识产权奖惩制度

知识产权奖惩制度[1]

第一条　为了引导企业职工积极开展技术创新，鼓励发明创造，推动企业知识产权工作的发展，特制定本制度。

第二条　奖励形式实行精神奖励与物质奖励、情事奖励相结合。

第三条　奖励类别：创新成果奖、技术改进奖、技术发明奖、合理化建议奖、设计方案奖、计算机程序奖、科研论文奖、成果转化奖、知识产权信息奖以及知识产权管理成就奖等。

第四条　奖励对象：本单位的在职员工以及成果权归属本单位的其他临时受聘人员和合作研究与开发人员。

---

[1] 此制度文本参见互联网站"道客88"上的相关文本。

第五条　创新成果奖

1. 积极开展技术创新工作，主持开展省级以上各类科研计划项目的人员，给予政府拨款的项目经费的____%的奖金。

2. 年度开展技术创新工作成绩较突出，为企业取得多项知识产权的人员，给予____元的奖金。

第六条　技术改进奖

1. 在工作中就现有产品的设计改进、生产工艺的改进（未申请专利的），为企业产生了一定效益，节能降耗，降低成本达____万元/年以上，给予____元的奖金。

2. 企业就每年在技术改进方面评选出____名成绩突出人员，给予____元/人的奖金。

第七条　技术发明奖

1. 积极进行发明创造，在工作中取得了有一定经济效益、社会效益的属于企业所有的知识产权，根据取得知识产权的类别及数量，分别给予如下奖励：

发明专利____元/项。

实用新型____元/项。

外观设计____元/项。

2. 企业根据每年在技术发明方面取得多项知识产权，成绩突出的人员给予____元的奖金。

第八条　合理化建议奖

1. 工作中针对企业现状，提出改进性建议，并被采纳者，根据建议产生的经济效益的大小，分别给予____元/人、____元/人、____元/人三种奖励。

2. 企业针对每年提出合理化建议较多的人员，评选前____名分别给予____元/人的奖金。

第九条　设计方案奖

1. 在工作中，对企业现有的研究方法、管理方法、设备布局、生产流程等，提出完整有效的设计方案，并被采纳者，根据建议产生的经济效益的大小，分别给予____元/人、____元/人、____元/人三种奖励。

2. 企业针对每年提出合理化建议较多的人员，评选前____名分别给予____元/人的奖金。

第十条　计算机程序奖

1. 积极努力工作，取得了有一定经济效益、社会效益的属于企业所有的计算机程序，取得软件著作权登记后，给予____元/项的奖励。

2. 企业根据每年在计算机程序方面取得较多知识产权，成绩突出的人员给予____元的奖金。

第十一条　科研论文奖

1. 积极努力工作，根据企业工作的心得体会写出具有一定质量的、对提高企业的经济效益有直接或间接帮助的科研论文，经企业知识产权管理部门审核通过允许投稿，并被录用的，给予____元/篇（字）的奖励。

2. 企业根据每年发表科研论文的数量和质量，给予成绩突出的人员____元的奖金。

第十二条　成果转化奖

1. 将企业现有的知识产权转化为经济效益，或将企业现有的知识产权产业化的，视其给企业带来的潜在或显在经济效益状况，给予____元/人的奖金。

2. 企业针对每年实施成果转化较多的人员，评选前____名分别给予____元/人的奖金。

第十三条　知识产权信息奖

1. 对企业现有的知识产权及时提供有影响的信息的，比如及时提供企业的专利、商标、商业秘密被他人侵权的信息的，予以____元/人的奖金。

2. 企业对每年提供知识产权信息较多的人员，评选前____名分别给予____元/人的奖金。

第十四条　知识产权管理成就奖

对在企业知识产权管理工作中作出卓越贡献的员工，如及时保护企业的知识产权、有效避免了企业遭受重大损失；忠于知识产权管理工作____年未出问题等，给予____元/人的奖金。

第十五条　奖励的颁布

1. 每年12月知识产权管理部制定奖励名单，并组织落实奖金的发放。

2. 奖金采取现金发放，同时对于获奖人员在工资待遇、住房、晋级等方面给予优先考虑，并给予7~10天的公休假。

3. 奖金的发放由财务部门负责，并形成记录。

第十六条　对在企业知识产权管理工作过程中存在玩忽职守、严重浪费、剽窃他人成果、泄露商业秘密等行为的员工，视情节的轻重程度分别予以警告、记过、记大过、降级、撤职、留用察看、开除和罚款等惩罚。

第十七条　奖惩决定的作出和实施由知识产权管理部负责,并形成相应的记录。

第十八条　本细则自某年某月开始执行,由知识产权管理部负责解释。

(五) 合理化建议公开及奖励实施办法

合理化建议公开及奖励实施办法

第一章　总则

第一条　为调动公司全体员工参与公司管理的积极性和主动性,充分发挥个人创造才能、实现员工自我价值,提高公司经营效益,特制定本办法。

第二章　机构职责

第二条　公司成立合理化建议委员会,委员会主任由公司总经理担任,委员由各部门经理和工会主席组成。

第三条　合理化建议委员会成员工作职责:

1. 提出或修订公司合理化建议活动的计划和方案。
2. 批准合理化建议活动的年度经费预算。
3. 审查、批准合理化建议的实施。
4. 监督、评估最终实施结果。

第四条　工会负责文件传递、整理汇总、存档等日常工作。

第三章　管理办法

第五条　公司所有在册员工均有权对公司经营管理情况提出建议,并填写《合理化建议提案表》。

第六条　员工可将《合理化建议提案表》直接递送给工会或合理化建议委员会任一成员。

第七条　允许提出的建议是联名的。同一建议内容以先提者为准,同一日提案视为联名。

第八条　所有提案均由工会汇总并统一递交合理化建议委员会进行评议。

第九条　合理化建议委员会对提案进行评议,并将提案划分等级,由工会以公告形式公开评议结果。

第十条　提案依其内容重要性分为四个等级:

A 级：重要的，多为创新性的（例如：生产安全、质量安全、市场开拓等）；

B 级：较重要的，多为改良性的（例如：降低成本、提高效率、技术改进等）；

C 级：一般性的，反映在个别问题点上的（例如：被采纳的一般性建议）；

D 级：不重要的，暂时保留。

第十一条　合理化建议委员会也可公布若干经营管理问题或难题，征招建议。

第四章　适用范围

第十二条　以下范围的建议是应鼓励和可以接受的：

1. 经营管理思路和方法的改进；

2. 各种工作流程、规程的改进；

3. 新产品开发、原料供应保障、产品市场开拓的建议；

4. 制造工艺、设备、技术的改进；

5. 原材料节约、废料利用；

6. 产品品质的保证和改进、原料质量的控制；

7. 降低成本和各种消耗；

8. 安全生产；

9. 增强团队工作凝聚力；

10. 其他任何有利于本公司的改进事项。

第十三条　以下范围的建议不予受理：

1. 无实质内容的；

2. 为完成合理化建议的任务而无新意的；

3. 公认的事实或正在改善的；

4. 已被采用过或前已有过的重复建议；

5. 在正常工作渠道被指令执行的；

6. 针对个人利益的；

7. 合理化建议委员会成员提交的提案。

第五章　奖励办法

第十四条　对提案经评议后全部或部分被采纳执行的提交人，公司颁发荣誉证书并将按下列标准给予现金奖励：

建议等级	奖励金额		
	每次	年度内累计三次额外奖励	年度内累计五次额外奖励
A 级	1000~2000 元	500 元	1000 元
B 级	500~800 元		
C 级	200 元		

第十五条　对提案经评议后暂时未被采纳执行的提交人，公司将给予通报表扬的奖励。

第十六条　工会每年年底对本年度的建议次数进行统计汇总，并在年度表彰大会上对多次建议提案的个人按上述标准给予奖励。

第六章　附则

第十七条　此办法自公布之日起实施，解释权在工会。

（六）保密协议

××公司保密协议

甲方：××公司

乙方：

为了明确乙方的保密义务，有效保护甲方的商业秘密，防止商业秘密被非法披露或以任何形式泄露，根据《中华人民共和国合同法》《中华人民共和国劳动法》《中华人民共和国反不正当竞争法》及国务院有关部委相关规定，甲、乙双方本着平等、自愿、公平和诚实信用的原则签订本保密协议。

双方确认在签署本协议前已经详细审阅过协议的内容，并确认了解协议各条款的法律含义，自愿签订本协议，共同遵守。

一、保密的内容与范围

1.1　本协议所指的商业秘密是指甲方研发、生产和销售等经营活动过程中以及通过其他合法方式获得的，不为公众所知悉，能为权利人带来经济利益，具有实用性并经权利人采取保密措施信息的技术秘密和经营秘密，包括但不限于以下内容：技术方案、技术文档、技术指标、试验和检测方案及结果、研发过程记录、研发成果、配方、工艺、流程、参数、诀窍、操作规程、生产过程记录技术标准、样品、质量管理控制文件、送检信息、维护手册、合同订单、进货和销售信息、客户信息、营销计划、产销策略、招投标中的标底及标书内容、供应商信息、进价策略、采购渠道、定价政策、采购资料、主要原材料指标、涉及商业秘密的业务函电、不公开的财务资料、人力资源信息资料、申请注册文件、工程设计、设备设计、图纸、数据库、ERP信息资料、服务器备份数据资料、各部门电子档案、电子邮件以及依照法律规定和有关协议的约定对外应承担保密义务的事项等。

1.2　本协议所指的商业秘密还包括甲方依照法律规定或者有关协议的约定，对外承担保密义务的事项。

二、知识产权归属

2.1　双方确认，乙方执行甲方的任务或者主要是利用甲方的物质技术条件、技术信息等所完成的发明创造（含商业秘密等，以下同）为职务发明创造，相关的知识产权属于职务成果，其一切权利均属于甲方所有。甲方有权申请专利或作为商业秘密拥有，并进行生产、经营或者向第三方转让和许可。

上述乙方执行甲方的任务所完成的发明创造，是指：

（1）在本职工作中作出的发明创造；

（2）履行甲方交付的本职工作之外的任务所作出的发明创造；

（3）退休、调离甲方后或者劳动、人事关系终止后1年内作出的，与其在甲方承担的本职工作或者甲方分配的任务有关的发明创造。

2.2　乙方若主张享有其在甲方任职期间所完成的发明创造以及退休、调离原单位后或者劳动、人事关系终止后1年内作出的，与其在本公司承担的本职工作或者本公司分配的任务有关的发明创造的权利，应当在发明创造完成之日起10日内向甲方书面声明。经甲方核实，认为确属于非职务成果的，由乙方享有知识产权，甲方不得在未经乙方明确授权的前提下利用这些成果进行生产、经营，亦不得自行向第三方转让。乙方没有在规定时间向甲方申明和主张的，推定其属于职务成果，该成果归甲方所有，甲方可以申请专利，也可以作为技术秘密加以拥有，甲方可以使用这些成果进行生产、经营或者向第三方转让和许可。

2.3　乙方因职务的需要所持有或保管的一切记录着甲方秘密信息的文件、资料、图表、笔记、报告、信件、传真、磁带、磁盘、光盘、U盘、移动硬盘、仪器以及其他任何形式的载体，均归甲方所有，而无论这些秘密信息有无价值。

三、保密义务人

乙方为本协议所称的保密义务人。

甲方向保密义务人支付的报酬或工资中已包含保密费,不再另行重复支付。

四、甲方的义务

对第一条所称的商业秘密,甲方承担以下义务:

4.1 对商业秘密以适当方式加以明示,此等明示只需以下列任一方式作出即可:在相关文件、设备、区域、物品等加注保密标识;制定保密清单;在相关规章制度中进行概括性规定;口头告知。

4.2 对商业秘密的载体采取适当保密措施。

4.3 为乙方因工作需要查阅有关商业秘密提供方便。

五、乙方的义务

对第一条所称的商业秘密,乙方承担以下义务:

5.1 乙方应当按照甲方的规章制度,在工作、学习或聘用中办理各项保密登记、记录及其他手续,甲方有权采取必要的、合理的监控措施,乙方对此表示理解和自愿接受。

5.2 严格遵守甲方商业秘密管理制度,及时向甲方申报和提交商业秘密,并【①每季度;②每月;③根据甲方要求】向甲方申报工作进展和可能存在的任何商业秘密的具体内容,妥善保管因工作需要所保存的商业秘密资料,不得获取和刺探与本职工作或本身业务无关的商业秘密。

5.3 非经甲方书面同意,不得利用甲方的商业秘密进行生产、经营和兼职活动,无论是否获得收益或报酬。

5.4 非经甲方书面同意,不得利用甲方的商业秘密组建新的企业,不得利用甲方的商业秘密到其他单位任职,不得利用甲方的商业秘密为他人提供服务。

5.5 非经甲方书面同意,不得披露、使用或者允许他人使用甲方的商业秘密,不得以告知、公布、发表、出版、传授、转让或者其他任何方式使任何第三方(包括按照保密制度的规定不得知悉该项秘密的甲方其他职员)知悉属于甲方或者虽属于他人但甲方承诺有保密义务的商业秘密,也不得在履行职务之外使用这些秘密。

乙方以任何形式发表、公开、提交或申报其研究成果前必须向甲方报告,未获得甲方书面同意的,不得擅自发表、公开或向他人提交、申报。

5.6 乙方如发现商业秘密被泄露或者自己过失泄露商业秘密,应当立即采取有效措施防止泄密进一步扩大，并及时向甲方报告。

5.7 乙方不得将与甲方商业秘密有关的内容记录在任何形式的个人物品上（包括但不限于U盘、移动硬盘、笔记本电脑等）；未经甲方批准，乙方不得擅自将记录有甲方商业秘密内容的物品带离甲方生产和办公区域，也不得通过任何通信、网络等手段将甲方的商业秘密擅自向外发送。

5.8 乙方因工作需要或其他原因调离现有工作岗位或离职时，应将其掌握、持有、保管的所有记录有甲方商业秘密信息的文件、资料、报告、信件、传真、磁带、磁盘、光盘、U盘、移动硬盘、笔记本电脑、仪器以及其他形式的载体交回甲方，并不得备份；其他非保密的文档、文献、记录、笔记、提纲、音像、图样、数据等资料的原件和备份件也应完好交还甲方。

六、保密期限

甲、乙双方确认，乙方的保密义务自乙方接触到（或创造出）本协议第一条所述的商业秘密时开始，到该商业秘密被合法公开时止；乙方是否在职，不影响保密义务的承担。

七、违约责任

7.1 乙方无论故意还是过失不履行本协议第二条或第五条的规定，应当承担违约责任，包括但不限于下列责任：

7.1.1 一次性向甲方支付违约金人民币【年薪或年薪的2倍】元。

7.1.2 赔偿甲方的实际损失，此等损失不以乙方的预见为限，以使甲方得到充分地补偿。

7.1.3 甲方为维护商业秘密权或其他知识产权而发生的调查、诉讼、调解、仲裁、鉴定、律师等合理费用，由乙方承担。

7.2 乙方违反本协议，未履行义务的，甲方有权解除与乙方的劳动合同。

7.3 因乙方的违约行为侵犯了甲方的商业秘密权或其他知识产权的，甲方可以要求乙方承担违约责任或者侵权责任；构成犯罪的，依法移送司法机关追究乙方的刑事责任。

八、争议的解决途径

因执行本协议而发生的纠纷，可由双方协商解决，协商不成的，向甲方所在地人民法院提起诉讼。

九、协议的效力

本协议一式两份，甲乙双方各持一份，自双方签字或者盖章之日生效,并对签字或盖章日之前的相关行为也有约束力。

本协议既可以作为甲乙双方所签《劳动合同书》的附件,也可以单独使用,本协议与《劳动合同书》内容不一致的,以本协议的内容为准。

本协议的任何修改必须经过双方的书面同意。

甲方(盖章):　　　　　　　　乙方(签名):
法人代表(签名)　　　　　　　身份证号码
年　月　日　　　　　　　　　年　月　日

(七) 竞业禁止协议书

竞业禁止协议书

甲方:
乙方:
性别:　　　　　　　　　　　　身份证号:
文化程度:　　　　　　　　　　家庭地址:
邮编:　　　　　　　　　　　　电话:

鉴于乙方知悉甲方的商业秘密,为保护甲方合法权益不受侵犯,甲乙双方根据国家有关法律法规,本着平等自愿和诚信的原则,经协商达成下列条款并共同遵守:

一、合同服务期内的保密义务

1.1　乙方在甲方任职期间,必须遵守甲方固定的任何成文或不成文的保密规章、制度,履行与其工作岗位相应的保密职责。甲方的保密规章、制度没有规定或者规定不明确之处,乙方亦应本着谨慎、诚信的态度,采取任何必要、合理的措施,维护其于任职期间知悉或者持有的任何属于甲方或者虽属于第三方但甲方承诺有保密义务的技术秘密或其他商业秘密信息,以保持其机密性。

1.2　未经甲方书面同意,不得以泄露、公开、发布、出版、传授、转让或者其他任何方式使任何第三方(包括不该知悉该项秘密的甲方的其他职员)知悉属于甲方或者虽属于他人但甲方承诺有保密义务的技术秘密或者其他商业秘密信息,也不得在履行职务之外使用这些秘密信息。

1.3　未经甲方书面同意,不得接受与甲方存在竞争或合作关系的第三方以及甲方客户或潜在客户的聘用（包括兼职），更不得直接或间接将甲方的业务推荐或介绍给其他公司。

1.4 未经甲方书面同意，不得作为股东或投资人对与甲方业务相同或类似或相关的行业进行投资，更不得与甲方发生竞争，将甲方业务归为个人办理，或不以甲方名义从事与甲方竞争的业务。

1.5 乙方离职后仍需对其在甲方任职期间接触、知悉的属于甲方或者虽属于第三方但甲方承诺有过保密义务的技术秘密和其他商业秘密信息承担如同任职期间一样的保密义务和不擅自使用有关秘密信息的义务，直到这些信息在本行业成为公知性信息为止。

1.6 乙方在为甲方履行职务期间，不得擅自使用任何属于他人的商业秘密，亦不得擅自实施可能侵犯他人知识产权的行为。若由此导致甲方承担侵权赔偿责任的，甲方有权向乙方追偿。

1.7 自甲方认定乙方需为其承担保密义务时起，甲方应向乙方支付一定数额的保密费，保密费列入乙方每月的薪酬总额内。

二、离职后的竞业禁止义务

2.1 不论因何种原因从甲方离职，乙方应立即向甲方移交所有自己掌握的，包含有职务活动中所涉及商业秘密的所有文件、记录、资料、器具、数据、笔记、报告、计划、目录、来往信函、说明、图样、蓝图及纲要（包括但不限于上述内容之任何形式之复制品）等，并办妥有关交接手续，前述涉密物品、文件、信息均为甲方所有，乙方将保证有关信息不外泄，不得以任何形式留存甲方有关商业秘密信息，也不能得以任何方式再现、复制或传递给任何人。

2.2 乙方不论因何种原因从甲方离职，离职后3年内不得在与甲方从事的行业相同或相近的企业，及与甲方有竞争关系的企业内工作。

2.3 不论因何种原因从甲方离职，离职后3年内不得设立或与他人共同设立与甲方有竞争关系的企业或者从事与甲方商业秘密有关的业务。

2.4 乙方在从甲方离职后3年内，不得直接或间接通过任何手段为自己、他人或任何单位的利益或与他人或单位联合，以拉拢、引诱、招用或鼓动之手段使甲方其他成员离职或挖走甲方其他成员。

2.5 从乙方离职之日起，甲方应按竞业禁止期限向乙方支付一定数额的竞业禁止补偿费。补偿费的标准为每月人民币____元。如乙方拒绝领取，甲方可以将补偿费向有关部门提存。

2.6 竞业禁止期届满之日起，甲方即停止补偿费的支付。

2.7 竞业禁止期内乙方应于每月 20 日前向甲方告知其现在的住所地址、联系方法及工作情况，甲方有权核实情况，乙方应当予以积极配合。

三、违约责任

3.1 乙方不履行规定义务的，应当承担违约责任，违约金需一次性向甲方支付违约金额为乙方离开甲方上年度的薪酬总额的____倍。同时，乙方的违约行为给甲方造成损失的，乙方应当赔偿甲方的损失，乙方所获得的收益应当全部归还甲方。

3.2 甲方不履行本协议规定义务的，应当承担违约责任，需一次性向乙方支付违约金人民币____元。

四、争议解决

4.1 因履行本协议发生的劳动争议，双方应以协商为主，如果无法协商解决，则由争议一方或双方向甲方所在地的劳动争议仲裁委员会申请仲裁。

4.2 任何一方不服仲裁裁决的，可向甲方所在地的人民法院提起诉讼。

五、其他

5.1 本协议提及的技术秘密包括但不限于：技术方案、工程设计、电路设计、制造方法、配方、工艺流程、技术指标、计算机软件、数据库、研究开发记录、技术报告、检测报告、实验数据、试验结果、图纸、样品、样机、模型、模具、操作手册、技术文档、相关的函电等。

5.2 本协议提及的商业秘密，包括但不限于：客户名单、行销计划、采购资料、定价政策、投标书、财务资料、进货渠道等。

5.3 本协议未尽事宜，或与今后国家有关规定相悖的，按有关规定执行。

5.4 本协议作为劳动合同附件，经甲乙双方签字盖章后，具有同等法律效力。

5.5 本协议一式两份，甲乙双方各持一份，具有同等法律效力。

甲方（签章）：　　　　　　　　　　乙方（签字）：
代表（签字）：
日期：　年　月　日　　　　　　　　日期：　年　月　日

（八）科技情报信息管理办法

科技情报信息管理办法

1 目的

为进一步规范科技情报信息管理工作，切实做好科技情报信息的及时、准确、全面地收集、整理、拟写和报送，提升信息质量和利用价值，特制定本办法。

2 范围

本办法适用于公司科技信息情报管理工作，包括管理职能、管理内容与方法、检查与考核等内容。

3 术语和定义

3.1 科技情报

科技情报是指通过公开信息渠道获取的有关科学发展、技术创新、最新动态的有用的知识。

3.2 信息管理

信息管理是人类为了有效地开发和利用信息资源，以现代信息技术为手段，对信息资源进行计划、组织、领导和控制的社会活动。简单地说，信息管理就是人对信息资源和信息活动的管理。

信息管理是指在整个管理过程中，人们收集、加工和输入、输出的信息的总称。信息管理的过程包括信息收集、信息传输、信息加工和信息储存。

4 职责

4.1 总经理及分管副总经理职责

全面负责公司的科技情报信息管理，贯彻执行国家相关法律、法规、政策，依托领导者的精神，激励员工积极参与科技情报信息管理，对重大科技情报信息作出决策；副总经理主管公司科技情报信息管理，对总经理负责，负责建立一整套信息管理制度，作为信息工作的章程和准则，使信息管理规范化。协调各部门间的信息管理关系；工会主席负责宣传与激励职工积极参与公司科技情报信息管理。

4.2 主管部门职责

4.2.1 研发部是科技情报信息管理的主管部门。负责对信息收集、汇总、登记、整理、传递、存档。

4.2.2 研发部监督和指导专职情报员做好信息情报的服务工作。办公室应配备有一定专业知识的人员负责收集和管理科技信息资料、图书、技术档案存档等工作。

4.3 部门、分厂职责

4.3.1 各部门、分厂应配备一名政治思想好、有一定业务能力的技术人员担任专职情报员（各专业工程师），负责组织本部门、分厂的所涉及的科技情报信息的收集和管理工作。保证信息及时、准确、全面地收集、整理、拟写和报送。

4.3.2 审核专职情报员拟写的信息，经部门或分厂负责人审核同意后报送研发部。

4.4 专职情报员（各专业工程师）职责

4.4.1 一切与公司科技活动有关的信息，都应准确毫无遗漏地进行信息收集、分类筛选、信息传输、信息加工和信息储存。做好从事原始信息收集的工作；分厂应设置车间班组兼职科技信息情报员，负责车间或班组科技信息情报及技术资料的收集、管理和培训。

4.4.2 科技情报人员应热爱科技情报事业，掌握公司生产专业技术知识，具有较广的知识面，有较好的文字、语言表达组织能力。

4.4.3 科技情报人员要及时地发现和收集信息。现代社会的信息纷繁复杂，瞬息万变，有些信息稍纵即逝，无法追忆。因此信息的管理必须最迅速、最敏捷地反映出工作的进程和动态，并适时地记录下已发生的情况和问题。另一方面要及时传递信息。信息只有传输到需要者手中才能发挥作用，并且具有强烈的时效性。因此，要以最迅速、最有效的手段将有用信息提供给有关部门和人员，使其成为决策、指挥和控制的依据。

4.4.4 信息不仅要求及时，而且必须准确。只有准确的信息，才能使决策者作出正确的判断。失真以至错误的信息，不但不能对管理工作起到指导作用，相反还会导致管理工作的失误。为保证信息准确，首先要求原始信息可靠。只有可靠的原始信息才能加工出准确的信息。信息工作者在收集和整理原始材料的时候必须坚持实事求是的态度，克服主观随意性，对原始材料认真加以核实，使其能够准确反映实际情况。其次保持信息的统一性和唯一性。因此，在加工整理信息时，要注意信息的统一，也要做到计量单位相同，以免在信息使用时造成混乱现象。

4.4.5 按公司有关要求做好公司科技信息的保密工作。

5 工作程序

科技信息情报工作是公司科技工作的重要组成部分，主要为公司生产经营、经济运行、技术革新、发展战略服务。

5.1 积极参加科技信息情报的交流活动

5.1.1 情报管理主管部门必须积极组织科技情报信息交流活动，一方面参与国内行业信息交流会，收集国内外最新技术信息；另一方面组织各部门、分厂车间技术交流活动，收集公司内部技术信息。

5.1.2 各部门、分厂根据公司科技需求和工作职责确定收集重点对象，并加以整理、分类。

5.1.3 党群工作部积极组织在国内知名期刊上发表科技论文，要求每年不得低于1篇，从而得到各期刊及情报机关的信息支持。

5.2 开发情报资源为公司生产经营服务

5.2.1 科技情报人员应积极贯彻上级有关科技情报工作和技术革新工作精神，做到上情下达、下情上报、内外通气，成为沟通情报交流渠道的联系人。

5.2.2 科技情报人员要广泛收集整理、分析研究各类行业政策、生产经营等科技情报。在掌握本公司生产科技动态基础上，为解决生产中的关键问题，提高技术管理水平，及时提供针对性的情报。并采用各种形式广泛传播、推广适用的先进技术和革新成果。

5.2.3 公司要逐步增添必要的资料、图书、期刊等。资料管理人员应做好技术资料、图书、档案的收集整理及分类编目工作，做好资料目录和期刊目录的编制工作，做好借阅登记工作，逐步建立起计算机检索系统。

5.3 科技情报信息的管理

5.3.1 科技情报工作计划应列入公司科技计划，公司领导批准后实施。

5.3.2 积极组织科技情报人员（包括资料管理人员）参加情报业务、专业知识、科技外语等学习活动，提高科技情报人员的能力和水平。同时，各单位要为情报人员参加各种情报交流活动和生产技术会议及学术讲座提供方便，以便了解公司的科研、生产、技术革新的任务和存在问题。

5.3.3 凡公司工作人员外出参加各种专业会议、学习班所获得的各种技术资料和以单位名誉索取的技术资料，一律交档案室，以便整理编目归档提高利用率。

5.4 建立原始信息收集制度

一切与公司科技活动有关的信息，都应准确毫无遗漏地收集。为此，要建立相应的制度，安排专人或设立专门的机构从事原始信息收集的工作。在组织信息管理中，要对工作成绩突出的部门、分厂和个人给予必要的奖励，对那些因不负责任造成信息延误和失真，或者出于某种目的胡编乱造、提供假数据的人，要给予必要的处罚。根据公司相关制度对部门、分厂和个人进行考核及奖罚。

5.5 规定信息渠道

在信息管理中，要明确规定上下级之间纵向的信息通道，同时也要明确规定同级之间横向的信息通道。建立必要的制度，明确各部门、各分厂在对外提供信息方面的职责和义务，在公司内部进行合理地分工，避免重复采集和收集信息。

5.6 提高信息的利用率

信息的利用率一般指有效的信息占全部原始信息的百分率。这个百分率越高，说明信息工作的成效越大。反之，不仅在人力、物力上造成浪费，还使有用的信息得不到正常的流通。因此，必须加强信息处理机构和提高信息工作人员的业务水平，健全信息管理体系，通过专门的训练，使信息工作人员具有识别信息的能力。同时，必须重视用科学的定量分析方法，从大量数据中找出规律，提高科学管理水平，使信息充分发挥作用。

5.7 附则

5.7.1 本办法由××研发部负责解释。

5.7.2 本办法如与上级文件精神有抵触时，以上级文件精神为准。

6 相关文件

6.1 《科技情报信息登记表》

二、资源管理相关表单

知识产权资源管理包括人力、基础设施、财务、信息等四个方面，其涉及的相关表单如下（见表5.10～表5.22）：

（一）人力资源表单

表5.10 知识产权管理者代表职位说明书

编号：IPC×××-××

一、基本信息					
职位名称	知识产权管理者代表	职位编号			
所在部门	知识产权部	职 层	中层	职 系	管理
直接上级	董事长	直接下级	知识产权部门工作人员		
本职：建立、完善与实施知识产权管理体系，为公司经营管理提供服务和支撑					

续表

二、工作职责及任务			
职责一	职责表述：组织拟定公司知识产权战略规划，并负责具体落实		
^	工作任务	负责收集、整理相关信息、资料，拟定公司知识产权战略规划	
^	^	负责知识产权战略的分解落实、检查考核	
职责二	职责表述：组织制定知识产权部年度目标和实施方案，并负责分解落实		
^	工作任务	组织制定年度公司知识产权目标和实施方案	
^	^	负责公司年度公司知识产权目标的分解、实施、检查、调整和考核	
职责三	职责表述：负责公司知识产权管理体系的建立、实施和持续改进		
^	工作任务	组织建立、实施公司知识产权管理体系	
^	^	指导知识产权管理体系运行和改进的方向	
^	^	落实知识产权管理体系运行和改进需要的各项资源	
职责四	职责表述：负责公司知识产权管理工作的开展		
^	工作任务	领导、审查、批准和监督知识产权部门的各项工作	
^	^	组织编制公司知识产权管理制度	
^	^	负责知识产权相关合同的拟定和审核	
^	^	协调公司内外知识产权工作	
职责五	职责表述：向最高管理者汇报知识产权工作		

三、权利
制订公司知识产权战略规划和年度计划的建议权；
对公司授权分管的日常工作有决定权；
对直接下级人员调配、奖惩的建议权和任免的提名权，考核评价权；
对工作需要的外部联系和协作有建议权；
对所属下级的工作争议有裁决权。

四、工作协作关系	
内部协调关系	公司各部门
外部协调关系	政府机构、中介机构

五、任职资格	
教育背景	电子类本科以上学历，有法学背景尤佳
知识	掌握企业知识产权管理专业知识；熟悉财务、项目管理相关知识和法律法规知识；
工作经验	大中型企业从事知识产权管理10年以上经历
培训	企业知识产权管理等专业知识培训
胜任力要求	具有良好的社交、学习、创新和培养下属能力和良好的写作、谈判和沟通协调能力

表 5.11　知识产权专员职位说明书

编号：IPC×××-××

一、基本信息						
职位名称	知识产权专员		职位编号			
所在部门	知识产权部		职　层	操作层	职系	管理
直接上级	知识产权管理者代表		直接下级	无		
本职：公司知识产权相关工作						
二、工作职责及任务						
职责一	职责表述：公司知识产权的日常维护和管理					
^	工作任务	执行年度工作计划，配合研发部开展专利申请工作				
^	^	负责知识产权的申请、维护、放弃、保护等基础工作；建立管理台账，对专利申请状况、年费缴纳和委外机构等情况进行监控				
^	^	建立档案，包括申请文件、证书、审查和答复意见、相关合同或纠纷、诉讼的处理文件				
^	^	协调做好公司的保密工作				
职责二	职责表述：知识产权信息收集、整理工作					
^	工作任务	配合其他部门，开展知识产权信息检索和收集整理工作				
^	^	根据具体要求，选择专业机构代为检索，并负责跟踪				
职责三	职责表述：知识产权相关培训工作					
^	工作任务	向其他部门提供有关知识产权的业务咨询				
^	^	制订计划，分部门、分批次组织对员工进行知识产权培训				
三、权利						
制订项目申报年度计划的建议权； 对工作需要的外部联系和协作的建议权； 改进知识产权工作的建议权。						
四、工作协作关系						
内部协调关系	公司相关部门					
外部协调关系	政府机构、中介机构					
五、任职资格						
教育背景	电子类本科以上学历，有专利工作者证书					
知　识	熟悉电子、知识产权基础知识和相关法律					
工作经验	从事知识产权相关工作 2 年以上经历					
培　训	知识产权相关培训					
胜任力要求	具有良好的社交、学习、创新能力和写作、口头表达和沟通协调能力					

表5.12 商标管理员岗位职责

编号：IPC×××-××

基本信息	职位名称：商标管理专员			职位等级：	
	所属部门：综合管理部法务办			管辖人数：0	
	岗位定员：1人			岗位编号：	
	职类类划分：	□管理类	□市场类	□技术类	□行政类 □操作类
工作关系	内部主要工作关系 ▲ 各产业部门负责人 ▲ 相关部门 ▲ 部门商标管理员 法务办主任 → 商标管理专员			外部主要工作关系 ▲ 国家商标局，商标评审委员会 ▲ 中级以上人民法院 ▲ 省市区工商局 ▲ 知识产权代理公司 ▲ 公司法律顾问 ▲ 知识产权律师	
职位目的	贯彻公司品牌战略，加强商标确权管理，实施商标运行策略，维护公司商标权益。				

续表

	任务描述	绩效重点	负责程度	职权
主要职责	一、商标确权工作 ➤ 根据公司产业发展战略和品牌战略，按照部门职责要求，协助部门加强商标的确权管理； ➤ 依据品牌创建和新产品上市保护的需要，拟订商标申请方案，办理商标注册申请； ➤ 协助公司档案管理部门注册商标的日常维护工作，按时办理商标续展申请，保持公司注册商标的有效性； ➤ 协助办理公司著名商标的申请认定、延续确认工作； ➤ 负责指导公司下属企业的商标申请、确权工作。 发生频率：□频繁 □经常 □有时 □偶尔	商标确权的专业性 工作开展的及时性 申请文件的规范性	□负责	□承担 □办理
	二、商标案件处理 ➤ 加强商标的监测和查询，及时发现有损公司商标权益的注册申请案件并向公司提出情况报告； ➤ 负责公司商标异议（复审）案件的资料收集、方案拟订和办理案件申请手续、参与案件的跟踪处理； ➤ 负责公司商标争议案件的组织、材料准备和后续处理； ➤ 保持与知识产权律师的业务沟通，负责公司商标诉讼案件的司法诉求工作； ➤ 对公司其他部门商标案件的处理给予帮助或指导； ➤ 负责对公司下属企业商标维权案件给予协助和指导。 发生频率：□频繁 □经常 □有时 □偶尔	诉求材料的完整性 案件处理的及时性 案件维权的针对性	□负责	□办理

续表

	任务描述	绩效重点	负责程度	职权
主要职责	三、商标日常管理 执行商标管理工作流程，认真开展公司商标管理的日常工作； ▲ 协助各产业部门开展创牌工作，接受各相关部门有关商标法律、商标知识、商标使用等方面的咨询并给予帮助； ▲ 负责公司商标权证的申领、移交归档工作； ▲ 负责公司注册商标使用情况的检查，对违反公司商标使用规范的行为及时提出整改建议； ▲ 协助公司考核部门对损害公司商标形象部门的考核； ▲ 配合公司相关部门开展商标法律知识的宣传和培训； ▲ 完成部门领导交办的其他工作任务。 发生频率：□频繁 □经常 □有时 □偶尔	服务的主动性 意见的准确性 工作的及时性	□负责	□办理 □协助

职位风险		
经营管理风险	■	
经济风险	■	申请方案是否合理合法，会对公司的费用支出带来损失。
市场风险	■	
技术风险	■	
产品风险	■	
其他风险	■	案件处理不及时，会给公司的商标权益带来风险。

第五章　编写文件　119

续表

	内容	基本条件	期望条件
任职资格	教育水平	本科学历，法律或相关专业	■ 研究生学历，法律专业
	工作经验	■ 3年以上相关岗位工作经验 ■ 熟悉商标法律，有一定的商标管理经验	■ 5年以上商标管理岗位工作经验 ■ 熟悉商标及知识产权保护体制
	技能素质	■ 具有良好的专业能力和管理能力 ■ 具备独立开展工作的专业素质	■ 具有一定的专业授课能力 ■ 具备一定诉求维权能力
工作条件	工作时间	基本按照正常出勤时间	
	使用设备	计算机、投影仪	
职位流动	可晋升岗位	商标管理主管　法务办主任	
	可平调岗位		
	可晋升到此岗的岗位		
签署	任职者签署	日期：＿＿＿＿年＿＿月＿＿日	
	直接上级签署	日期：＿＿＿＿年＿＿月＿＿日	

表 5.13 ×××公司知识产权培训需求审批表

编号：IPC×××-××

文件编号		版本号	
培训需求部门		培训对象	
申请培训理由			
计划培训内容			
预期培训效果			
需求部门领导意见	负责人： 年 月 日		
知识产权主管审查意见	负责人： 年 月 日		
领导审批意见	负责人： 年 月 日		
申请人签字			

表 5.14 ×××公司培训计划表

编号：IPC×××-××

文件编号				版本号		
序号	培训时间	培训内容	参加人员	培训方式	备注
1					
2					
3					
……					

制订：　　　　　　　　　　　　　　　　审批：

表 5.15 ×××公司培训记录表

编号：IPC×××-××

文件编号		版本号		
培训主题				
培训日期		培训教师		课时数	
培训地点		应到人数		实到人数	
培训对象				
培训内容（摘要）				

表 5.16　×××公司培训效果评价表

编号：IPC×××-××

文件编号			版本号	
培训项目			培训对象	
培训时间			培训教师	
培训内容				

培训效果评价			
评价项目	设定分值	评价得分	评分说明或不足之处不宜评估评分
培训准备			
培训时间			
培训内容			
培训形式			
培训设施			
授课老师教学能力			
培训考核成绩			
培训对员工的帮助			

其他补充事宜：

评价总分数					
评价人员	部门	职务	评价人员	部门	职务

建议改进措施：

评价日期：

表 5.17 入职员工知识产权背景调查表

编号：IPC×××-××

本公司保留必要时向候选人/员工进一步获取更多信息的权利。本公司候选人/员工有义务配合本次调查且保证以下资料的真实性。

姓　名		性　别	□男　□女
入职部门		研究领域	
专利申请			
之前工作中涉及的知识产权情况介绍			

目前或者进入本公司前最后一个雇主的详细信息，请填写所有完整信息并提供准确完整的名称、地址及电话号码。

公司名称		性　质	
公司地址			
就职起始时间		自　　　至	
人事部			
人事部联系人			
职　位		电　话	
就职部门			
直接主管		部　门	
职　位		电　话	
离职原因			

您是否允许本公司在您入职本公司之前向该雇主核查您所提供的知识产权信息？
□是　　□否
如果否，请说明原因：

以前雇主的详细信息（从最新信息写起）

请填写所有完整信息并提供准确完整的名称、地址及电话号码

公司名称		性　质		
公司地址					
职　位		就职起始时间	自	至
人事部				
联系人姓名		职　位		
职　位		电　话		
就职部门				
直接主管姓名		部　门		
职　位		电　话		
离职原因				

公司名称		性　质		
公司地址					
职　位		就职起始时间	自	至
人事部				
联系人姓名		职　位		
职　位		电　话		
就职部门				
直接主管姓名		部　门		
职　位		电　话		
离职原因				

备注：如还有额外信息需要补充，请另附纸张。

尽你所知，你是否了解你和前（或现）雇主或者其他公司签订有类似竞业限制协议而可能会影响你能否在本公司工作？

如果是，请列出相关限制。

你曾经有过以下情形吗？包括：
☐ 因为不正当行为或者原因而被辞退
☐ 未通过背景调查
☐ 曾被取消进入公司相关设施的权限

如果有，请全面解释：

姓名：

日期：

表 5.18 员工离职（退休）资料交割清单

编号：IPC×××-××

序号	文件或物品名称	接收部门	接收人签字	备注

表 5.19　知识产权奖励台账

编号：IPC×××-××

序号	奖励时间	受奖人	奖励原因	奖励情况	备注

制表人：　　　　复核：

表 5.20　知识产权奖励表

编号：IPC×××-××

序号	知识产权成果	奖励金额	奖励时间	受奖人	签收	备注

制表人：　　　　复核：

（二）财务资源

表 5.21　知识产权费用预算表

编号：IPC×××-××

序号	预算项目	预算金额	实际发生金额	完成预算率（%）	备注
	合计				

制表人：　　　审核：　　　批准：

（三）信息资源

表 5.22　科技情报信息登记表

编号：IPC×××-××

信息提供所属部门		部门负责人审核意见	
信息提供者姓名		提供日期	
提供信息名称			
接收信息部门		接收日期	
接收人签名			
信息处理结果			

样例四　基础管理程序及记录

一、知识产权基础管理相关程序

企业知识产权基础管理涵盖了知识产权权利获取、维护、运用、保护四个环节，还包括合同管理以及保密。基本上的流程控制可以用图 5.1 表示：

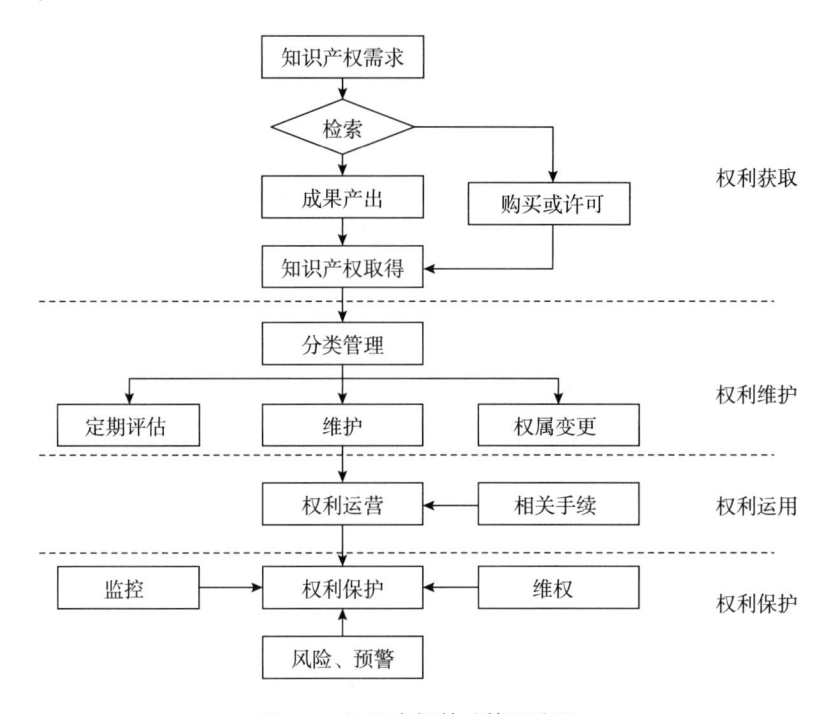

图 5.1　知识产权基础管理流程

（一）权利获取环节的程序控制

1. 知识产权申请控制程序的具体流程控制

具体步骤及图示（见图 5.2）如下：

（1）研发部门根据研发成果向知识产权管理部提出知识产权申请；

（2）知识产权主管组织对提出的知识产权申请进行论证，并对相关专利进行检索，并给出检索结果；

（3）将符合要求的申请提交主管领导审批；

（4）知识产权管理部委托专利代理机构撰写专利申请文件；

（5）知识产权管理部将专利代理机构撰写的申请文件转交发明人进行确认；

(6) 委托专利代理机构提交专利申请文件；

(7) 跟踪专利申请，并办理相关手续。

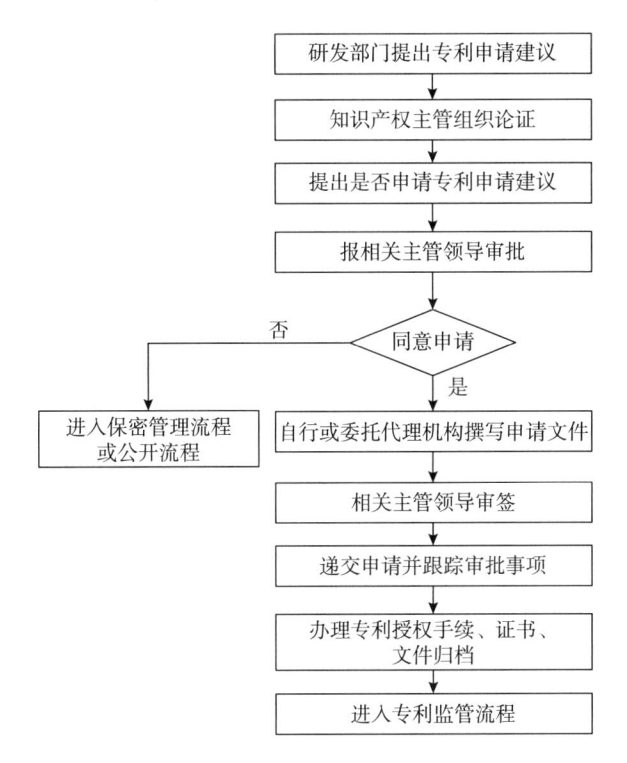

图 5.2　知识产权申请流程

2. 企业内部提交专利申请工作流程具体如下（见表 5.23）：

表 5.23　企业内部提交专利申请工作流程表

序号	步　骤	参与者	内　　容
1	挖掘专利	研发人员、企业专利人员、专利代理人员、技术专家	1. 研发人员根据研发规划和研发成果提炼可申请专利的技术方案和技术点； 2. 企业专利人员配合研发人员挖掘研发成果的技术创意； 3. 专利代理人配合技术专家、企业专利人员、技术人员对研发成果进行专利分析和专利挖掘
2	提交技术交底书	研发部门	对技术方案进行提炼和解释，撰写技术交底书
3	审核技术交底书	专利部门	保证技术交底书的完整性，评估专利性及其是否符合企业发展规划

续表

序号	步骤	参与者	内容
4	专利申请文件的撰写	专利部门或者专利代理人	符合专利申请的要求
5	专利申请文件的审核	专利部门和研发部门（专家委员会）	审核专利申请涉及的技术问题是否描述得当
6	提交专利申请	专利部门或者专利代理人	相关部门提交申请进行审查

3. 知识产权检索控制程序的具体流程控制

具体步骤及图示（见图5.3）如下：

（1）研发部门根据需要向知识产权管理部提出知识产权检索申请；

（2）知识产权管理部根据申请的内容决定自行检索和委外检索；

（3）自行检索：知识产权管理部根据自行检索的结果，出具知识产权检索报告；

（4）委外检索：知识产权管理部与检索机构出具带有保密协议的委托检索合同，并将检索机构出具的检索报告作为最终检索报告。

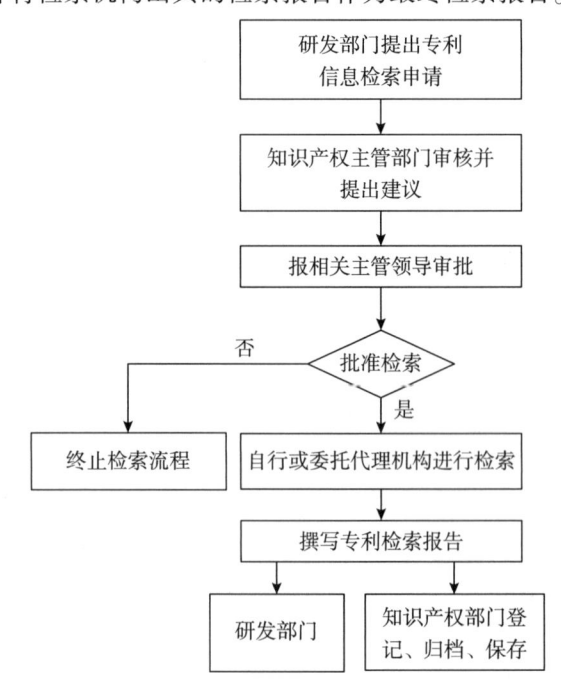

图5.3 知识产权检索流程

（二）权利维护环节的程序控制

权利维护环节中涉及的程序主要是知识产权变更、放弃控制程序，相关表单包括专利台账、商标台账、著作权管理台账、知识产权变更、放弃申报审批表、知识产权有效性评估报告。

1. 知识产权变更、放弃控制程序

其具体步骤及图示（见图5.4）如下：

（1）知识产权管理部根据业务部门提出的知识产权变更和放弃申请，组织对知识产权进行评估，评估该知识产权的市场价值和技术价值；

（2）知识产权管理部根据评估结果，出具知识产权变更、放弃意见；

（3）知识产权主管根据知识产权部门出具的意见，对知识产权的变更和放弃进行审批；

（4）董事长对于知识产权变更和放弃进行最后的确认审批；

（5）知识产权管理部根据审批的情况，改变知识产权管理台账的状态，并停止对该知识产权的维护。

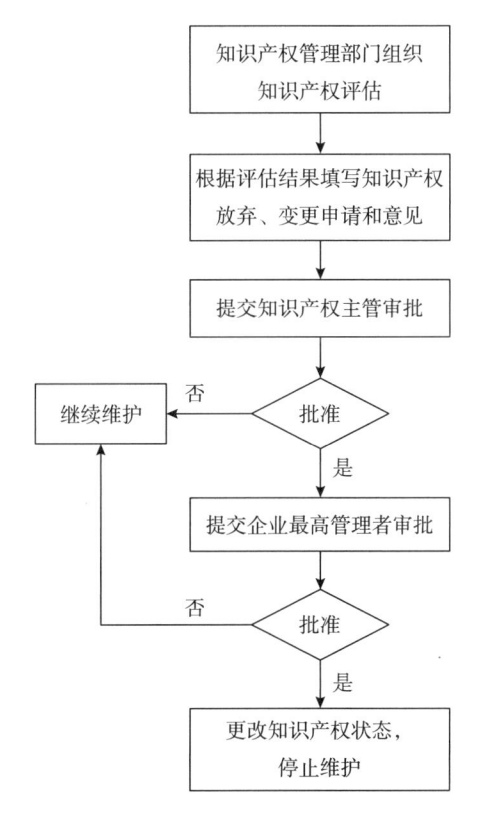

图5.4 知识产权变更、控制流程

（三）知识产权运用方面的制度和合同

1. 知识产权管理总则

知识产权管理总则

第一章　总则

第一条　为保护本公司持有的知识产权，加强知识产权管理，鼓励发明创造，根据国家有关法律、法规、规章、制度以及江苏省《企业知识产权管理规范》的要求，制定本办法。

第二条　本办法所称的知识产权包括《专利法》《著作权法》《商标法》《反不正当竞争法》等有关法律所规定的权利，其中主要包括：

（一）专利权和技术秘密：主要包括新物质、新材料、新产品、新技术、新工艺、新方法、新配方、新设计的专利申请权、专利权、专利实施许可权等以及技术秘密。

（二）商标权：本公司拥有的注册商标专用权。

（三）著作权（含计算机软件）：主要利用本单位的物质技术条件创作，并由本单位承担责任的工程设计、产品设计图纸及其说明，计算机软件、集成电路布图设计、地图、摄影、录音、录像等职务作品的著作权；由本公司提供资金或资料等创作条件，组织人员进行创作的作品所享有的著作权。

（四）商业秘密（含技术秘密和经营秘密）：主要是不为公众所知悉，只属本公司拥有的经营管理、工程、设计、市场、租赁、服务信息等。

（五）其他单位委托本公司承担的科研任务并负有保密义务的科技成果权。

（六）本公司引进的专利、商标、著作、计算机软件等知识产权。

（七）《反不正当竞争法》等法律法规所赋予的权利，如商号、域名、网络地址专用权等。

第三条　公司各级领导、各部门应当采取切实措施加强对公司知识产权工作的管理，增强员工知识产权保护意识，维护公司无形资产的合法权益。公司知识产权管理遵循统一管理、分工协作、规范有序的原则。

第四条　本公司设立知识产权管理部，负责知识产权的管理工作。知识产权管理部设置专利、商标、商业秘密等各专业管理岗位，在各自的业务范围内负责相关知识产权的管理和具体工作。其他各相关业务部门还应指定本部门知识产权管理工作的兼职人员。知识产权管理部的主要职责：

（一）制定知识产权各类管理规定，协调知识产权管理工作，划分各岗位的管理范围与职责，指导、监督、检查其他部门的知识产权管理工作。

（二）审核业务部门的知识产权申请，组织和建立知识产权档案管理。

（三）代表本公司负责知识产权的申请等对外工作。

（四）代表本公司对外处理知识产权相关纠纷、诉讼等事项。

（五）参与签订或审核涉及本专业知识产权内容的各类合同、协议，建立知识产权合同档案。

（六）组织宣传和学习有关知识产权的法律知识并交流经验。

第五条　公司的知识产权受国家法律保护，任何组织、个人不得侵犯。凡本公司（包括公司总部、分公司及各地的分支机构，下同）的员工（含公司各级领导、无固定期限的员工、合同制员工、临时工等，下同），或来本公司实习、学习、进修或合作研究的研究人员，均应遵守本办法。

第二章　管理制度

第六条　知识产权评估制度

知识产权属于公司的无形资产，公司根据实际需要对之加以评估，并在公司财务会计上反映。

在进行国内外科技开发、市场交易等产权变更时，必须进行知识产权评估，重大的事项须经主管领导和管理部门批准，报知识产权管理部备案。评估报告应当备案保存。

第七条　知识产权查新、检索制度

公司进行科技创新、作品创作等涉及知识产权活动前，相应部门必须进行查新以确定创新是否符合公司可持续发展战略以及能否产生真正的知识产权。

（一）本公司的新技术、新工艺、新产品等研究开发和技术改造，要充分利用专利文献制定正确研究方向和技术路线，提高研究开发的起点，避免重复开发或者发生专利权侵权纠纷。

（二）重大科研课题在立项、结题时应当进行专利文献的查新和检索。

（三）申请专利、确定纳入商业秘密保护的技术诀窍、信息等，必须进行专利文献的查新和检索。

（四）申请商标注册、使用新商号前，必须进行相关检索。

（五）开发新产品使用新型号、品牌前，必须进行必要的检索。

（六）公司对涉及知识产权的新技术、新产品进出口，必须进行专利文献的查新和检索，全面了解有关技术或产品的知识产权状况，避免重复引进等问题，向国外出口新技术新产品时必须做有关知识产权查询工作，并报知识产权管理部备案。

第八条　知识产权工作备案制度

公司对涉及知识产权的有关工作进行备案，主要包括：科研开发、合作开发；知识产权转让合同；知识产权评估；涉及知识产权的公司批准文件；知识产权成果处理方案；知识产权纠纷处理方案；具体的知识产权奖励措施；知识产权会议的决议；知识产权领导小组组成成员、知识产权管理部成员名单；知识产权中涉密范围人员名单；商业秘密保护范围划定；商业秘密保护措施；知识产权保护承诺书及相关的劳动合同；有关的知识产权规定；知识产权的财务处理等相关资料报知识产权管理部备案。

第九条　公司建立成果归属判定制度

（一）个人知识产权活动。公司鼓励员工在工作之余开展个人创新和知识产权创作活动。对于个人的非职务智力成果，公司予以尊重。

（二）职务知识产权创作活动。员工的职务创作活动的智力成果、利用公司名义、利用公司物质条件产生的智力劳动成果，归属本公司，其作品、技术成果、设计、发明等申请权及所有权归属本公司，公司根据不同的情况给予精神和物质奖励，并保护其创作者的署名权。

以下智力劳动成果属于本公司：

1. 在本职工作中做出的发明创造成果；

2. 履行本公司交付的本职工作之外的任务所做出的发明创造成果；

3. 来本公司学习、进修、实习或合作研究的客座研究人员或临时聘用人员，在本公司学习或工作期间完成、除另有协议外的智力劳动成果；

4. 退休、调离或劳动关系终止的员工在离开本公司 1 年内所完成的，与其在本公司承担的本职工作或者本公司分配的任务有关的发明创造成果；

5. 主要利用本公司的资金、设备、零部件、原材料、人力及未公开的技术情报资料等所完成的发明创造成果；

6. 工作时间内完成的智力劳动成果。

一切职务智力劳动成果的所有权归本公司。任何其他公司及个人未经允许不得以任何形式使用、转让、销售或侵吞本公司持有（所有）的职务智力劳动成果。职务智力劳动成果的完成人享有在有关成果文件上署名和取得相应荣誉、奖励及获得报酬的权利。

公司员工的个人智力劳动成果，不属于职务智力劳动成果，在以个人名义申请登记注册或者授权前，需要确认为其个人智力劳动成果的，应向本公司知识产权管理部提交书面说明，经审查后由知识产权管理部出具《个人智力劳动成果确认书》。

第十条　知识产权档案集中管理制度

公司的知识产权依照不同的标准进行分类，由公司知识产权管理部集中统一管理。

（一）项目档案管理。在所有的研究课题（包括本公司自行研究、委托或者合作研究、招投标项目的研究课题），从立项起到结题止，知识产权管理部应对项目全程跟踪，掌握科研、开发等工作的每一阶段进程。在每一阶段进程和科研工作完成后，研究人员须将全部试验报告，数据手稿、图纸、声像等相关原始技术资料收集整理，交项目负责人归档。在项目结题前，项目负责人必须在研究项目完成后的10个工作日内向知识产权管理部提交全部各种载体的完整资料，按照要求完成归档手续后方可结题。如文件资料没有归档，或归档不完备，管理部门有权不予验收，项目承担者不因项目未验收而解除相应的责任。

前款所述文件资料，包括但不限于计划任务书、技术合同书、实验记录、实验报告、图纸、声像制品、论文、手稿原始资料等。

（二）知识产权分类管理。对于商标、专利、著作权、商号、商业秘密以及其他知识产权，实行分类动态日常跟踪管理。

（三）涉及知识产权的相关档案材料，集中统一管理、保管，并严格执行科技档案借阅制度。原件严格控制，需要相应复印件或物品的，经主管领导审批，由知识产权管理部审核登记备案后方可借出。

第十一条　知识产权保密、知识产权保护承诺制度

（一）公司划定科技开发区域、商业秘密保护区域，未经许可，非科研人员和因工作需要必须接触到相应资料、物品的人员，不得擅自进入划定的、与本职工作无关的场所，不得带领无关人员进入该场所或为无关人员进入该涉密场所提供便利。

（二）产品开发和职务智力成果活动期间，应当严格保守公司商业秘密。不得在公共场所或者利用非保密通信工具传递商业秘密信息和与职务智力劳动相关的信息。

（三）公司确定的商业秘密，在其文件资料或者物品上，以明确的警示标志标示出公司商业秘密的符号及密级、保密期限。相关的文件资料限于涉密人员接触；参加涉密的会议，采取到会办理签到手续、会后资料交还等保密措施。

（四）在劳动合同中，增加保密条款和竞业禁止条款，任何人不得利用职务、工作之便或采用其他不正当手段，将单位的知识产权擅自发表、泄露、使用、许可或转让；也不得利用在本单位工作所掌握的信息资料为同行业的其他竞争者服务或提供便利。

（五）员工在进入本公司工作时，须签订《遵守〈公司知识产权管理办法〉承诺书》。无论任何原因离开该本公司前，须将从事科技工作的全部技术资料、试验设备、产品、计算机软件、科技成果、作品、设计成果，所掌握的商业秘密及客户资料（包括但不限于客户名单、通讯方式等）全部交回，并有责任保护本公司的知识产权，不得擅自复制、发表、泄露、使用、许可或转让。

（六）建立参观访问控制、陪同制度。参观访问者一律佩戴有专门标志的胸章，并按照指定路线和范围在专人陪同下，有组织地进行参观访问。

（七）提交的新产品在国内外参加展览会，涉及知识产权保护问题时，须做好事先充分的可行性研究和准备。

第十二条　知识产权合同制度

（一）与国内外单位或个人进行委托研究、委托开发或合作研究、合作开发时，依据《合同法》等法律法规签订书面合同。合同中必须订有关于知识产权保护的条款。

（二）订立技术合同（技术转让合同、技术服务合同、技术开发合同、技术咨询合同）、专利实施许可合同，必须经过知识产权管理部审查，由法定代表人或其委托的代理人签署，其他部门或个人无权签署。

（三）同国内外单位或个人进行专利权、商标权和著作权、商业秘密等知识产权方面的许可证贸易时，需签订实施许可合同，并根据许可的权限范围、时间、地域等因素综合确定许可使用费。

第十三条　知识产权保护制度

公司各部门应充分认识知识产权的重要性，要依照《反不正当竞争法》，坚决制止、杜绝由不正当行为造成的知识产权流失；充分利用法律规定和结合本公司实际，发挥知识产权在公司竞争中的作用。

公司积极进行知识产权登记、备案、申请确权工作。对于不宜采取上述措施但有商业价值的智力劳动成果，应先作为商业秘密予以保护，在确定知识产权保护方式前，不发表成果论文，也不得以委托鉴定、展览、广告、试销、赠送产品等任何方式向社会公开。

严防商标、专利、域名、商号被他人抢注。

各部门积极配合知识产权管理部日常跟踪商标、专利、商号及其他知识产权的登记注册、授权情况，发现可能对本公司知识产权有冲突的情形，应通过知识产权管理部采取积极措施，运用法律规定和制度性安排提出异议或启动相应的程序解决。

任何机构和个人，发现侵权或者可能侵权，应采取积极措施配合知识产权管理部在行政执法机关和司法机关的指导下解决问题。

公司应聘请知识产权法律专业的常年法律顾问，对公司的知识产权保护提供帮助。

第十四条　公司建立知识产权宣传制度

本公司设立知识产权宣传、保护基金，用于每年的知识产权培训和宣传工作。对员工制定培训、宣传计划，加强知识产权保护宣传工作。

第十五条　知识产权评估制度

知识产权属公司的无形资产，公司根据实际需要对之加以评估，并在公司财务会计账目上反映。在国内外科技开发、市场交易等产权变更时，必须进行知识产权评估，重大事项须经主管领导和相应管理部门批准，报知识产权管理部备案。同时评估报告应当备案保存。

第十六条　知识产权查新、检索制度

公司进行科技创新、作品创作等涉及知识产权活动前，相应部门必须进行查新，提出申请专利的建议后，经知识产权主管组织论证，以确定创新是否符合企业可持续发展战略以及能否产生真正的知识产权，并由专利申请主管领导审批后进行。

（一）本公司的新技术、新工艺、新产品等研究开发和技术改造，要充分利用公司专利数据库、各种商业、半商业性检索平台及国内外专利文献制定正确研究方向和技术路线，提高研究开发的起点，形成产品立项报告，经知识产权管理部论证审批后实施，以避免重复研发或者发生知识产权纠纷。

（二）重大产品研发应在项目立项前、研究与开发活动中、研究阶段性成果或最终成果产出后、投放市场前均应进行查新和检索，形成相应检索书面记录。

(三) 申请专利、确定纳入技术秘密保护的技术资料、信息等，必须进行查新和检索。

(四) 申请商标注册、使用新商号前，必须进行相关检索。

(五) 开发新产品使用新型号、品牌以前，必须进行相关的检索。

(六) 公司对涉及知识产权的新技术、新产品进出口，必须查新和检索，全面了解有关技术或产品的知识产权状况，避免重复引进，向国外出口新技术新产品时必须做有关知识产权调查工作，并送知识产权管理部备案。

第十七条 知识产权工作备案制度

公司对涉及知识产权的有关工作进行备案，内容包括但不限于：高新技术的科研独立开发、合作开发、知识产权合同；知识产权转让合同；知识产权评估事项；涉及知识产权的企业批准文件；知识产权成果处理方案；知识产权纠纷处理方案；知识产权奖励措施；有关知识产权会议的决议；知识产权管理部成员名单及职责说明；知识产权涉密范围人员名单；商业秘密保护范围划定；商业秘密保护措施；知识产权保护承诺书及相关的劳动合同及其附件；有关的知识产权规定；知识产权的财务处理等。

第三章 附则

第十八条 违反本办法，剽窃、窃取、篡改、非法占有或者以其他方式侵犯本公司知识产权的，或造成公司知识产权被侵犯的，由知识产权管理部依据规定追究法律责任。构成犯罪的，及时向司法机关举报。

第十九条 侵害人为本公司员工的，应责令其改正，并应追究直接责任者和部门主要负责人的责任；造成损失的，应当依法承担赔偿责任。

第二十条 侵害人为非本公司员工的，应要求其停止侵害；造成损失的，应当依法赔偿损失；必要时，提请行政机关处理或通过司法途径解决。触犯刑法的应依法追究其刑事责任。

第二十一条 知识产权的保护时效及其他产权界定等问题按国家有关法律、法规、规章的规定执行。本办法未尽之规定，以最大限度保护本公司知识产权、促进本公司可持续发展为原则处理。

第二十二条 本规定由本公司负责解释。

第二十三条 本规定自×年×月×日起施行。

2. 专利管理办法

××公司专利管理办法

第一章　总则

第一条　为规范××有限公司（以下简称公司）的专利管理工作，鼓励员工积极进行发明创造，根据《中华人民共和国专利法》《中华人民共和国专利法实施细则》和《企业知识产权管理规范》，结合公司的具体情况，特制定本办法。

第二条　本办法的专利包括在中华人民共和国境内的专利申请和授权专利；在我国的香港、澳门、台湾地区的专利申请和授权专利；PCT专利申请；在国外的专利申请和授权专利；获得境内外优先权日、可申请专利的技术方案。

第三条　知识产权办公室负责公司的专利管理工作，其职责包括但不限于：

（一）负责制订年度专利工作计划，督促工作计划的实施，对计划的执行情况进行年度总结。

（二）负责专利的申请、维护、放弃；职务与非职务发明的审查；专利权的运用，包括实施、转让、许可、质押和以专利权出资等。

（三）建立专利管理台账，对专利申请状况、专利年费交纳和专利事务所办理情况等进行监控。

（四）负责涉及公司的专利纠纷或诉讼的处理，必要时可委托专利代理机构或律师事务所办理。

（五）负责为每件专利建立档案，包括专利申请文件、审查及答复文件、授权证书、相关合同和纠纷（或诉讼）处理文件，交档案室保管。

（六）向各部门提供有关专利的业务咨询，组织员工进行知识产权相关培训。

（七）制定和完善各项专利管理规章制度。

第二章　专利权属规定

第四条　执行公司的任务或者主要是利用公司的物质技术条件（包括技术信息）所完成的发明创造（含商业秘密、计算机软件等，以下同）为职务发明创造。职务发明创造申请专利的权利属于公司，申请被批准后，公司为专利权人。

上述执行公司的任务所完成的发明创造是指：在本职工作中做出的发

明创造；履行公司交付的本职工作之外的任务所做出的发明创造；退休、调离公司后或者劳动、人事关系终止后 1 年内做出的，与其在公司承担的本职工作或者公司分配的任务有关的发明创造。

非职务发明创造，申请专利的权利属于发明人或者设计人，申请被批准后，该发明人或者设计人为专利权人。

第五条 公司与其他单位签订有关研发的合同，或者签订其他在履行中可能产生发明创造的合同时，合同中应明确发明创造的专利申请权和专利权的归属。

对于跨单位实习、学习、工作和其他合作形式的人员及公司临时聘用人员，公司应当事先就该人员在此期间做出的发明创造的专利申请权及专利权归属与接受或派出单位签订合同。

第六条 公司的调离或退休人员、外来实习或学习人员、临时聘用的工作人员以及其他任何形式或原因在公司工作或学习的人员，在离开公司前，应将其掌握、持有、保管的包括公司技术资料在内的所有记录有公司商业秘密信息的文件、资料、报告、信件、传真、磁带、磁盘、光盘、U盘、移动硬盘、笔记本电脑、仪器以及其他形式的载体交回公司，不得备份，并承担相应的保密义务；其他非保密的文档、文献、记录、笔记、提纲、音像、图样、数据等资料的原件和备份件也应完好交还公司。未经公司许可，不得擅自发表涉及保密内容的论文或文章，不得以个人名义将属于公司的发明创造申请专利。

第三章 专利申请

第七条 凡符合专利申请条件的职务发明创造（特别是在新产品、新技术、新工艺的研发，技术改造，引进技术的消化、吸收等方面做出的发明创造），经公司批准后应及时申请专利。取得专利申请日（或优先权日）后，该发明创造方可进行科技评价、评估和评奖，与此有关的产品方可展览或销售等。禁止一切在申请专利前导致技术方案公开而丧失新颖性的行为。

第八条 专利申请的审批程序：

（一）发明人撰写《专利申请表》，对申请专利的发明创造的技术特点包括新颖性、创造性、实用性、有益效果作出完整明确的说明；

（二）发明人所在部门应就该专利申请的创造性和保密性给出审查意见；

（三）知识产权办公室对专利申请进行新颖性、创造性和实用性的初步审查，必要时可以组织相关人员进行评审；

（四）知识产权办公室根据审查结果可以直接向国家知识产权局提出申请，也可以委托专利事务所办理申请。

第九条　专利申请公布或者公告前，相关人员对其内容负有保密的责任。

第十条　员工在职期间的非职务发明创造申请专利，应经知识产权办公室审查确认后，出具非职务发明证明。

第四章　专利检索

第十一条　专利检索的主要目的：

（一）检索专利法律状态，包括专利权是否有效、专利权是否在实施时间或地域范围内有效、专利权许可转让情况等；

（二）检索分析该专利技术方案在国内外所处水平及实施的可能性，合理评估技术的价值；

（三）检索国内外有无相同技术在之前获得专利权。

第十二条　在研发或技改立项之前，要进行相关产品或技术的检索与分析，避免重复或侵权，同时运用专利制度的规则，提出能获得最大市场利益的有关技术路线和技术解决方案的建议。在研究开发过程中以及完成后，要进行必要的跟踪检索。公司研究开发项目进行鉴定验收时应出具专利检索报告。

第十三条　对涉及专利的新产品销售、新的技术应用和技术引进，必须先进行专利文献检索，全面了解有关技术或产品的专利状况，避免无效和侵权等问题。

第十四条　在被指控专利侵权纠纷时，通过检索相关的专利文献，找出提出专利权无效诉讼的证据；在技术或市场监控中，通过检索相关产品、技术和竞争对手的专利文献，找出存在侵权风险的专利。

第十五条　知识产权办公室负责组织专利检索工作，可以自行检索，也可以委托专门机构进行检索。委托专门机构进行专利检索应经公司同意。

第五章　专利运用、管理和保护

第十六条　公司通过实施、转让、许可、质押、以专利权出资等方式运用专利权时，应先行评估和报请公司总经理办公会审批，订立书面合同并依法到国家有关部门办理相关手续。

第十七条　引进技术、购买设备等涉及第三方专利或专有技术时，应明确双方在涉及第三方专利或专有技术时的权利、义务和责任。

第十八条　与专利权运用有关的合同或协议以及其他任何涉及专利内容的合同或协议的谈判、起草、签订应有专利管理人员参加（如对外技术交流、技术合作、技术贸易等有关合同或协议等），并对合同中涉及专利的条款进行审查。

第十九条　对拟在法定期限届满前放弃或终止的专利和专利申请，知识产权办公室必须组织相关人员予以论证确认并报请总经理办公会批准。

第二十条　公司联营、兼并及对外合资、合作，开展重大技术贸易时，涉及专利的，应依照国家有关规定进行专利资产评估。

第二十一条　专利管理人员负责监控与公司产品相关的专利，同时关注是否存在侵犯公司专利权的行为，并定期向知识产权办公室汇报。

第六章　奖惩

第二十二条　对专利申请获得受理或授权的职务发明创造的发明人或设计人，依据《××公司技术创新奖励办法》给予奖励。公司获得授权的专利由公司实施后或者公司许可其他单位或者个人实施取得经济效益的，依据《××公司技术创新奖励办法》，给予职务发明创造的发明人或设计人报酬。

第二十三条　公司员工违反本办法的规定，将职务发明创造擅自以个人名义申请专利，或未及时申请专利，或者在专利管理工作中玩忽职守、履行职责不当，造成公司经济损失的，承担民事责任，赔偿公司因此遭受的损失；情节恶劣、后果严重，构成犯罪的，依法移交司法部门追究其刑事责任。

第七章　附则

第二十四条　本办法在执行过程中如有与国家法律、法规相抵触的，以国家法律、法规为准。

第二十五条　本办法自发布之日起执行。

3. 商标管理与保护办法

××公司商标管理与保护办法

第一章　总则

第一条　为了加强公司的商标管理，保护公司注册商标的专用权，保证公司的商品和服务质量，维护公司的商标信誉，促进公司的发展，根据

《中华人民共和国商标法》（以下简称《商标法》）、《商标法实施条例》和其他有关规定，特制定本办法。

第二条 本办法管理和保护的商标，是指公司使用和经国家商标局核准注册的商标，包括商品商标、服务商标和其他商标。

第三条 经公司注册的商标受法律保护，商标专用权属公司法人所有，任何单位或个人未经许可，不得使用、仿制或侵占。

公司的商标权包括：商标的使用权、许可权、转让权、收益权和处分权。

第四条 公司对使用商标商品（包括服务，下同）的质量负责，接受消费者、国家法律法规和行政执法、司法机关的监督。

第五条 公司根据企业的发展战略制定商标战略。

第六条 公司商标管理部门负责公司的商标注册和日常管理工作。

第二章 商标的设计与注册

第七条 公司申请注册的商标（包括文字、图形及其组合，下同），应当具有显著性，不得侵犯他人的在先权利。

第八条 公司的广告设计部门负责公司的商标设计工作。新设计的商标，必须符合《商标法》第 10、11 条的相关规定。

第九条 公司注册商标的申请计划，由公司商标管理部门根据公司的发展需要提出，并组织实施。

第十条 需申请注册的新商标，由商标设计部门完成设计，并由商标管理部门征询意见后，提交公司司务会议讨论确定。

第三章 商标使用的管理

第十一条 使用注册商标，应在商品、商品包装、说明书或者其他附着物上标明商标注册标记。商标注册标记为："R"外加○和"注"外加○。

第十二条 使用注册商标，不得随意改变注册商标的文字（包括字形、字体）、图形及其组合（包括结构）。不得自行改变商标注册人的名义、地址或其他注册事项。商标标识的使用颜色，按公司 CI 手册执行。

第十三条 使用注册商标的商品或服务，必须符合公司的技术标准和质量规范。

第十四条 使用注册商标的商品或服务，以《商标注册证》核定使用的商品或服务为限。

第十五条 使用未注册商标，必须报经公司商标管理部门审核，未经核准的未注册商标禁止使用。严格禁止使用侵犯他人商标专用权的未注册商标。

第十六条 将商标用于公司的广告宣传、展览以及其他的商业活动，是商标使用的一种行为，必须符合公司商标使用管理的相关规定。

第四章 注册商标的使用许可

第十七条 公司可以通过签订《商标使用许可合同》（以下简称《许可合同》），许可他人使用自己的注册商标。

第十八条 许可他人使用公司注册商标的商品或服务，不得超出商标注册证核定使用的商品或服务的范围。

第十九条 公司必须对许可合同的被许可人（以下简称"被许可人"）的商品质量进行监督，督促被许可人保证使用公司注册商标商品的质量。

第二十条 许可合同必须要求：被许可人在使用公司注册商标的商品上，标明被许可人的名称和商品产地。

许可合同必须就被许可人使用公司注册商标的商品或服务，以许可合同规定的许可项目为限，作出规定。

第二十一条 需要使用公司注册商标的申请人，必须按公司《商标使用许可合同签订办法》的规定办理相关手续。商标使用许可合同签订办法，由公司根据商标法规和本办法另行制定。

第二十二条 许可合同应当报国家商标局备案，未经备案的，不影响该许可合同的效力。

第五章 商标的印制

第二十三条 印制注册商标，必须到具有《印制经营许可证》和经工商行政管理机关核准登记经营"商标标识、包装装潢印刷品印刷"的单位印制。

第二十四条 商标印制单位的验证和公司注册商标相关权证的提供，由公司商标管理部门负责；商标印制的生产组织，由公司生产管理部门负责。

第二十五条 商标印制必须建立相应的管理制度，由专人负责，以保证商标印制的质量和公司生产、经营的需要。

第二十六条 商标使用许可合同被许可人的商标印制，必须在许可合同的条款中作出约定。公司允许被许可人自行印制商标的，必须按国家有关商标印制的规定执行，并办理授权手续。

第二十七条 本办法所称的商标印制，是指印刷、制作带有公司商标的包装物、标签、说明书、合格证等商标标识的行为。商标印制的工艺除印刷外，还包括印染、制版、刻字、织字、晒蚀、印铁、铸模、冲压、烫印和贴花等。

第六章 商标的投资与转让

第二十八条 公司根据企业的经营和商标战略的需要，可以依法进行商标的投资与转让。

第二十九条 以商标权投资的，必须进行商标评估，必须在相关投资文件中明确商标投资的方式、商标作价数额、商标收益分配和企业终止后商标的归属等内容，并依法办理相关手续。

第三十条 商标转让意味着公司商标权的丧失，必须慎重行事，严格按程序办理。转让公司注册商标，必须经公司研究决定，并依法办理相关转让手续。

第三十一条 公司禁止无偿转让商标的行为，严禁商标权的非法转移。

第七章 注册商标的管理与保护

第三十二条 公司依法加强对注册商标的管理与保护，设立相应机构，建立相应制度。

第三十三条 公司根据企业的实际，建立注册商标目录和注册商标档案。

第三十四条 公司加强对《商标注册证》的管理，未经许可，《商标注册证》不得复制、外借。

第三十五条 公司商标管理部门必须加强对商标使用与管理工作的检查和监督，对违反商标使用、管理规定和侵犯注册商标专用权的行为进行制止。

第三十六条 注册商标有效期满，应在规定的期限内按商标法的规定，及时办理商标续展，以保证公司注册商标的合法性和有效性。

第三十七条 公司根据商标保护工作的需要，组建打假维权机构。打假维权机构，专门负责公司的打假和商标维权事务的处理，对各种侵犯公司注册商标专用权的行为实施打击。

第三十八条 有下列行为之一的，属侵犯公司注册商标专用权的行为：

1. 未经公司许可，在同一种商品或者类似商品上使用与公司注册商标相同或近似商标的；

2. 未经公司许可，在同一种服务或者类似服务上使用与公司注册商标相同或近似商标的；

3. 销售侵犯公司注册商标专用权的商品的；

4. 伪造、擅自制造公司注册商标标识或者销售伪造、擅自制造的公司注册商标标识的；

5. 未经公司同意，更换公司注册商标并将该更换商标的商品投入市场的；

6. 在同一种或者类似商品上，将与公司注册商标相同或者近似的标志，作为商品名称或者商品装潢使用，误导公众的；

7. 故意为侵犯公司注册商标专用权行为提供仓储、运输、邮寄、隐匿等便利条件的；

8. 给公司注册商标专用权造成其他损害的。

第三十九条　对侵犯公司商标专用权的行为，可以向县级以上工商行政管理机关申请查处，也可以直接向管辖地人民法院起诉。对涉嫌商标侵权行为已经构成犯罪的，依法追究刑事责任。

第四十条　对商标侵权行为的打击，可以依法提出民事赔偿。对侵犯商标专用权的赔偿数额与当事人协商不成的，可以请求工商行政管理部门进行调解，调解不成的，向人民法院起诉。

第四十一条　公司设立注册商标保护基金，对举报侵犯公司注册商标专用权行为的有功人员进行奖励。

第四十二条　公司在对商标确权、注册商标保护过程中，已经构成驰名的商标，依法请求国家商标局、商标评审委员会和人民法院，作出驰名商标的认定。

第四十三条　公司按国家有关驰名商标管理的规定，加强对驰名商标的使用、宣传和保护的管理。

第八章　附则

第四十四条　本办法解释权属××公司。由公司商标管理部门负责解释。

第四十五条　有关商标使用与管理的实施细则，另行制定。

4. 技术合同管理办法

技术合同管理办法

第一章　总则

第一条　为明确公司技术的研究开发的职责，规范专利技术的使用，保护公司无形资产，加强知识产权的管理，推动生产技术进步，使本公司的技术合同管理法制化、规范化，使公司的知识产权和发明创造人的合法权益受到有效维护，提高公司市场竞争力和经济效益，根据江苏省《企业知识产权管理规范》等有关规定，特制定本办法。

第二条　本办法适用于本公司职务技术成果的转让（专利申请权、专利权、专利许可权、技术秘密和其他非专利技术）、技术开发（委托、合作开发）、技术服务、技术咨询、技术培训、技术引进、技术消化、技术创新及技术产品销售等技术合同（或契约或协议）。

第三条　本办法适用于本公司职务。

（一）技术开发合同（包括委托开发、合作开发合同）；

（二）技术转让合同（包括专利权转让、专利申请权转让、技术秘密转让、专利实施许可合同）；

（三）技术服务合同；

（四）技术咨询合同；

（五）技术服务合同等。

上述各类技术合同的定义见《中华人民共和国合同法》。

第二章　技术合同的管理

第四条　本公司技术合同归口管理部门为公司知识产权管理部。

第五条　技术合同的订立，必须遵循《中华人民共和国合同法》及相关法律法规，合同双方当事人应本着"自愿、平等、互利、有偿和诚实信用"的原则。技术合同一经生效，应严格履行合同。

第六条　技术合同的订立、变更和解除一律采用书面形式。不同类型的技术合同原则上应采用相对应的国家有关部门统一制定的格式文本。

第七条　合同项目负责人到知识产权管理部领取统一合同表格，提出技术合同文本。我方合同项目负责人与对方共同协商，写出合同书初稿，经对方同意后，项目负责人填写（技术合同审批单），并同时提供转让的可行性、咨询服务的准确性、实施的可能性等进行相应的可行性论证材料，由知识产权管理部和主管领导人审查通过后方可签订合同。

第八条　技术合同经当事双方法定代表人、委托代理人签字并加盖双方有效公章后生效；对方为自然人的，由该自然人签字并注明其身份证号码、住所地等方可生效。在合同书中，由合同项目负责人作为我方"委托代理人"签字，使用本公司公章，"法定代表人"处加盖法人名章。无本公司书面授权，本公司其他盖章一律无效。

第九条 所签订合同应根据有关规定报知识产权管理部备案。

第十条 合同项目负责人不得随意更换。合同项目负责人若遇出国、培训、病休等特殊情况而可能影响合同进度的，合同项目负责人应安排合适人选负责继续履行合同，并写出书面报告经所在部门批准，报知识产权管理部门备案。

第三章 技术合同条款

第十一条 订立技术合同，应明确下列主要条款：

（一）项目名称；

（二）合同主体：一方必须是本公司；

（三）项目内容、范围、技术要求；

（四）技术信息和资料，要求提交的期限、地点和方式；

（五）履行合同的计划、进度、期限、地点和方式；

（六）双方当事人的权利和义务；

（七）技术秘密的范围和保密期限；

（八）技术成果所有权的界定、归属和分享比例；

（九）承担风险责任的界定；

（十）项目验收的技术标准、方式；

（十一）技术使用费或报酬的价款、支付方式和时间；

（十二）违约金或损失赔偿的计算方法；

（十三）后续技术改进的提供、技术所有权归属的份额；

（十四）争议的解决办法、方式；

（十五）名词和术语等的界定、解释；

（十六）合同的有效期。

第四章 技术合同的价款及支付方式

第十二条 技术费用的计价，取决于技术的先进性、实用性，也取决于技术本身的复杂程度、投资额度的大小，更取决于该技术的经济效益，由合同双方当事人及法人代表协商确定。

第十三条 技术合同的价款应包含以下费用：

（一）原材料、仪器设备、外协加工、测试、资料的费用；

（二）人工费；

（三）水、电、气等能源消耗费；

（四）设备折旧费；

（五）公共条件费；

（六）管理费；

（七）技术使用费；

（八）税费；

（九）其他。

第十四条　技术合同的价款可参考下列方式之一支付：

（一）一次总算、一次总付；

（二）一次总算、分期支付；

（三）提成支付；

（四）提成支付附加预付入门费。

约定提成支付的。应当在合同中约定我方查阅有关会计账目的办法。

第五章　技术入股

第十五条　凡我公司职务技术成果以技术入股形式与合作公司成立股份有限公司或有限责任公司（以下简称"公司"）的，由知识产权管理部管理。相关负责人就技术入股事项写出书面报告，经知识产权管理部签署意见后，报主管领导批准。

第十六条　技术入股的操作，应按国家及地方有关规定办理，所发生的费用，由我公司承担。

第十七条　我方在公司任职的管理人员由相关部门和主管领导共同协商拟定人选，并报领导批准。

第十八条　在成立公司的协议中可以约定归属我方的技术股份分为公司法人股，有杰出贡献的技术发明人也可占个人股。个人股占我方技术总股份的比例，参照我公司现行知识产权奖励办法中提成的比例确定。个人股直接参与公司的分红。公司法人股的收益，不再奖励给个人。

第六章　附则

第十九条　本办法在执行过程中如有与国家法律、法规相抵触的，以国家法律、法规为准。

第二十条　本办法由本公司知识产权管理部负责解释。

第二十一条　本办法自下发之日起执行。

5. 专利申请权转让合同

<h3 style="text-align:center">专利申请权转让合同（发明创造）</h3>

转让方：_____

职务：_____

地址：_____

代理人：_____

职务：_____

地址：_____

受让方：_____

法人代表：_____

厂长：_____

地址：_____

鉴于转让方合法拥有一项非职务发明创造，同意将已取得申请号的申请发明专利的专利申请权有偿转让给受让方_____。

鉴于受让方_____愿意接受转让方_____发明专利申请权，实施本合同已申请发明专利技术，并同意支付费用。

双方认为，本合同专利申请权的转让，有助于发明专利的申请和已申请专利技术的实施，发挥其经济的和社会的效益。经双方友好协商，就下述内容达成协议：

第一条　转让方将_____发明专利申请权有偿转让给受让方。

发明创造的名称：_____

申请日：_____ 申请号：_____

第二条　本专利申请权转让合同签字后，双方向中国专利局填报《专利申请权转让申报书》，申请本发明专利的权利归 K 厂所有。

第三条　本专利申请权转让合同签字后 10 天内，转让方将_____发明专利申请文件全套交付给受让人。

第四条　本合同签订后，专利发明申请后专利权授予前，一切申请专利事宜由受让方办理，转让方协助。

第五条　本发明申请专利公告后，如第三方提出异议，由受让方和转让方共同陈述意见，如因转让方无权申请专利而被驳回，则由转让方承担申请专利所发生的费用；如因其他原因被驳回，已发生的一切申请专利的费用由受让方承担。

本专利申请不管何种原因被中国专利局驳回，则转让方退回已收取受让方的全部费用。

第六条　本发明专利申请授权后，专利权归受让方所持有，转让方是本专利的发明人，享有发明人的一切权利。

第七条　受让方支付转让方发明专利申请权转让费_____元，于本合同生效后 10 天内一次付清。

第八条　本发明专利申请授权后，由受让方自己实施专利或许可他人实施专利，所获得利润或收取的使用费，按发给职务发明的发明人的奖金和报酬发给转让人。

第九条　本合同签订后，受让方支付给转让方已发生的专利申请和专利申请代理费用_____元。

第十条　受让方如未能按期向转让方支付专利申请权转让费、专利申请费和专利申请代理费，每逾期一天，按未支付部分款额的万分之三支付违约金。

第十一条　本专利申请权转让合同经中国专利局登记和公告后生效。

第十二条　本合同如发生争议，双方可通过协商解决；如协商不成，任何一方均可以向有管辖权的人民法院起诉。

第十三条　本合同未尽事宜，由双方友好协商解决。

第十四条　本合同正本一式两份，双方各执一份，具有同等效力。副本七份，双方各执三份，提交中国专利局一份。

第十五条　本合同于_____年_____月_____日于_____市_____路_____号签订。

转让方：_____（签章）
　　　　_____年____月____日
受让方：_____（签章）
　　　　_____年____月____日

6. 专利产品特许经营合同书

专利产品特许经营合同书❶

特　许　人：_____　　　　　（甲方）
专利权人：_____
地　　址：_____　　电话：_____传真：_____
受　许　人：_____　　　　　（乙方）
法人代表：_____　　身份证号码：_____
地　　址：_____　　电话：_____

甲乙双方为各自独立的经营者，双方之间不具有投资、代理、雇佣、承包关系，双方独立承担法律责任，自负盈亏。乙方认可甲方是_____专利系列产品，知识产权及相关的专业技术和经营模式的合法所有者。在此前提下达成如下协议：

1. 甲方特许乙方在_____省_____市_____地区_____县（区），经营专利产品，以本合同签订为标志，授权乙方在此区域内合法销售甲方的专利产品，合理使用相关技术及经营模式，合同期暂定为_____年。

2. 甲方授予乙方在此区域内，不仅有本专利产品经营权，还具有代表甲方保护市场，打击盗版、盗销的权利，除甲方因全国性系统运作而统一经营的产品涉及本区域外，任何其他方不具有该区域的本产品的特许经销权。

3. 甲方在授权期内，有义务对乙方进行业务指导，并将该区域内有愿望经营本产品的个人或企业介绍给乙方。

4. 甲方在经营期间将不断地推出新产品，以利于乙方更好地保持市场运营活力和增加销售额。

5. 乙方在签订本合同前，同意加盟甲方的连锁经营，执行甲方管理规范，一次性将现金或汇票向甲方账户支付特许加盟费人民币_____元。合同保证金人民币_____元。保证金不计息。

6. 乙方执行甲方产品的统一定价，并按定价的_____％，支付甲方的产品费，乙方的销售量，每月（季度）不低于_____元。每月（季度）在上个月的基础上增长_____％。

7. 乙应具有_____名以上办公联络人员，_____名懂得专业技术的销

---

❶ 参见百度文库相应内容，并修改完善。——作者注

售人员，_____台以上联网电脑，加盟前对业务区域内的学校、幼儿园、社会力量办学的书法写字班、书店、超市、文具店等数量和客流状况做好调查。

8. 加盟后的乙方每月_____日，向甲方通报一次真实销售及客户名单（零购消费者除外），乙方不得自行翻印产品或隐瞒销量。随时接受甲方市场督导员的经营检查和市场调查，如有违约行为甲方可单方解除合同。

9. 甲乙双方有义务互通有利于本产品销售的方式方法，各类荣誉证书及宣传品的复印件等。乙方有义务协助甲方获得最新市场信息，以利于产品研制。

10. 本合同未尽事宜可另行商议，其协议作为本合同附件具有同等法律效力，本合一式两份，双方各执一份，本合同签约地为甲方所在地。

签约人：
甲　　方：
乙　　方：
时　　间：

7. 专利权质押合同

专利权质押合同

出质人（甲方）：
通信地址：
法定代表人：

质权人（乙方）：
通信地址：
法定代表人：
签订日期：
登记日期：
质押期限：　年　月　日至　年　月　日

为确保债务的偿还，甲方愿意以其有权处分的财产作质押，乙方经审查，同意接受甲方的财产质押，甲乙双方根据有关法律规定，经协商一致，约定如下条款：

第一条　甲方以"质押财产清单"（附后）所列之财产设定质押。

第二条　甲方质押担保的贷款金额（大写）_____元，贷款期限自_____年_____月_____日至_____年_____月_____日。

第三条　甲方保证对质押物依法享有完全的所有权。

第四条　甲方应于_____年_____月_____日将质押财产在国家知识产权局登记，并同时向乙方支付管理费_____元。

第五条　质押担保的范围：贷款金额（大写）_____元及利息（包括罚息）、赔偿金、质物管理费用及实现贷款债权和质权的费用（包括诉讼费、律师费等）。

第六条　本合同项下有关的评估、鉴定、保险、管理、运输等费用均由甲方承担。

第七条　质押期间，_____方有维持专利权有效的义务，负责交纳专利年费，处理专利纠纷等事务。

第八条　甲方应负责质押财产在质押期间的财产保险。财产保险的第一受益人为乙方。保险单证由乙方代为保管。

第九条　质押期间，质押财产如发生投保范围的损失，或者因第三人的行为导致质押财产价值减少的，保险赔偿金或损害赔偿金应作为质押财产，存入乙方指定的账户。

第十条　非因乙方过错致质押财产价值减少，甲方应在_____天内向乙方提供与减少的价值相当的担保。

第十一条　质押期间，质押财产造成环境污染或造成其他损害，应由甲方独立承担责任。

第十二条　质押期间，未经乙方书面同意，甲方不得赠与、许可、转让、再质押或以其他任何方式处分本合同项下质押财产。

第十三条　质押期间，经乙方书面同意，甲方转让质押财产所得的价款应先优用于向乙方提前清偿其所担保的债权。

第十四条　履行期限届满，借款人未能清偿债务，乙方有权以质押财产折价或以拍卖、变卖、兑现质押财产所得的价款优先受偿，实现质权。

第十五条　发生下列情况之一，乙方有权提前处分质押财产实现质权、停止发放借款合同项下贷款或者提前收回借款合同项下已发放的贷款本息。

（1）甲方被宣告破产或被解散；

（2）甲方违反本合同第八条、第十条、第十二条、第十三条的约定或发生其他严重违约行为；

（3）借款期间借款人被宣告破产、被解散、擅自变更企业体制致乙方贷款债权落空、改变贷款用途、卷入或即将卷入重大的诉讼（或仲裁）程序、发生其他足以影响其偿债能力或缺乏偿债诚意的行为等情况。

第十六条　甲方因隐瞒质押财产存在共有、争议、被查封、被扣押或已设定等情况而给乙方造成经济损失的，应向乙方支付借款合同项下贷款金额_____%的违约金，违约金不足以弥补乙方损失的，甲方还应就不足部分予以赔偿。乙方有权就违约金、赔偿金直接与甲方存款账户中的资金予以抵消。

第十七条　乙方贪污处分质押财产所得的价款，按下列顺序分配：

（1）支付处分质押财产所需的费用；

（2）清偿借款人所欠乙方贷款利息；

（3）逾偿借款人所欠乙方贷款本金、违约金（包括罚息）和赔偿金等；

（4）支付其他费用。

第十八条　其他约定事项。

第十九条　因本合同发生的争议，经协商解决达不成一致意见，应当向乙方所在地人民法院提起诉讼。

第二十条　本合同应由双方法定代表人（或其授权代理人）签字并加盖公章。

第二十一条　本合同正本一式三份，甲方双方各执一份，用于登记备案一份。

甲方：（公章）　　　　　　　　乙方：（公章）
法定代表人：　　　　　　　　　法定代表人：
（或授权代理人）　　　　　　　（或授权代理人）
　　　　年　月　日　　　　　　　　　年　月　日

8. 商标使用授权协议

商标使用授权协议[1]

_____有限公司（以下简称"甲方"）

_____（以下简称"乙方"）

依据《中华人民共和国商标法》及有关法律规定，经双方在平等互利、诚实信用、友好协商的前提下，就甲方制造之"_____"产品所涉及的依法获得商标的保护达成如下协议：

第一条　甲方同意乙方在其区域内代理销售甲方"_____"系列产品时，以_____公司或经营（销）部的名义在双方约定的区域内登记注册上述名称，并经营甲方产品。

第二条　乙方确认甲方拥有_____产品及_____字号以及相关的知识产权均属甲方所有，乙方仅在授权时间及范围内使用。

第三条　双方一致同意，乙方在甲方授权期内充分维护甲方的形象、信誉，并作好产品技术保密工作，不能将产品技术披露给第三方，不能有任何损害甲方利益的情况发生。

第四条　本授权协议自双方签订正式代理合同（另行签订）及期限为起始至终止。双方同意无论因何种原因不再继续合作时，本授权随即终止。

第五条　双方同意，甲方收回商标授权时，乙方应交还宣传品（资料）相关所有证照，同时在3个月内变更企业名称，不再使用"_____"字样。在甲方收回授权后的1年内，乙方不得经营甲方竞争对手的任何产品。

第六条　乙方有下情况发生时，甲方有权随时收回授权：

（1）乙方未能专业为甲方代理产品时；

（2）将甲方的商标擅自转让给他人使用时；

（3）为甲方竞争对手销售产品或销售任何仿制产品时；

（4）有事实证明其他对甲方的利益有损害的行为产生时；

（5）代理合同期满不再续签或各种原因合作关系终止时。

第七条　本协议的变更、续签及其他未尽事宜，经双方协商签订补充协议，补充协议具有同等的效力。

第八条　本协议经甲、乙双方签字盖章生效。有效期_____年。

第九条　本协议由甲方向当地工商行政管理商标机关备案。

---

[1] 取自百度百科相关内容。——作者注

第十条　本协议在履行过程中，如发生争执，经双方友好协商，协商不成，任何一方均可向甲方所在地的人民法院提起诉讼。

第十一条　本合同一式 3 份，双方各执一份，交甲方所在地商标管理机关备案一份。

甲方：_____　　　乙方：_____
住所地：_____　　住所地：_____
法定代表人：_____　法定代表人：_____
委托代理人：_____　委托代理人：_____
电话：_____　　　电话：_____
邮编：_____　　　邮编：_____
_____年___月___日　　　_____年___月___日

9. 国际商标许可合同

国际商标许可合同[1]

本协议由_____公司（以下称为"许可方"）_____（以下称为"被许可方"）于_____年_____月_____日签订。

鉴于许可方拥有具有一定价值并经注册的商标和服务标志，且拥有并可出售其他如附文第一节所述的许可方财产，其中包括"商标"。这一商标在广播或电视中经常使用，并出现在各种促销和广告业务中，得到公众的广泛认可，在公众印象中与许可方有密切关系；

鉴于被许可方意于在制造、出售、分销产品时使用这一商标；

因此考虑到双方的保证，达成如下协议。

一、授权许可

1. 产品

根据以下规定的条款，许可方授予被许可方，被许可方接受单独使用这一商标的许可权利，且只在制造和出售、分销以下产品时使用。

（加入产品描述）

2. 地域

许可协议只在_____地区有效。被许可方同意不在其

---

[1] 取自中顾法律网。

他地区直接或间接使用或授权使用这一商标，且不在知情的情况下向有意或有可能在其他地区出售协议下产品的第三者销售该产品。

3. 期限

许可协议自＿＿＿＿日生效，如未提前终止，至＿＿＿＿日期满。若满足协议条件，本协议期限每年自动续展，直至最后一次续展终止于＿＿＿＿年12月31日。始于＿＿＿＿年12月31日，本许可协议在每一期末自动续展一年，到下一年的12月31日止，除非一方在协议到期前30天以前书面通知另一方终止协议的执行。

二、付款方式

1. 比例

被许可方同意向许可方支付其或其附属公司、子公司等出售协议产品的净销售额的＿＿＿＿%作为使用费。"净销售额"指总销售额减去数量折扣和利润，但不包括现金折扣和不可收账目折扣。在制造、出售或利用产品时的费用均不可从被许可方应支付的使用费中折扣。被许可方同意如向其他许可方支付更高的使用费或更高比例的许可使用费，将自动马上适用于本协议。

2. 最低限度使用费

被许可方同意向许可方支付最低限度使用费＿＿＿＿美元，作为对合同第一期应支付使用费的最低保证，上述最低限度使用费将在第一期的最后一次或此前支付。在协议签字时支付的预付款将不包括在内。此最低限度使用费在任何情况下都不会再归还给被许可方。

3. 定期报告

第一批协议产品装运后，被许可方应立即向许可方提供完整、精确的报告，说明被许可方在前一期售出的产品数量、概况、总销售额、详细列明的总销售额折扣、净销售额及前一期中的利润。被许可方将使用后附的，由许可方提供给其的报告样本。无论被许可方在前一期中是否销售了产品，均应向许可方提供报告。

4. 使用费支付

除上述最低使用费以外的使用费需在销售期后＿＿＿＿日交付，同时提交的还有上述要求的报告。许可方接受被许可方按协议要求提供的报告和使用费（或兑现支付使用的支票）后，如发现报告或支付中有不一致或错误，可以在任何时间提出质疑，被许可方需及时改正、支付。支付应用美元。在许可地内的应缴国内税由被许可方支付。

三、专用权

1. 除非许可证认可在协议有效期内不在协议有效区域内再授予别人销售第一节所述产品时使用这一商标，本协议不限制许可方授予其他人使用这一商标的权利。

2. 协议规定如果许可方向被许可方提出购买第一节所述产品，用于奖励、赠给或其他促销安排，被许可方有10天时间决定是否同意。如果被许可方在10天内未接受这一要求，许可方有权通过其他生产者进行奖励、赠给或其他促销安排。在这种情况下，当其他生产者的价格比许可方向被许可方支付的高时，被许可方有3天时间去满足生产者生产此种产品的要求。被许可方保证在未得到许可方书面同意前，不把协议产品与其他产品或服务一起作为奖励，不与其他作为奖励的产品或服务一起出售协议产品。

四、信誉

被许可方承认与该商标相关联的信誉的价值，确认这一商标、相关权利及与该商标相关联的信誉只属于许可方，这一商标在公众印象中有从属的含义。

五、许可方的所有权及许可方权利的保护

1. 被许可方同意在协议有效期内及其后，不质疑许可方就该商标享有的所有权和其他权利，不质疑本协议的有效性。如果许可方能及时收到索赔和诉讼的通知，许可方保护被许可方，使其不受仅由本协议所授权的商标使用引起的索赔和诉讼的损害，许可方可选择就这样的诉讼进行辩护。在未得到许可方的同意之前，不应就这样的索赔和诉讼达成解决办法。

2．被许可方同意向许可方提供必要的帮助来保护许可方就该商标拥有的权利。许可方根据自己的意愿，可以自己的名义、被许可方的名义或双方的名义针对索赔和诉讼应诉。被许可方在可知范围内将书面告知许可方就协议产品的商标的侵权和仿制行为；只有许可方有权决定是否对这样的侵权和仿制行为采取行动。若事先未得到许可方的书面同意，被许可方不应就侵权和仿制行为提出诉讼或采取任何行动。

六、被许可方提供的保证及产品责任保险

被许可方负责为自己和/或许可方就其非经授权使用协议产品商标、专利、工艺、设施思想、方法引起的索赔、诉讼或损失，就其他行为或产品瑕疵导致的索赔、诉讼或损失进行辩护，并使许可方免受损失。被许可方将自己负担费用，向一家在_____地区有经营资格的保险公司承保产品责任险，为许可方（同时也为被许可方）因产品瑕疵导致的索赔、诉讼或损失提供合理的保护。被许可方将向许可方提交以许可方为被保险人的已付款保险单，在此基础上，许可方才能同意产品出售。如果对保险单有所改动，需事先得到许可方的同意。许可方有权要求被许可方向其提供新的保险单。许可方一词包括其官员、董事、代理人、雇员、下属和附属机构，名字被许可使用的人，包装制造人，名字被许可使用的广播、电视节目制作人、节目转播台、节目主办者和其广告代理，及这些人的官员、董事、代理人和雇员。

七、商品质量

被许可方同意协议产品将符合高标准，其式样、外观和质量将能发挥其最好效益，将保护并加强商标名誉及其代表的信誉。同时协议产品的生产、出售、分销将遵守适用的联邦、州、地方法律，并不得影响许可方、其计划及商标本身的名声。为了达到这一目标，被许可方应在出售协议产品之前，免费寄给许可方一定量的产品样品，其包装纸箱、集装箱和包装材料，以取得许可方的书面同意。协议产品及其纸箱、集装箱和包装材料的质量和式样需得到许可方的同意。向许可方提交的每份产品在得到其书面同意前不能视作通过。样品按本节所述得到同意后，被许可方在未得到许可方的书面同意前不能做实质变动。而许可方除非提前60天书面通知被许可方，否则不能撤销其对样品的同意。对被许可方开始出售协议产品后，应许可方的要求，将免费向许可方提供不超过_____件的随机抽样样品及相关的纸箱、包装箱和包装材料。

八、标签

1. 被许可方同意在出售许可合同项下产品或在产品广告、促销和展示材料中将根据第一节附文中商标权第五条、第六条的规定标明"注册商标_____公司_____年"，或其他许可方要求的标志。如果产品、或其广告、促销、展示材料含有商标或服务标志，应标明注册的法律通知及申请。如果产品在市场出售时其包装纸箱、集装箱或包装材料上带有商标，在上述物品上也应标明相应标志。被许可方在使用小牌、标签、标记或其他标志时，在广告、促销和展示材料中标明商标，需事先得到许可方的同意。许可方的同意不构成此协议下许可方权利和被许可方责任的放弃。

2. 被许可方同意与许可方真诚合作，确保和维护许可方（或许可方的授与人）对商标拥有的权利。如果商标、产品、相关材料事先未注册，被许可方应许可方的要求，由许可方承担费用，以许可方的名义对版权、商标、服务标志进行恰当注册，或应许可方的要求，以被许可方自己的名义注册。但是，双方确认本协议不能视作向被许可方转让了任何与商标有关的权利、所有权和利益。双方确认除根据本许可协议，被许可方享有严格按协议使用商标的权利外，其他相关权利都由许可方保留。被许可方同意协议终止或期满时，将其已获得的或在执行协议项下行为而获得的有关商标的一切权利、权益、信誉、所有权等交回给许可方。被许可方将采取一切许可方要求的方式来完成上述行为。此种交回的权利范围只能基于本协议或双方的契约而产生。

3. 被许可方同意其对商标的使用不损害许可方的利益，而且不因为其使用该商标而取得关于商标的任何权利。

九、促销资料

1. 在任何情况下，被许可方如果期望得到本协议产品的宣传材料，那么生产该宣传材料的成本和时间由被许可方承担。所有涉及本协议商标或其复制品的宣传材料的产权应归被许可方所有，尽管该宣传材料可能由被许可方发明或使用，而许可方应有权使用或将其许可给其他方。

2. 许可方有权，但没有义务使用本协议商标或被许可方的商标，以使本协议商标、许可方或被许可方或其项目能够完满或卓越。许可方没有义务继续在电台或电视台节目中宣传本协议商标或其数字、符合或设计等。

3. 被许可方同意，在没有得到许可方的事先书面批准的情况下，不在电台或电视台作使用本协议商标的产品的宣传或广告。许可方可以自由决定同意批准或不批准。

十、分销

1. 被许可方同意将克尽勤勉，并且持续制造、分销或销售本协议产品，而且还将为此作出必要和适当的安排。

2. 被许可方在没有得到许可方的书面同意前，不得将本协议产品销售给那些以获取佣金为目的的、有可能将本协议产品当做促销赠品的，以促进其搭售活动目的的及销售方式有问题的批发商、零售商、零售店及贸易商等。

十一、会计记录

被许可方同意建立和保留所有有关本协议项下交易活动的会计账本和记录。许可方或其全权代表有权在任何合理的时间内查询该会计账本或记录及其他所有与交易有关的、在被许可方控制之下的文件和资料。许可方或其全权代表为上述目的可摘录其中的内容。应许可方的要求，被许可方应自行承担费用，将其至许可方提出要求之日止的所有销售活动情况，包括数量、规格、毛价格和净价格等以独立的、公开账本方式，向被许可方提供一份详细的会计报告申明。所有的会计账本和记录应保留至本协议终止2年之后。

十二、破产、违约等

1. 如果被许可方在达成协议后3个月内未开始生产和销售一定量的第一节所述的产品，或者3个月后的某个月未销售产品（或类产品），许可方在采取其他补偿措施以外，可书面通知被许可方因其该月未生产销售协议产品（或类产品）而终止合同。通知自许可方寄出之日起生效。

2. 如果被许可方提出破产陈诉，或被判破产，或对被许可方提起破产诉状，或被许可方无偿还能力，或被许可方为其债权人的利益而转让，或依照破产法作出安排，或被许可方停止经营，或有人接收其经营，则此许可合同自动终止。除非得到许可方书面表示的同意意见，被许可方、其接收者、代表、受托人、代理人、管理人、继承人或被转让人无权出售、利用或以任何方式经营协议产品，或相关的纸箱、集装箱、包装材料、广告、促销和陈列材料。这是必须遵守的。

3. 如果被许可方违反本协议条款下的义务，许可方在提前10天书面通知后有权终止合同，除非被许可方在10天内对其违约行为作出全部补偿，令许可方满意。

4. 根据第十二条所述条款，终止许可合同将不影响许可方对被许可方拥有的其他权利。当协议终止时，基于销售额的使用费即刻到期需马上支付，不能缺交最低限度使用费，且最低限度使用费将不返还。

十三、竞争产品

如果协议第一节所述的产品与被许可方目前、今后生产的使用该商标的产品，或其下属、附属机构生产的使用该商标的产品相矛盾，许可方有权终止协议。许可方书面通知被许可方后30天此通知生效。根据第十五条的条款，被许可方在协议终止后有60天时间来处理手中的协议产品和在接到终止协议通知前正在生产的产品。然而，如果在60天期间，对协议产品的终止有效，被许可方应缴纳的实际使用费少于当年的预付保证金，许可方将把签约当年已付的预付保证金与实际使用费之间的差额退还给被许可方。上句所述的退还条款仅适用于第十三条规定的协议终止情况，而不影响除表述相矛盾的条款外其他所有条款的适用性。

十四、最后报告

在协议期满后 60 天内，或收到终止通知的 10 天以内，或是在无需通知的协议终止情况下 10 天以内，被许可方应向许可方出具一份报告以说明手中的和正在加工中的协议产品的数量和种类。许可方有权进行实地盘存以确认存货情况和报告的准确。若被许可方拒绝许可方的核查，将失去处理存货的权利。许可方保留其拥有的其他法律权利。

十五、存货处理

协议根据第十二条的条款终止后，在被许可方已支付预付款和使用费，并已按第二条要求提供报告的情况下，如协议中无另外规定，被许可方可以在收到终止协议通知后 60 天内处理其手中的和正在加工中的协议产品。合同到期后，或因被许可方未在产品、或其包装纸箱、集装箱、包装材料和广告、促销、展示材料上加贴版权、商标和服务标志注册标签后，或因被许可方生产的产品的质量、式样不符合第七条所述许可方的要求，而导致协议终止，被许可方不得再生产、出售、处理任何协议产品。

十六、协议终止或期满的效果

协议终止或期满后，授予被许可方的一切权利即刻返还许可方。许可方可自由地向他人转让在生产、出售、分销协议产品过程中使用该商标的权利。被许可方不得再使用该商标，或直接、间接地涉及该商标。除第十五条所述的情况下，被许可方不得在制造、出售、分销其自己的产品时使用类似的商标。

十七、对许可方的补偿

1. 被许可方认识到（除另有规定外），如果其在协议生效后 3 个月内未开始生产、分销一定量的协议产品，或在协议期内未能持续地生产、分销、出售协议产品，将立即导致许可方的损失。

2. 被许可方认识到（除另有规定外），如果在协议终止或期满后，未能停止生产、出售、分销协议产品，将导致许可方不可弥补的损失，并损害后继被许可方的权利。被许可方认识到，对此没有恰当的法律补偿。被许可方同意在此情况下，许可方有权获得衡平法上的救济，对被许可方实施暂时或永久禁令，或实施其他法庭认为公正、恰当的裁决。

3. 实施这些补偿措施，不影响许可方在协议中规定享有的其他权利和补偿。

十八、无法执行协议的原因

若由于政府法规的变化，或因国家紧急状态、战争状态和其他无法控制的原因，一方无法执行协议，书面通知对方原因和希望解除协议的意愿，则被许可方将被免除协议下的义务，本协议将终止，而基于销售额的使用费将立即到期应付，最低限度使用费将不会返还。

十九、通知

除非有更改地址的书面通知，所有的通知、报告、声明及款项均应寄至协议记载的双方正式地址。邮寄日视作通知、报告等发出之日。

二十、不允许合资企业

根据本协议，双方不应组成合伙人关系或合资企业。被许可方无权要求或限制许可方的行为。

二十一、被许可方不得再行转让、许可

本协议和协议下被许可方的权利、义务，未经许可方书面同意，不得转让、抵押、再许可，不因法律的实施或被许可方的原因而受到阻碍。

许可方可以进行转让，但需向被许可方提供书面通知。

二十二、无免责

除非有双方签字的书面契约，本协议的任何条款不得被放弃或修改。本协议以外的陈述、允诺、保证、契约或许诺都不能代表双方全部的共识。任一方不行使或延误行使其协议下的权利，将不被视作对协议权利的放弃或修改。任一方可在适用法律允许的时间内采取恰当的法律程序强制行使权利。除了如第六条和第十二条的规定，被许可方和许可方以外的任何人、公司、集体（无论是否涉及该商标），都不因本协议而获得任何权利。

许可方：_____　　　　被许可方：_____
签字人：_____　　　　签字人：_____
职务：_____　　　　　职务：_____

10. 计算机软件许可证协议书

计算机软件许可证协议书[1]

_____（以下简称"许可方"）位于_____，总部设在_____，邮政编码为_____。

_____（以下简称"被许可方"），位于_____，总部设在_____，邮政编码为_____。

上述双方协商同意，特签订本协议书，以此为证。

鉴于许可方开发并拥有一个_____的计算机系统，一个_____系统的所有权，并且鉴于被许可方希望获得上述系统并在其总部加以使用，许可方愿意向被许可方提供上述系统并发给使用许可证。因此，双方同意签订本协议，协议书条文如下：

第一条　定义

本协议书所用的有关术语，特定义如下：

1.1　"协议书"是指本协议书及根据本协议书所签订的所有附件和所有修正书。

1.2　"CPU"是指某台中央处理机。

1.3　"计算机程序"是指控制 CPU 运行的任何源码或目标码指令。

1.4　"指定 CPU"是指安装于被许可方的办公室的一台_____计算机_____及其升级机。

1.5　"许可程序"是指可执行于指定 CPU 的许可信息处理程序，它由许可方的"万能"计算机软件系统中若干模块组成，该软件系统列于附件 I，它附属于本协议书并作为其一部分，所有进一步的说明均定义于附件 I。

1.6　"许可资料"是指与许可程序有关的任何资料，它由许可方所有并随同许可程序许可给被许可方使用，该资料包括附件 I 中所指明的那些文件及以书面形式特别说明的其他文件、输入形式、用户手册、接口格式及输入/输出格式，上述资料均作为保密内容或许可方的专属产权，交付被许可方使用。

1.7　"许可软件"是指许可程序和许可资料。

---

[1] 取自法邦网，并修改完善。——作者注

1.8 "被授权人员"是指被许可方的雇员和根据直接或间接与被许可方订立合同为被许可方工作的其他方的人员，其他方包括，但又不仅限于，许可方和指定 CPU 的卖主或根据本协议书由被许可方再指定可使用许可软件的 CPU 卖主。

1.9 "改进"是指许可软件的任何修订、精化或修改，或者是增加该软件的使用范围、功能或其他有用特性所进行的任何工作。

第二条 授予使用许可权

2.1 根据本协议的条款及条件，许可方同意授予，被许可方同意接受一个不可转让的非独占的使用许可，准许被授权人员在指定 CPU 上使用该许可软件，上述使用仅限于被许可方内部使用和为其子公司或附属公司提供信息服务。除上述规定外的任何第三方无权使用该许可软件或其中任何一部分。任何人无权将该许可软件或其中任何一部分向他人出售、出租、转让权利或者以其他形式进行转让或提供利用。

2.2 本协议书第 2 条所作的限制适用于将本许可软件作为其中一部分的任何软件系统，除非许可方和被许可方另外达成了书面协议。

2.3 每个将要使用许可软件的 CPU，都要求分别签订使用许可，以作为本协议书的补充。当指定 CPU（或根据补充许可而授权的 CPU）不能操作或因故不能使用，则被许可方根据本协议书而获得的指定 CPU 的使用许可或者根据补充协议而获得的任何一台 CPU 的补充许可均可转移到一台备份 CPU 上，但被许可方必须尽最大努力尽可能迅速地克服这种情况。

2.4 被许可方可以预先征得许可方的书面批准，为该许可软件重新指定另一台 CPU，对此，许可方不得无故拒绝。重新指定 CPU 不另外再收费。

第三条 许可方提供的服务

3.1 许可程序和许可资料：许可方将以源码和目标码两种形式向被许可方提供各一份许可程序，并提供不少于两份的许可资料。

3.2 安装、初级培训及调整：许可方应根据附件二向被许可方提供安装和初级培训。如果需要的话还应提供初始调整服务，附件二附属于本协议书并作为其一部分。为此目的，被许可方应在正常上班时间向许可方提供使用指定 CPU 的合理机时。

3.3 附加培训：除了附件二第 B 节规定的最大培训时间外，如果被许可方以书面形式向许可方提出附加的培训要求，许可方应按被许可方的要求尽最大努力及时地提供这种培训服务，培训地点可设在指定 CPU 的所在地或双方可接受的其他适当地方。

3.4 交付：本协议生效后，双方应就上述所规定的提供许可软件和许可资料以及许可方提供的各种服务进行协商，并作出双方都一致同意的安排。

3.5 其他顾问性服务

3.5.1 除了根据上述第3.2款、第3.3款及附件二A.1段所规定的培训服务外，根据被许可方的书面要求，许可方还应该向被许可方提供有关许可软件的顾问性服务。

3.5.2 在开始提供任何附加服务之前，许可方应与被许可方共同制定一个满足许可软件要求和（或）其他特殊服务要求的附加的许可软件调整清单。

3.5.3 被许可方应指明这些附加服务的优先次序及何时要利用这些服务。

3.5.4 此后，许可方应向被许可方报告上述服务的各项收费并根据这些收费估算出总体开支，同时，它还必须确认上述时间安排是否可以接受。

3.5.5 在收到被许可方对上述收费及时间安排被接受的书面答复之前，许可方将不着手进行这种服务工作。

3.6 维护

3.6.1 在可应用的许可软件安装完备之日起6个月的初始期，许可方将改正许可软件中的错误和（或）故障，如果在此期间许可方还开发出该许可软件的更新版本，则将提供给许可方。维护服务的时间从星期一至星期五，北京时间_____到_____，但国家节日除外。

3.6.2 在上述6个月时间之后，许可方还将继续向被许可方提供同样水准的维护许可软件的服务，但被许可人必须按第5.2款的规定支付服务费。在3.6.1项规定的初始期届满前，被许可方可以书面的形式通知许可方，在初始期届满后将不再需要许可方的上述维护服务。在初始期之后，被许可方可以提前60天以书面形式通知许可方，终止许可方提供的维护服务，在上述情况下，被许可方预先付给许可方的维护费，因终止服务而未能履行那部分服务，许可方将不再返还其剩余的费用。

3.6.3 任何时候，当被许可方拖欠许可方的维护费时，许可方将停止向被许可方提供上述维护服务。无论因何种原因而中止维护服务，均不影响本协议书的其他部分。

第四条 期限、试用期、终止、终止前的权利及义务

4.1 本协议书从最后一个签字的日期起生效。从许可程序在指定CPU上最后安装完备起，开始计算本协议书所规定的许可期并永久有效，除非根据本条如下的规定而发生终止。

4.2 从许可程序最后安装完备次日起的90天为试用期。在试用期内，被许可方将决定是否终止许可软件的使用许可，同时还相应地决定是否全部或部分地终止本协议书。如果没有发生上述终止，则在此后的任何时间，在向许可方发出书面通知后的60天，被许可方将有权终止本协议和由此发放给被许可方的使用许可。

4.2.1 在试用期内，被许可方如果决定终止本协议书和许可软件的使用许可，则它应以挂号信的方式向许可方发出书面通知，挂号信上的邮戳日期应不尽于试用期的最后一天。

4.2.2 对上述的终止，除了被许可方必须返还该许可软件并根据本协议书第6条对该软件不加泄露外，许可方和被许可方均不再承担任何责任。

4.3 如果被许可方违反了本协议所规定的任何义务，则许可方除了采取任何可采取的补救措施之外，如果认为有必要，它还可以终止本协议书中许可给被许可方的所有权利，只要它以书面形式提前2个月通知对方，说明其违反的有关规定。除非在此通知规定的期间同被许可方就上述违约行为提供了许可方认为是满意的补救，如果补救期限要求多于2个月，则被许可方必须在此期间开始并不断努力改正其违约行为。

4.4 本款受约于4.5款。本协议发生上述终止后，许可方不承担任何义务返还被许可方根据本协议所支付的费用。被许可方该支付的款项应立即支付，并且，在终止之后30天内，被许可方应将提供给它或由它改作的与许可软件有关的所有文件交给许可方，同时，被许可方应列出置于任何存储器和记入任何介质中的所有未用的许可软件。被许可方可以保留一份许可软件拷贝，但是，它只能用于存档的目的。在正常的时间，许可方应获得合理的机会来了解该软件的情况，以证实被许可方是否遵守上述义务。

4.5 一旦当事人就被许可方实际是否违反本协议产生争议，在该争议获得最后的司法决定而不再提出上诉之前，将不应要求被许可方放弃对该软件或其任何一部分的控制权。

第五条 费用及支付

5.1 由于许可方向被许可方授予使用许可，提供该许可软件，以及根据上述第3.2款和第3.3款提供有关的服务，作为报酬，被许可方应向许可方支付如下费用：

5.1.1 一次总付费为若干美元；

5.1.2 若许可方提供的培训费超过_____人小时，则对超过部分将按每个许可方的专家每小时若干美元支付服务费；

5.1.3 对于许可方依上述第3.5款提供的附加咨询服务，服务费用由双方另行商定的小时费计算。

5.1.4 对于许可方依本协议第3条提供的服务，被许可方要合理地负担许可方人员除零花钱外的其他实际费用，其中包括服务人员从原工作地到被许可方工作所在地的机票（二等票）、食宿及地方交通费，同时，被许可方还应负责预定必要的机票及旅馆客房。

5.2 从许可程序在指定CPU安装后第7个月开始，被许可方还应向许可方支付每月为上述第5.1.1项所述许可费的一定百分比的维护费。

5.2.1 若被许可方终止许可方的某些维护服务，则月维护费也应相应降低。

5.2.2 当被许可方依第3.6款规定终止所有维护服务，则不再支付终止后的维护费。

5.3 上述第5.1.1项所规定的费用按下列期限支付：

a）在许可软件按要求安装完备后20天内，应向许可方支付一定数额的美元。

b）在试用期结束后的第一个工作日，应向许可方支付剩余部分的美元。如果在试用期结束之前，被许可方依上述第4.2款规定通知许可方，它决定终止本协议，则许可方应按比例返还被许可方已支付的部分费用，返还比例按该通知发出后试用期所剩天数计算。

5.4 对于依第5.1.2项和第5.1.3项所规定的人时费和依第5.1.4项所规定的差旅费，当被许可方收到许可方的清单后30天内应立即支付，清单要附上人时费恰当的时间表和差旅费开支证明文件。

5.5 如果在最初6个月期限结束后，被许可方不提出终止维护服务，则在第7个月的头20天内，被许可方应提前向许可方支付半年的月维护费，此后，只要被许可方不提出终止该维护服务，则每6个月就要付费一次。

5.6 如果被许可方依第2.3款规定准备获得一个或多个补充许可，以便将该许可软件用于另外的CPU，则有关的许可费和维护费的数量、支付时间和支付方式将另行商定，但无论如何，上述许可费将不会超过原来将该许可软件用于指定 CPU 上的许可费，维护费也不会超过用于原指定 CPU 上的维护费。

5.7 该付而又未按期支付的费用应按一般做法支付 1% 自然增长率的利息，其为_____银行公布的基本利率，日期计算从应付之日起或从在此之前的最后一个银行工作日起。

5.8 被许可方将补偿许可方的所有税收，其中包括个人财产税（但不包括基于许可方纯收入或总收入的专营税或者是州和地方特许权税）和由于许可方的疏忽或未能设法减税而招致的各种收费，同时也包括任何政府机关由于本协议书而征收的各种费用。依该许可软件所在州或执行报务所在州的不同，销售及使用税将按州分开提供有关文件或列表。被许可方对由此而产生的任何税收及各种收费有权提出异议。

第六条　保护与保密

6.1　许可方在此申明，该许可软件是许可方投入大量资金开发的，它包含了若干专有的公式、计算及商业秘密，它一般地也就成为许可方的专有产品。相应地，被许可方同意，没有得到许可方书面明确准许，将不实施以下行为：

a）除被授权人员外，将许可软件全部或部分地向他人提供或以其他形式供他人利用；

b）除一份备用许可程序和若干份供被许可方人员获准接受培训及获准使用许可软件所必需的许可资料外，制作、指使制作或许可制作该许可软件的拷贝；

c）除准于使用该软件而需向其揭示的被授权人员外，向其他人泄露或允许这种泄露。

上述这些限制将适用于包含有许可软件的任何软件系统，尽管这样的系统可能包含有属于被许可方产权的软件。

6.2　如果被许可方决定终止本协议有其许可软件的使用权，则被许可方应将该许可程序从指定 CPU 中卸出，并随同提供给被许可方的或由被许可方复制的所有拷贝原原本本返还许可方。

6.3　第 6 条中各款的规定不适用于公有领域中的信息、当许可方向被许可方进行揭示时被许可方通过正常方式已经掌握的信息、或者被许可方以正当的方式，从第三方直接或间接获得信息，该信息是由第三方独立开发并有权向被许可方揭示，此种揭示并不直接或间接违反向许可方承担的保密义务，同样，第 6 条各款的规定也不适用于这样的信息，即由被许可方接受了该信息之后，该信息成为公有领域中的信息，但不是因为被许可方的过失所致。

6.4 由被许可方复制的所有许可软件的所有拷贝和其介质包含有许可软件程序或其任何部分的所有拷贝，都应该按照许可方提供的说明附上如下提示，在无法登载这种提示的场合，也应在适当的地方以适当的形式注明其内容。"版权所有1987，'拥有'计算机股份有限公司根据美国版权法，本资料为未出版的作品。在本资料中还包含有属于'拥有'计算机股份有限公司商业秘密的某些思想和概念。未经许可对本资料进行复制或以其他方式加以揭示必将受到严厉处罚。"

6.5 第6条的各项规定不因本协议的终止而终止，当向被许可人发放的使用许可全部或部分终止并依第6.2款规定返还有关资料后6年内，本条的各项规定将继续有效。

第七条 改进的权利

服从或代表被许可方的利益并由其投资，由被授权的人员单独进行的或与其他被授权的人员共同进行的任何改进，其成果将属于被许可方，但是：

a) 如果这种改进包含有许可方的信息，而对其揭示或使用在未经许可方批准的情况下将会导致许可方对这种信息的权利的丧失或受到侵害，则除被授权人员外，将这种改进向任何人进行揭示及提供使用应得到许可方与被许可方共同同意；

b) 如果被许可方所进行的这种改进涉及许可软件，则许可方将有对该改进进行再发展的非独占权，以及将其产品投放市场或许可给第三方的优先取舍权。

第八条 性能保证

许可方保证该许可软件安装到指定CPU上将符合许可方出版的说明书的指标。但是，除许可方的雇用承包人和代理人之外，如果其他任何人对该软件作任何方式的修改，其中包括，但又不限于对该许可软件进行改制，本性能保证将无效。

第九条 责任限制

9.1 本协议书上的明示担保是许可方就该许可软件所作的唯一担保，它将取代其他明示或默示的担保，其他的担保包括，但又不限于销售性及适应特别目的的担保。

9.2 除本协议第10条所规定者外，被许可方就许可方提供的许可软件及服务，由于对方违反担保，疏忽或违背其他责任所造成的损害或损失，其所能获得的全部而唯一的补偿是维修或用一个功能相当的系统取代许可软件，或者是索回原先被许可方为该许可软件或服务而支付的而又有问题的那部分费用，上述补偿办法的选择权在于许可方。如果由于该许可软件的某部分出错，许可方决定返还费用，则被许可方在提前 30 天以书面形式通知对方后，有权终止本协定，并根据第 5.1.1 项的规定索回原来支付的许可费。

9.3 如果没有其他原因，只是由于许可方根据协议书在向被许可方提供信息、资料或服务时严重的疏忽大意或有意出错，则许可方将就任何性质的间接的、特别的或后果性的损害向被许可方或其他任何人承担责任，它包括，但又不限于，良好旨意的丧失、工作中断、计算机失效、利益丧失、其他人由此向被许可方提出的主张或要求、故障造成的损失、其他方面的所有商业损害或损失。无论在什么情况下，许可方将依本协议向被许可方承担责任，不管它是否超过被许可方向许可方支付的使用费。但违反下面第 10 条规定的担保则不在此列。

9.4 如果没有其他原因，只是由于被许可方严重的疏忽大意或有意出错而造成许可软件的揭示或未经授权的利用，而它又不属于被许可方依本协议第 6.1 款所承担的不揭示义务的例外，则被许可方将承担许可方任何性质的间接的、特别的或后果性的损害。无论在什么情况下，被许可方将向许可方承担由于许可软件的上述揭示和未经授权而使用所产生的责任，而不管其是否超过第 5.1.1 项所规定的该许可软件的使用许可费。

第十条 原创性担保

10.1 许可方担保，许可软件不侵犯任何第三方的版权、专利权或商标权，同时也不违犯任何第三方的信息专有权。

10.2 当有人就被许可方在本协议许可的范围内使用该许可软件或是任何一部分向被许可方提起诉讼，指控其侵犯在_____国的版权、商业秘密权或专利权，许可方将以自己的费用应诉。

10.3 他人向被许可人提起的诉讼直接归因于上述权利要求时，许可方将支付被许可方的任何有关的开支、损失和最后判归被许可方的诉讼处理费及律师费，倘若：

a) 被许可方以书面形式迅速地将该权利要求通知许可方；

b) 被许可方给予许可方全面完整的授权、信息及帮助以对该权利要求进行应诉；

c）许可方对该权利要求进行应诉以及对此案了结或和解的谈判均拥有全面的控制权。

10.4 如果该许可软件成为或依许可方的判断很可能要成为侵犯他人在权利要求中所称的版权、商业秘密权或专利权时，许可方有权采取措施以使被许可方得以继续使用该许可软件或者其替代或修改软件，在使用替代或修改软件时，许可方保证其功能相等且不侵权。

10.5 不论本协议书有什么样的条款，许可方对下列情况所提出的侵犯版权、商业秘密权及专利权将不承担任何责任：

a）当最新版本的许可软件免费不加改变地向被许可方提供利用，而使用这种最新版本的软件又能避免上述侵权，但被许可方还采用其他版本；

b）本协议的许可软件的程序或数据是经过认真研究才提供使用的，但被许可方将该许可软件与其他的程序或数据一起使用，如果不将该许可软件与上述其他程序或数据一起使用就可避免上述侵权，但被许可方没有这样做；

c）在指定 CPU 操作系统之外使用许可软件。

第十一条 其他

11.1 被许可方同意在所有的提到该许可软件或许可方的文字出版物上都附上产品名称及短语。本许可软件是许可方专有的软件产品。

11.2 本协议书的标题仅作为参考，它不影响本协议书的含义及其解释。

11.3 本协议书所要求的所有通知，支付或其他方面的通讯均要求以书面形式，如果是当面递交，则实际收到时才视为交付。通知书采用邮寄时应使用挂号方式或保证递送的方式，邮件必须付足邮费，地址按本协议书第一段所写，但任何一方只要以书面形式通知对方，它可随时修改其通信地址。

11.4 本协议书没有任何条款或表述可被视为放弃权利，也没有任何违约被同意可免除责任，除非有上述权利的一方以书面的形式签字确认这种放弃或同意。任何一方不论以明示或暗示的方式同意或放弃追究对方的违约责任决不意味同意、放弃或免除对方在其他方面或后续的违约责任。

11.5 在本协议书生效后 3 年之内，任何一方在提前征得受影响的对方的书面同意之前，都不得雇用或企图雇用另一方的雇员，也不得裁减或企图裁减其雇员到其他单位去。

11.6 经双方签字的本协议书及其附件构成所涉及事项的一个完整协议，它将取代以前双方就所涉及事项作出的口头或书面的协议或许诺。本协议书的任何修改都必须以书面形式进行，并经本协议书双方授权的代表正式签字才能生效。

第十二条 本协议书受_____法律管辖。如果本协议书的任何条款被主管法院的法官判为违法，则该条款应被删除或修改成有效的，只要这种删除或修改与双方在本协议中的一般目的明显是一致的话，上述不论哪种情况，本协议书的其他条款仍然有效。

许可方（盖章）：_____　　被许可方（盖章）：_____
代表人（签字）：_____　　代表人（签字）：_____
职务：_____　　　　　　　职务：_____
_____年_____月_____日　　　　_____年_____月_____日
签订地点：_____　　　　　签订地点：_____

（四）权利保护方面的制度及合同

1. 知识产权应急方案

知识产权应急方案

一、公司发现专利侵权

（一）准备工作

1. 知识产权管理部组织聘请对本行业比较熟悉、经验丰富的专利律师。

2. 由专利律师、知识产权主管领导、知识产权管理部和专利发明人组成应急小组。

（二）确认公司专利权是否有效、专利权是否成立

1. 应急小组认真比对分析对方技术与自己的专利技术，看对方的技术特征是否确实落入自己专利的保护范围内，确定专利侵权是否成立。

2. 专利律师对公司专利的专利性进行分析：

a) 对于发明专利，检查年费是否缴纳，专利是否有效；

b) 对于发明新型，分析其新颖性、创造性、实用性。

在应急小组确认公司的专利权有效、专利侵权成立后，着手下一步工作。

(三) 收集证据

1. 知识产权管理部提交公司享有专利权的证据，包括专利证书、专利申请文件等。

2. 知识产权管理部收集侵权者情况，包括侵权者确切的名称、地址、企业性质、注册资金、人员数目、经营范围等情况。

3. 知识产权管理部组织市场部等相关部门收集侵权事实的证据。包括有侵权物品的实物、照片、产品目录、销售发票、购销合同等。

4. 专利律师、知识产权管理部组织财务部、投资部等收集损害赔偿的证据。赔偿金额由知识产权主管在咨询专利律师后确定。一般包括以下三种：

a) 要求赔偿的金额可以是本公司所受的损失，证据证明因对方的侵权行为，自己专利产品的销售量减少，或销售价格降低，以及其他多付出的费用或少收入的费用等损失；

b) 或者是侵权者因侵权行为所得的利润，证据主要是侵权者的销售量、销售时间、销售价格、销售成本及销售利润等；

c) 还可以是不低于专利权人与第三人的专利实施许可中的专利许可费。由知识产权管理部提供已经生效履行的与第三人的专利许可合同。

(四) 向对方发出警告函，要求对方停止侵权行为。

警告函的寄送方式应以能够获得寄送凭证的目的为准。警告函中包括以下内容：

a) 明确专利权人的身份，包括权利来源：是申请获得授权，还是转让获得授权，或者是经专利权人许可等情况。

b) 专利的具体情况，包括：专利的名称、类型、获得权利的时间，专利的效力，专利权利的内容，公告授权的专利文件（包括专利证书、权利要求书、说明书、附图）。

c) 如果是实用新型，还包括国务院专利行政部门出具的检索报告，以及公司自行检索后的结论。

d) 被警告人侵权行为的具体情况（如制造，或销售，或许诺销售，或使用），包括产品的名称、型号、价格等。

e) 将被指控的产品的技术特征予以简要归纳，并与专利权利要求进行比对，以明确被控产品落入了专利保护范围。

f) 告知被警告人必须立即停止侵犯专利权的行为，并阐明被警告人所将要承担的法律责任，以及所依据的专利法及其实施细则的具体条款、相关司法解释的条款等。

（五）对法院申请"临时禁止令"

经咨询专利律师，如有证据证明侵权人正在实施侵犯公司专利权的行为，并且如不及时制止将会使其合法权益受到难以弥补的损害的，则在起诉前向法院申请"临时禁止令"责令停止有关施害行为。

申请"临时禁止令"需要准备的材料除了公司享有专利权和侵权事实的证明，还需要提供一份详细、专业的技术分析报告或者由技术鉴定部门出具的专家意见书以及财产担保的证明材料。此外，应急小组需要对侵权人正在实施的侵权行为向法院作出说明，以便法院确信如不采取有关措施将给其合法权益造成难以弥补的损害。

（六）应急小组出面与侵权人沟通协商，看能否和解；如要求侵权人签订专利实施许可合同或专利转让合同。如和解不成，将采用行政处理或诉讼来解决纠纷。

（七）选择解决方式

1. 由应急小组会同财务部，商讨选择交专利管理机关处理或通过法院诉讼解决，必要时可向司法部门报案。

2. 权衡应诉包括：诉讼金额、诉讼成功率、赔偿金额是否能挽回公司损失等。

3. 如果选择民事诉讼，知识产权管理部应积极配合专利律师的工作。

4. 不管采用哪种方式，应急小组都要积极准备所需的材料。

二、公司遇到专利侵权指控

由知识产权管理部核实警告信或起诉状的内容，确认所谓的侵权行为是否发生、是否为公司所为。如果是本公司所为，则作好以下工作：

（一）准备工作

1. 知识产权管理部组织聘请本业经验丰富的专利律师。

2. 由专利律师、公司知识产权主管领导、知识产权管理部和专利发明人组成应急小组。

（二）分析该专利侵权是否成立

1. 公司知识产权主管领导组织知识产权管理部调查对方证据能否证明本公司确已生产了专利产品或使用了专利方法。

2. 技术中心调阅侵权涉及的专利文件，确定该专利的保护范围。

3. 技术中心核实公司的产品或方法, 是否具备专利独立权利要求的全部技术特征, 或在某些特征不同的情况下, 它们之间是否构成等同; 如产品或方法缺少一个或一个以上的独立权利要求中的技术特征, 或尽管不缺少, 但其中一个或以上特征不构成等同, 则侵权不成立;

4. 如果公司的行为是为生产经营目的使用或销售不知道是未经专利权人许可而制造并售出的专利产品或依照专利方法直接获得的产品, 能证明其产品合法来源的, 不承担赔偿责任, 停止侵权行为即可。

如本公司的产品或方法确已构成侵权, 则还可进一步对该专利权的有效性进行分析。

(三) 分析该专利是否有效

1. 知识产权管理部调查涉案的专利权是否仍在保护期内, 专利权人是否缴纳了年费。

2. 由专利律师调查专利是否缺乏新颖性、创造性。

3. 如果根据以上检索结果分析, 认为有可能宣告该专利无效, 则公司应抓紧时间, 在答辩期内, 向国家知识产权局复审委员会提出宣告该专利无效请求。同时, 将宣告专利无效请求书复印件提交法院, 请求法院裁定中止诉讼程序。

(四) 积极采取和解措施

如果该专利权无法宣告无效, 公司应及时停止侵权, 并由应急小组积极争取与专利权人达成和解协议, 减少损失。

(五) 据理力争, 应对诉讼。

如果我公司与对方在赔偿数额上无法达成一致时, 就应作好应诉的准备。公司需尽量收集对自己有利的证据和法律依据来支持自己的主张。

三、公司发现商标侵权

1. 公司办组织聘请有专业经验的商标律师。

2. 知识产权主管组织知识产权管理部、商标律师商议应对策略。

3. 为实现保护利益的最大化, 策略可以是要求行政机关查处, 或者向人民法院提起侵权诉讼, 或者两条路并用。

4. 商标律师提出咨询意见后, 由知识产权管理部提出, 公司知识产权主管领导审批应对策略。

5. 如果选择向工商机关投诉侵权行为, 可以向工商机关请求调解。如果调解不成, 公司办依照《中华人民共和国民事诉讼法》向人民法院起诉。

6. 由财务部组织对商标和对方侵权损失进行评估，作为确定侵犯商标专用权的赔偿数额的依据。

四、公司遭到商标侵权指控

1. 知识产权管理部调查对方的商标注册情况，如是否为注册商标、是否为驰名商标、是否正在申请注册中的商标。

2. 市场部认真核对本公司使用商标以及销售商品使用商标的情况，包括商标标识、商品或服务、许可他人使用的情况。

3. 知识产权管理部及时委托有专业经验的律师或商标代理人处理或向市、区工商部门咨询有关问题，获得专业的意见和建议，并根据专业人士的意见作出具体的处理措施。由公司知识产权主管领导审阅，总经理批准。

4. 如果不构成侵权，应当充分地主张自己的权利，作到正确应对对方可能采取的行动。

5. 如果构成侵权可能性较大，先停止使用该涉嫌商标侵权的商标或撤下涉嫌侵权的商品，并作好相关的记录，努力通过合理的方式与对方友好协商解决问题。

6. 如协商不成，立即聘请商标律师或商标代理人准备应对对方的下一步措施。

五、公司发现商业秘密受到侵害

公司的商业秘密被侵犯，则视不同情况，分别向不同部门寻求救济。

（一）与公司签订《劳动合同》的职工，期限未满，擅自跳槽，带走企业商业秘密，侵犯企业利益的，企业可依据《中华人民共和国企业劳动争议处理条例》向当地劳动争议仲裁委员会申请仲裁。对仲裁裁决不服的，可以在15日内向人民法院起诉。

（二）如果公司预计损失不会太大，对公司商誉不会有影响，公司可以与侵害人进行协商，要求其停止侵害并作适当赔偿，以维护自身的正当权益。

（三）公司的商业秘密被侵符合《反不正当竞争法》规定情形的，可以向县级以上工商行政管理部门投诉，并提供商业秘密及侵权行为的有关证据。

（四）直接向人民法院起诉。如果公司的损失非常大，公司应组织聘请专业律师，确定赔偿金额，直接向人民法院提起诉讼。

2. 商业秘密管理办法

××公司商业秘密管理办法

第一章 总则

第一条 为维护本公司的合法权益，增强企业核心竞争力，合理使用、有效管理本公司的商业秘密，以及防止企业员工和社会第三人违法窃取、使用和泄露企业商业秘密的行为，根据我国《民法通则》《反不正当竞争法》《劳动法》《合同法》等法律法规的规定，制定本规定。

第二条 本规定适用于本公司商业秘密的管理工作。

第三条 商业秘密的管理，实行积极防范、突出重点，既确保商业秘密得到保护，又便于各项工作正常开展的方针。

第二章 商业秘密保护的责任和义务

第四条 本公司各分支机构、各部门负责人为商业秘密保护的第一责任人，负责确定和修改该分支机构、该部门商业秘密的事项和范围，并实施有效的管理。各部门应加强对员工的保密教育，充分利用报刊、广播、会议、培训、教育等形式，大力宣传商业秘密保护的意义、作用，增强全员的保密意识。

第五条 各部门至少确定一名专（兼）职保密员，负责对涉密事项进行登记、管理，对各项保密措施的落实情况进行督查。

第六条 人力资源部在新员工入职培训时，将商业秘密的管理纳入培训内容；新员工到部门报到后，相关负责人需详细说明本部门及本岗位的商业秘密内容及管理制度。

第七条 知识产权管理部为公司保密管理工作职能部门，负责保密工作的计划、实施、检查、管理，组织有关人员对窃密、泄密、失密案件进行调查和处理。

第八条 全体员工对本职工作范围内所掌握的商业秘密，均负有保密的责任和义务。

（一）不得刺探与本职工作或本身业务无关的商业秘密；

（二）不得向不承担保密义务的任何第三人披露公司的商业秘密；

（三）未经公司授权和许可不得出借、赠与、出租、转让甲方商业秘密或协助不承担保密义务的任何第三人使用甲方的商业秘密；

（四）如发现商业秘密泄露或者自己过失泄露商业秘密，应当采取有效措施防止泄密进一步扩大，并及时向公司报告。

第三章 商业秘密的内容

第九条 商业秘密是指不为公众所知悉，能为权利人带来经济利益，具有实用性并经权利人采取保密措施的技术信息和经营信息。

第十条 商业秘密包括但不限于以下内容：技术秘密、经营秘密、管理秘密、公司依照法律规定和有关协议的约定对外应承担保密义务的事项（如在缔约过程中知悉的对方当事人的秘密及技术合同等）。

（一）技术秘密：

1. 工艺技术资料：所有产品的工艺流程图、工艺操作规程、产品技术标准、新产品鉴定资料、试验结果和试验记录、技术总结、技术通知等；

2. 工程技术资料：所有产品的非标生产设备资料、工程设计（包括图纸及草图）、电器（仪表）设计等；

3. 生产技术资料：所有产品的生产配方、产品的制造方法、生产过程的检验、试验及最终检验、试验方法、生产过程中的原始质量记录。

（二）经营秘密：

1. 销售信息资料：公司经营决策、营销计划、定价策略、销售网络、客户信息、商业函电（包括电子邮件）、合同订单等；

2. 采购信息资料：主要供应商信息、进价策略、采购渠道、主要原材料指标等；

3. 财务信息资料：银行存款核算、往来核算、成本核算、存货核算、长期投资核算、工资核算、销售核算、所有者权益核算、外部会计报告、内部会计报告。

（三）管理秘密：

1. 公司资本运作信息资料：项目投资策略及方案、股权调整方案等；

2. 人力资源信息资料：公司人力资源计划、人力资源结构、薪酬方案、员工档案等信息资料；

3. 企业管理信息资料：公司整合体系内部审核、管理评审的结果；公司内部考核体系的方案、核算过程、核算方法、核算结果；

4. 档案信息资料：公司档案室的各类信息资料；

5. 电子信息资料：公司 ERP 信息资料、服务器备份数据资料、各部门电子档案、电子邮件等。

第四章 密级管理

第十一条 公司商业秘密按重要程度划分为"绝密级""机密级""秘密级"。

"绝密级"：是最重要的商业秘密，泄露会使公司的安全和根本利益遭受特别严重的损害；包括：所有产品的技术总结报告、技术配方、工艺卡片、技术通知、原材料和产品的编码方法、工程设计；经营决策、营销规划、市场调查和预测报告、促销方案、定价策略、商业函电；成本核算、销售核算、内部会计报告与分析；项目投资策略及方案、股权调整方案、董事会会议记录及相关决议；人力资源发展计划、薪酬方案、中高级职员的全部资料、兼职和聘用人员的合同协议、内部各考核体系考核资料。

"机密级"：是重要的商业秘密，泄露会使公司的安全和利益遭受严重的损害；包括：所有产品的工艺流程图、工艺操作规程、生产过程的质量记录；经营战略、销售政策、营销计划、销售网络、销售渠道、客户档案、合同订单、营销管理制度、工作总结；采购渠道、进价策略、主要原材料技术指标；银行存款核算、往来核算、存货核算、所有者权益核算；人员调配方案、人员结构、员工录取过程。

"秘密级"：是一般的商业秘密，泄露会使公司的安全和利益遭受损害；主要包括：一般的非标设备资料、整合体系手册、程序文件、内部审核、管理评审报告、长期投资核算、外部会计报告、档案室普通文件、员工薪资表等。

第十二条　对机密级以上商业秘密实行标识控制，加盖"绝密""机密"印章。在特殊情况下未进行标识的有关资料、文件仍然为商业秘密。

第十三条　商业秘密的密级及标识，由各部门依据本规定随时进行确定并标明保密级别。商业秘密在确定密级前，各部门应当按照拟定的密级，先行采取保密措施。

第十四条　各单位根据需要对商业秘密文件资料等载体进行密级变更和解密，应及时向知识产权管理部申报，经公司相关会议审查同意后，方可进行调整，知识产权管理部作好相应的记录。

第十五条　根据保密需要，对关键数据和软件等计算机信息采取加密或其他安全防范措施，防止泄密。

第十六条　未经部门负责人批准，不得对机密级以上商业秘密进行复印或复制。得到许可复印或复制后，复印件或复制件与原件的密级相同。因工作需要使用机密级以上商业秘密资料及载体，应向部门负责人提出申请，部门负责人通知保密员对商业秘密及其复印件、复制件使用情况进行登记、记录。

第十七条　商业秘密资料及载体的销毁由部门领导提出，经知识产权管理部审核，报总经理批准后实施，有关部门作好记录。

第五章　商业秘密的确定和申报

第十八条　各部门在每年 6 月、12 月初确认、修改本单位涉及的商业秘密事项，依据各单位报送备案的商业秘密事项汇总编制《公司商业秘密一览表》，并上报总经理批准。《公司商业秘密一览表》报送公司高管人员，而将各部门涉及的商业秘密以《部门商业秘密一览表》的形式单独发放。

第十九条　各部门每季度至少召开一次保密工作例会，对涉及的商业秘密进行确认，对保密工作进行总结。当保密工作中出现新情况，各部门应当随时召开临时会议进行确认，必要时通知职能部门参加。

第二十条　公司实行保密信息报告制度。

员工因工作需要，需要将保密信息向第三人披露或者由第三人使用的，应当事先得到部门负责人的许可，保密员作好登记。

员工在执行业务过程中产生保密信息、职务成果的，应立即向本部门保密员或部门负责人报告。

员工在执行业务过程中，取得或将要取得其他企业的保密信息，应在事前或事后向本部门保密员报告。

第二十一条　各部门经办人员或项目负责人，在经办事项或项目结束后应立即将有关资料交本部门负责人审核，并归入本部门档案管理。各部门保密员须定期将本部门档案资料交公司办档案室统一管理。因工作需要，由员工个人保管的秘密载体，需征得部门负责人同意，保密员作好登记，保管人应严格履行保密职责。

员工发生内部调动，须向原部门返还一切商业秘密资料及载体，保密员注销登记。

员工离开公司时，个人保管的一切商业秘密资料及载体，应该全部返还公司，并须在本单位保密员监督下办理移交手续，未按此规定办理移交手续的，公司有权拒绝为其办理离开本部门或本公司的各种手续和出示有关证明。

第六章　商业秘密的使用权限

第二十二条　总经理级以上领导：有权了解全公司的技术、经营、管理各级秘密，并负保密责任。

第二十三条　副总经理级：有权了解分管工作的商业秘密和公司机密级以下秘密，如因工作需要了解绝密级商业秘密，需经总经理批准，并负保密责任。

第二十四条　部门负责人级：有权了解本部门范围内的商业秘密和公司一般级商业秘密，如因工作需要了解其他部门机密级商业秘密需经该部门负责人批准，绝密级商业秘密需经总经理批准，并负保密责任。

第二十五条　项目负责人、各部门经办人员有权了解本职工作范围内的商业秘密，如因工作需要了解本部门其他机密级商业秘密，需经本部门负责人批准；需要了解其他部门机密级商业秘密，需经本部门和其他部门负责人批准，绝密级商业秘密需经总经理批准，并负保密责任。

第二十六条　全体员工对本职工作范围内所掌握的商业秘密，均有保密的责任和义务。

第七章　保密条款的约定

第二十七条　员工与公司签订劳动合同的同时，须与公司签订《商业秘密保护协议》，对掌握机密级以上商业秘密的人员在其签订的保密协议中，须明确竞业限制条款。部门负责人以上管理人员和对企业的竞争优势构成重要影响的关键技术人员和管理人员，在任职期间须与公司签订《竞业限制协议》。

第二十八条　员工无论以任何原因离开本企业，在与企业结束劳动关系后，仍然对企业重要的商业秘密承担保密义务，直至该秘密完全公开。

第八章　外来人员的管理

第二十九条　安保部门应加强人员进出的控制，并针对不同的对象，实行"回执卡"管理。"回执卡"上应注明来访人员的出入时间，如到下班时间尚有未离公司的来访人员，接待部门须主动向安保部门说明。一般情况下，未经预约说明或副总经理级以上领导批准，下班时间严禁外人进入公司。对来访者一律实行统一集中接待。有业务关系的来访人员，由门卫通知对口接待部门或个人接待，进入生产区须办理"进入生产区许可证"手续，并由专人陪同。进入涉密区域，须征得部门保密员或负责人同意。无业务关系的外来人员，不得进入厂区，接待人员在传达室会客。

第三十条　物资运出公司，实行物资出门证制度。凡运出物资，门卫需严格检查，任何物资出厂均需出具有权人员批准的出门证。

第九章　违反商业秘密保护的处罚

第三十一条　各部门没有及时按本办法的规定或相关要求对商业秘密采取保密措施，尚未造成失密后果的，给予以下处罚：

秘密级：责任人罚款_____元；

机密级：责任人罚款_____元，保密员罚款_____元；

绝密级：责任人罚款_____元，保密员罚款_____元，部门负责人罚款_____元。

第三十二条　责任人无意泄露公司商业秘密，未造成经济损失的，酌情处警告以上处分。

第三十三条　责任人违反商业秘密管理规定、保密协议和竞业限制协议，造成经济损失的，承担民事责任，赔偿企业因此遭受的全部损失或者部分损失；或根据签订的商业秘密保护协议，支付违约金。

第三十四条　责任人侵犯商业秘密情节恶劣、后果严重，构成犯罪的，依法移交司法部门追究其刑事责任。

第十章　检查与考核

第三十五条　公司知识产权管理部检查本规定的实施。

第三十六条　公司知识产权管理部负责人负责该规定实施情况的考核。

第十一章　附则

第三十七条　本规定由知识产权管理部起草，并负责解释与修订。

第三十八条　本规定自_____年_____月_____日起实施。

3. 专利代理委托协议书

专利代理委托协议书

1. 委托方（申请人）应向代理方提供与委托有关的全部技术内容，并对所提供内容负责；代理方对委托方提供的技术内容负有保密的义务。

2. 委托方按双方约定向代理方支付代理费用，代理方应于委托方资料提交齐全之日起_____内完成申请初稿并交委托人审定。委托方收到初稿后，应在_____天内修改、审定签字并传真发回，超出_____天未审定或提出修改意见的，则视为同意，代理方即可向国家知识产权局递交申请。需要加急办理的，在委托方配合下_____周内完成并寄发，代理费加收_____%。

3. 因代理方责任，使委托方提出的专利申请被视为撤回或丧失权利的，如可弥补，由代理方免费重新代理申请或补救；如不可弥补，由代理方退回已收取的全部代理费用。

4. 委托方指定联系人或地址变动应及时以书面挂号形式通知代理方，并办理更改手续，未通知致使联系中断或接代理方通知后未在规定期限内向代理方办理有关事宜的，由此产生的后果责任自负。专利权属多人共有的，专利证书由指定联系人领取。

5. 代理期间，双方密切配合，有事协商解决，任何一方中途变更委托内容或中止委托代理，应承担产生的全部后果。

6. 本协议有效期自委托日起至专利申请撤回、驳回或批准授权日止。

7. 授权后年费 □自行缴纳，□继续委托交纳。如接代理方通知后未在规定时间前来缴纳的，视为自行交纳，本条缴年费委托同时终止。

以上条款，经双方逐条协商无异议，签字（盖章）后生效。

委托方：_____   代理方：_____
_____（签字或盖章）   _____（盖章）
_____年_____月_____日   _____年_____月_____日

4. 商标注册委托代理合同

商标注册委托代理合同

案卷号：_____
甲方：_____
乙方：_____专利商标代理有限公司

甲方委托乙方代理_____商标注册申请事宜，甲乙双方本着诚实信用的原则，为明确代理期间双方的责任和义务，特此订立本合同。

一、甲方按照乙方要求，提供申请商标所需的详细资料，包括：申请人公司营业执照复印件、申请商标的图样（每个商标11张、如需指定保护色彩，提供彩色图样10张）、申请商标指定使用的商品，并在《商标代理委托书》上加盖公司章。

申请人：_____
申请人单位代码/身份证号码：_____
申请人地址：_____

申请人邮政编码：_____

联系人：_____

联系电话：_____

E-mail：_____

二、甲方支付乙方申请所需费用：

1. 检索费：¥_____元（查询时已付并开具发票）

2. 注册费：¥_____元 大写：人民币_____仟_____佰_____拾_____元整

（注：注册费包括申请官费、自申请至初审公告之前的代理费用）

3. 附加费用：指定商品超出_____项，每增加一项加收_____元官费 超出商品：共_____项，共加收：¥_____元

合计（大写）：人民币_____仟_____佰_____拾_____元_____角整

三、_____方在收到甲方提供的申请商标所需的详细资料及加盖公章的《商标代理委托书》，并确定上述费用到位后，开始申请程序。

四、在商标申请过程中，如果出现："官方申请意见"或者"驳回"等有时限要求的情况，乙方应及时通知甲方（以电话及传真件为据）。若因乙方工作失误未及时通知甲方而导致申请失效，乙方应退还甲方申请商标所支付乙方的代理费用。

五、甲方未在期限内回复官方要求而造成申请失败时，乙方对此不负责任。本协议自双方签字之日起生效。

甲方：_____	账户：_____
代表（签章）：_____	开户银行：_____
乙方：_____	账户：_____
代理人（签章）：_____	开户银行：_____
地址：_____	日期：_____

5. 商标代理委托协议书

商标代理委托协议书

委托人：_____

被委托人：_____

根据《商标法实施条例》第 7 条规定：

1. 商标申请人_____，身份证号码_____，委托_____商标事务所代理□商品商标□服务商标的申请：

类别：_____

指定商品/服务：_____

2. 商标代理服务内容

□商标申请人委托商标代理机构进行商标设计

□商标申请人委托商标代理机构进行申请前在先权利的查询

□商标代理机构接受委托负责提供全部商标申请的法律文件

□商标代理机构接受委托负责答复国家商标局审查员提出的审查意见和补正通知

□商标代理机构接受委托负责代理委托人向国家商标局交纳商标申请的相关费用

3. 商标代理相关费用

□商标设计费_____元　□商标查询费_____元　□商标注册费_____元

□商标代理费_____元　□商标续展费_____元

4. 商标代理委托期限

自_____年_____月_____日至国家商标局颁发商标注册证。

委托人可获得 6 个月在专利商标创业网站免费宣传商品或服务的优惠条件。

5. 附商标图样：_____

委托人（单位或个人）_____　　被委托人（商标代理机构）_____
　（盖章或签字）　　　　　　　　　（盖章或签字）
_____年_____月_____日　　　_____年_____月_____日

6. 科技查新合同

科技查新合同

<table>
<tr><td rowspan="2">查新项目名称</td><td colspan="4">中文：</td></tr>
<tr><td colspan="4">英文：</td></tr>
<tr><td rowspan="5">委托人</td><td>名称（姓名）</td><td colspan="3"></td></tr>
<tr><td>通信地址</td><td colspan="3"></td></tr>
<tr><td>邮政编码</td><td>电子信箱</td><td colspan="2"></td></tr>
<tr><td>负责人</td><td>电话</td><td>传真</td><td></td></tr>
<tr><td>联系人</td><td>手机</td><td>传真</td><td></td></tr>
<tr><td rowspan="5">查新机构</td><td>机构名称</td><td colspan="3"></td></tr>
<tr><td>通信地址</td><td colspan="3"></td></tr>
<tr><td>邮政编码</td><td>电子信箱</td><td colspan="2"></td></tr>
<tr><td>负责人</td><td>电话</td><td>传真</td><td></td></tr>
<tr><td>联系人</td><td>电话</td><td>传真</td><td></td></tr>
</table>

依据《中华人民共和国合同法》的规定，查新合同双方就_____项目的查新事务，经协商一致，订立本合同。

一、查新目的（请填写）

1. 立项：国家 [ ]　部委 [ ]　省攻关 [ ]　省基金 [ ]　市 [ ]
2. 鉴定：国家 [ ]　部委 [ ]　省 [ ]　市 [ ]　鉴定时间 [ ]
3. 报奖：国家 [ ]　部委 [ ]　省 [ ]　市 [ ]　申报时间 [ ]

查新范围：国内 [ ]　国内外 [ ]

二、查新委托人提供的主题词（关键词、同义词、近义词）

中文：　　　　　英文：

三、项目概况

投资额：_____万元　　预计效益：_____万元

四、查新项目的科学技术要点（项目简介）

五、查新点和查新要求（创新点）

六、用户提供的参考文献

续表

七、委托查新项目提供的主要技术文件、背景材料及密级： □开题报告 □总结报告 □成果申报表 □专利说明书 □发表论文 □产品样本 □检测报告 □用户报告 □其他（请注明） 份数： 密级：
八、合同履行的期限、地点和方式 本合同在_____年_____月_____日之前在_____履行。 本合同的履行方式：委托人亲自到查新机构履行。
九、查新报告的使用范围 此报告只能用于_____，其他用途无效。
十、查新费用及其支付方式 （1）国内，一次总付：_____元，时间：_____； （2）国内外，一次总付：_____元，时间：_____。
十一、违约金或者损失赔偿的计算方法 （1）违反本合同第____条约定，____方应承担违约责任，承担方式和违约金额如下： （2）违反本合同第____条约定，____方应承担违约责任，承担方式和违约金额如下： （3）其他
十二、争议的解决方法 在合同履行过程发生争议，双方应当和解解决，也可以请求_____进行调解。双方不愿和解、调解解决或者和解、调解不成的，双方商定，采取以下第（2）种方式解决。 （1）因本合同所发生的任何争议，申请_____仲裁委员会仲裁； （2）按司法程序解决。
十三、名称和术语的解释
十四、合同附件
十五、本合同一式_____份，自双方签字盖章后生效。

委托机构（盖章）：_____　　　　查新机构（盖章）：_____
代表（签字）：_____　　　　　　代表（签字）：_____
订立日期：____年____月____日　　订立日期：____年____月____日

查新委托人须知

一、为使查新委托能顺利进行，前来办理查新事宜的委托人应熟悉所委托的查新项目，或是项目组成员。

二、请查新委托人据实、完整、准确地向查新机构提供如下查新所必需的资料：

（1）查新项目的科学技术资料及其技术性能指标数据（附有关部门出具的相应的检测报告），其中：

科研立项查新须提交：立项申请书、立项研究报告、项目申报表、可行性研究报告等。

成果鉴定查新须提交：项目研制报告、技术报告、总结报告、实验报告、测试报告、产品样本、用户报告等。

申报奖励查新须提交：奖项申报书及有关报奖材料等。

（2）课题组成员发表的论文及申请的专利。

（3）参考检索词，包括中英文对照的查新关键词（含规范词、同义词、缩写词、相关词）、分类号、分子式、化学物质登记号等，关键词应当从查新项目所在专业的文献常用词中选择。

（4）与查新项目密切相关的国内外参考文献（应当尽可能注明文献的著者、题目、刊名、年、卷、期、页），这些文献仅供查新机构在处理查新事务中参考。

三、查新委托人认真逐项地填写查新合同，明确查新项目的查新点即项目新颖性，并确保字迹清晰。方便者，请提供电子文稿。该新颖性是指具体的技术概念创新，描述新颖性的内容必须是用已有的规范技术概念表达的单独技术内容。而不是简单、概括的有关整体特性或特点，以致项目本身整个内容。委托人一旦确定填写内容，则视为同查新单位达成查新约定。查新人员将按照查新合同的内容进行检索、分析，并出具查新报告。

四、查新委托人有责任向查新人员详细介绍查新项目的技术细节。查新委托人必须在合同中声明保密约定内容，否则查新机构不负保密责任。

五、查新人员需根据查新项目的查新点，与委托人共同讨论确定检索概念及检索词。

六、在查新过程中，查新人员就查新项目提出不明事宜时，请查新委托人当面给予积极的解答与及时的沟通，并协助查新人员对查新项目的相关文献进行筛选、对比，以确保查新结论的客观、准确。

七、查新委托人不得干涉查新活动，不得向查新人员施加任何倾向性影响。

八、查新业务实行有偿服务，查新委托人在查新项目确定后必须先交付押金；查新报告一经委托人最终确定，查新款项应全部付清，查新约定宣告解除。一年以前的报告不予补查，只能重新查新。

九、本合同中，凡是当事人约定认为无需填写的条款，在该条款填写的空白处画（/）表示。

收费标准

国内外查新

_____元查新费＋国际联机费

国外查新

_____元查新费＋国际联机费

国内查新

产品类_____元（含查新费和机检费）

研究类_____元（含查新费和机检费）

注：

i. 以上费用仅限于_____个查新点。一个查新项目含有多个查新点或子课题时，若将其列在同一个查新报告中，则每个查新点或子课题加收_____元；若分别开具查新报告，则视为若干个查新课题，每个查新课题按以上规定收费。

ii. 正常完成时间为：

国内查新，_____个工作日，国内外查新，_____个工作日。提前一天完成需另加收_____%加急费。

iii. 以上为出具一份查新报告的费用，即一个查新课题的费用；若要出具多份报告，则每份加收_____元。

iv. 国际联机费主要包括数据库机时费、通信费、字符费、每条记录打印费等。

v. 请查新委托人在查新项目确定后交付押金_____~_____元。

vi. 查新项目已接受委托，且已完成联机检索工作时，若委托人提出取消查新，则需支付机检费和一半查新费作为检索查新补偿；若此时查新报告已完成，委托人则需支付全部费用。

制表日期：_____年_____月_____日

7. 知识产权法律顾问合同

知识产权法律顾问合同

甲方：_____

　　地址：_____

　　电话：_____，传真：_____

乙方：_____

　　地址：_____

　　电话总机：_____，传真：_____

根据《专利代理条例》的规定，甲方聘请乙方担任常年知识产权法律顾问事宜，本着诚实信用原则，经协商一致，订立如下协议，共同遵守：

一、乙方接受甲方聘请，指派_____专利代理人担任甲方常年知识产权法律顾问。

二、合同期限：_____年_____月_____日至_____年_____月_____日。聘请期满，双方如未提出异议，则本合同有效期限顺延，如一方提出，则可重新修订或终止协议。合同到期前30日内甲乙双方另行协商续约事宜。

三、常年知识产权法律顾问工作内容：

3.1 随时解答甲方知识产权法律方面的咨询，具体指专利、商标、版权、集成电路布图设计以及商业秘密领域；

3.2 协助甲方作好产品开发过程中专利挖掘、专利布局工作；

3.3 协助甲方作好知识产权保护工作以及避免侵犯他人知识产权的防范工作；

3.4 应甲方要求，就甲方已经面临或者可能发生的知识产权纠纷，进行法律论证，提出解决方案；

3.5 代理甲方知识产权诉讼和无效宣告案件。但需另行同乙方办理委托手续（另签委托代理合同），并向乙方经办代理人出具授权委托书，同时，甲方须另行向乙方支付代理费，乙方则在收费给予优惠；

3.6 应甲方要求，就甲方提出的知识产权专题讲座，在本合同年度内安排两次；

3.7 本条所说的"甲方"，包括甲方以×××名义启动的知识产权业务，不包括甲方的关联企业。若延及甲方的关联企业，则在本合同顾问费的基础上追加25%的顾问费/1个关联企业。

四、顾问费：人民币_____万元整（￥_____），于本合同签订时由甲方一次性支付给乙方。办理本合同第三条第3.5项所列的事务时，每个知识产权诉讼案件的代理费均包括启动费和风险代理费两部分；前述顾问费未包含合同年度启动的知识产权诉讼案件的启动费及无效案件的代理费；于每个诉讼案结案30日内，甲方应一次性支付给乙方风险代理费，风险代理费按以下标准计算：

获赔额×35%（甲方作为原告时）；

免赔额×25%（甲方作为被告时）；

上述获赔额是指生效法律文书认定的赔偿数额；上述免赔额是指原告起诉数额与生效法律文书所认定的赔偿数额之差额。

五、专利代理人在履行本合同过程中直接发生的案件官费、交通费、差旅费、取证的官费等费用，按实际发生额由甲方负担。交通费、差旅费指东莞、深圳行政区域以外发生的费用，取证官费指公证费、查询费、检索费等费用。由办案专利代理人向甲方预借，发生后及时向甲方报销。

六、乙方应依照法律维护甲方的一切合法权益，按时出庭。如委派的专利代理人因故中途不能执行职务，经甲方同意，乙方可以另行委派同等资格的专利代理人接替。

七、甲方必须认真地向乙方指定的代理人叙述案情，提供有关证据。乙方接受委托后，发现甲方有捏造事实，弄虚作假行为，有权终止代理，所收费用不予退还。乙方不得委托甲方从事违反中国法律的事项。

八、甲方根据规定可以随时解除与乙方的委托关系，乙方已经收取的顾问费不退还，若已经启动了本合同第3.5项所述的知识产权诉讼案件、无效案件，该案件的代理关系不因本合同的解除而解除，需双方另行协议解除办法。乙方无故终止合同，所收的顾问费按线性使用原则，未使用部分应退回甲方。

九、本合同自双方签字或盖章之日起生效。

十、本合同如有未尽事宜，经双方协商后可以另行修订。因本合同产生的任何争议，双方协商解决，协商不成提请××仲裁委员会解决。

甲方：

代表人：

乙方：

代表人：

8. 常年知识产权顾问合同

常年知识产权顾问合同❶

聘请单位：_____（以下简称"甲方"）

法定代表人：_____

受聘单位：_____（以下简称"乙方"）

法定代表人：_____

甲方因业务需要，特聘请乙方担任常年知识产权顾问，现经双方协商一致，达成如下协议：

第一条　乙方指派顾问

乙方接受甲方聘请，指派_____担任甲方的常年知识产权顾问，甲方同意前述指派，并认可乙方可能出现的临时委派其他人配合指派人完成第2条所述工作之情形及/或指派的人因故（如疾病、开庭冲突、出差等原因）不能履行职务时，经甲方同意，可由乙方的其他指定人暂时替代处理较急的事务。但乙方更换指派必须经甲方同意。

第二条　甲方的服务范围

日常法律服务范围：

2.1　就甲方日常涉及的法律问题口头或书面解答法律咨询、提出法律建议或出具法律意见书；

2.2　审查、修改甲方因商务活动与第三方签署的各类合同、协议书或其他法律文件；提出修改意见及法律建议；

2.3　应甲方要求，对甲方签署的各种法律文书进行见证；

2.4　协助甲方参与较为重大商务活动的谈判、磋商，并提供分析论证；

2.5　受甲方委托，签署、送达或者代为收领法律文件；

2.6　受甲方委托，保管甲方要求乙方妥善保管的法律文件；

2.7　就甲方已经、面临和/或可能发生的纠纷进行法律论证，提出解决方案，出具法律意见书；

2.8　受甲方委托，向侵害、损害甲方合法权益的第三方提出交涉及索赔；

2.9　协助甲方完善内部管理的有关法律事务，提出法律建议（如企业用工保密制度、知识产权合同管理等）

2.10　甲方在经济活动中发生的各类诉讼、仲裁及/或行政处罚案件，

---

❶ 取自百度文库相关内容。——作者注

须另行约定；

2.11　甲方在经济活动发生的企业改制、兼并重组、收购、破产、上市、融资、房地产开发、土地转让、投资、设立新公司、合并/分立、参股公司、股权转让及其他类型的重大项目以及法律顾问工作量一次性达 4 小时以上的专项法律事务，不在本合同服务范围内，须另行约定；

2.12　乙方的服务范围中，不包括各类合同、协议书、规章制度的撰写、草拟；

2.13　本合同中，乙方的服务范围不包括甲方之控股公司、子公司或其他关联公司；

2.14　本项所列第 2.10 项至第 2.13 项法律事务的具体个案实施，如果委托乙方代理，需另行同乙方办理委托手续（另签委托代理合同），并向乙方经办律师出具授权委托书，同时，甲方须另行向乙方支付代理费，乙方则在收费上给予优惠。

商标服务范围：

2.15　就甲方日常商标方面的问题（国内外）做口头或书面解答，提出法律意见或出具法律意见书；

2.16　审查、修改各项有关商标法律文书（国内外），代理国内外商标的申请、变更、转让、无效等事务；

2.17　就甲方有关商标侵权问题（国内外）包括指控他人侵权或被他人指控侵权，或对市场侵权假冒行为提出进行论证、发表律师意见、提出解决方案；

2.18　就甲方已经、面临或者可能发生的（国内外）商标权纠纷包括申请被驳回、被他人异议、被他人提出撤销注册或对他人提出异议、撤销他人商标注册等法律行为进行法律论证、发表律师意见、提出解决方案；

2.19　就甲方有关商标战略进行整体策划提出律师意见、出具建议函；

2.20　甲方有关商标的创意、（国内外）商标的使用、商标的管理、商标的保护、商标的许可使用、商标的市场运作等提出口头建议或出具法律意见书；

2.21　本条所列第 2.17 项至第 2.20 项法律事务的具体个案实施，如果委托乙方代理，需另行同乙方办理委托手续（另签委托代理合同），同时，甲方须另行向乙方支付代理费，乙方则在收费上给予优惠。

专利服务范围：

2.22　就企业的专利战略、组织构架、人员安排和工作方式提供咨询意见；

2.23 就合作伙伴或竞争对手的国内外专利提供咨询、文献监视和检索；

2.24 代理国内外发明、实用新型和外观设计专利的申请，技术领域包括：电子、电工、通信、计算机技术、机械、医药、农药、兽药、化工、材料、生物和生化以及环境保护等；

2.25 代理复审请求及无效宣告请求；

2.26 关于专利纠纷与侵权的法律服务，包括咨询、市场监视、专利权的海关备案、调查取证、庭外调解、申请行政调处及提起诉讼等；

2.27 出具是否具有专利性和是否侵犯他人的专利权的法律意见书；

2.28 接受委托就专利申请的复审决定和专利的无效宣告决定向法院提起行政诉讼；

2.29 技术转让与专利实施许可的中介谈判、合同起草及摸底调查；

2.30 为企业大型投资、合资、引进技术和设备过程中涉及知识产权的技术改造项目提供法律意见书等；

2.31 关于专利保护的其他事务。

2.32 本条所列第2.23项至第2.31项法律事务的具体个案实施，如果委托乙方代理，需另行办理委托手续（或另签委托代理合同），另行向乙方支付代理费，乙方则在收费上给予优惠。

软件服务范围

2.33 就甲方日常计算机软件登记和著作权登记方面的问题（国内外）做口头或书面解答，提出法律意见或出具法律意见书；

2.34 代理计算机软件登记和著作权登记；

2.35 就甲方有关计算机软件程序和著作权保护、管理规章制度、员工保密制度、品牌战略实施提供专业意见或出具法律意见书；

2.36 就软件开发、检索、转让、授权许可的谈判、合同起草、修改及摸底调查、纠纷调解、侵权取证、行政查处乃至法律诉讼提供解决方案和行动；

2.37 本条所列第2.34项至第2.36项法律事务的具体个案实施，如果委托乙方代理，需另行办理委托手续（或另签委托代理合同），另行向乙方支付代理费，乙方则在收费上给予优惠。

第三条 工作方式

3.1 乙方担任甲方常年知识产权顾问的代理人应按甲、乙双方事前约定的时间、地点进行工作。乙方因故不能工作，应事先通知甲方。甲方随时有事交办，如无特殊情况，指派顾问应及时予以受理。

3.2 乙方应按甲方法定代表人和其指定的联系人的要求提供法律服务。本合同中，甲方指定为顾问的联络人，负责转达甲方的指示和要求，转交文件和资料等。

第四条 知识产权顾问费及办案费用

4.1 双方约定，甲方向乙方支付知识产权顾问费每年_____元整（大写：_____元整）。支付期限为：甲方于本协议签订之日起7日内付清顾问服务费。支付方式为：现金/支票/本票/汇票/电汇。

4.2 指派顾问办理甲方委托事项所发生的下列办案费用，由甲方承担：

a) 各种政府、法院、行业官方及法定中介机构所收取的费用；

b) _____市区以外发生的差旅、食宿、车船及一切杂费；

c) 办理甲方事务而产生的一切交际费用；

d) 调查取证购买样品，录音录（照相）像，检索查询，公证及技术鉴定费等。

第五条 甲方的义务

5.1 为使乙方能正确完成甲方委托的事项，甲方应根据乙方的要求如实提供有关的资料、信息，并承担诚信责任；

5.2 按时足额向乙方支付顾问费和乙方实际支出的办案费用；

5.3 为乙方处理甲方委托的事宜提供所需的便利条件；如必要的资料、文件、交通及其他方便；

5.4 体谅乙方的职业操守的约束，不强求乙方出具有违其职业操守的法律文件，甲方应尊重指派代理人依据法律独立、不受干扰地作出专业判断的权利。

第六条 乙方的义务

6.1 乙方应在最有效的时间内，勤勉尽责、保质保量完成甲方委托的事宜，并依据法律作出专业判断，努力维护甲方的合法权益；

6.2 乙方应就甲方为乙方处理甲方委托事宜而向乙方提供的资料、信息承担保密责任，除依据国家法律有权了解该等资讯的其他人员以外（如法官、检察官、警官、税务官员等），未经甲方许可，不得向任何组织和个人泄露；

6.3 乙方不得违背职业纪律，未经甲方同意，不得在与甲方有严重利益的另一方亦从事相同的法律服务。

6.4 指派代理人仅接受甲方的法定代表人或联络人的委托办理甲方法律事务，不得随意接受甲方其他员工的委托或咨询，并提供不利于甲方的法律意见。

第七条 合同的生效及解除

本合同有效期为开放式的，自本合同签字之日起生效。甲、乙双方欲解除本合同，应提前2个月书面通知对方。没有书面通知的，视为同意续签合同，本合同继续生效。

第八条 合同的变更

任何一方要求变更本合同条款，需双方再行协商，签订变更协议，未经书面变更的任何内容，不对甲、乙双方产生法律效力。

第九条 其他

9.1 本合同未尽事宜，双方另行协商解决。双方因履行本合同发生争议，亦应协商解决，协商不能解决时，双方均可向_____仲裁委员会提请仲裁，仲裁适用该会之《仲裁规则》。

9.2 本合同一式两份，双方各执一份。

甲方（盖章）：_____　　　　乙方（盖章）：_____
授权人（签字）：_____　　　授权人（签字）：_____
_____年____月____日　　　　　　_____年____月____日
签订地点：_____　　　　　签订地点：_____

9. 知识产权司法鉴定委托书

知识产权司法鉴定委托书

鉴定受理机构：

案号：

委托人	
联系人	
联系电话	
联系地址	
邮编	
E-mail 地址	
委托日期	
委托事项和要求	
鉴定材料	
案情摘要	单位盖章

10. 知识产权共享协议

知识产权共享协议

甲方、乙方共同申请_____项目，对将来项目开展可能取得的工作成果与知识产权协商以下知识产权共享协议：

1. 根据课题任务分工，在双方的工作范围内独立完成的科技成果及其形成的知识产权归各方独自所有。一方转让其专利申请权时，他方有以同等条件优先受让的权利。

2. 在课题执行过程中，由双方共同完成的科技成果及其形成的知识产权归双方共有。一方转让其共有的专利申请权的，他方有以同等条件优先受让的权利。一方声明放弃其共有的专利申请权的，可以由另一方单独申请或者由双方共同申请。合作双方中有一方不同意申请专利的，另一方不得申请专利。

3. 由双方共同完成的技术秘密成果，各方均有独自使用的权利。未经双方同意，任何一方不得向第三方转让技术秘密。

4. 双方共同完成的科技成果奖励、荣誉称号和奖金等归双方共有。

5. 双方对共有科技成果实施许可、转让专利技术、非专利技术而获得的经济收益由双方共享。收益共享方式应在行为实施前另行约定。

6. 本协议不在协议双方之间建立任何商业上的代理、合作关系，如双方希望建立任何商业上的代理、合作关系的，应另行签订协议。

甲方：_____（盖章）　　乙方：_____（盖章）
法人代表（签章）：_____　　法人代表（签章）：_____
项目负责人：_____　　项目负责人：_____
_____年____月____日　　　　_____年____月____日

11. 专利行政诉讼委托代理合同

专利行政诉讼委托代理合同

专行诉字第　　号

甲　方：_____（以下简称"甲方"）
地　址：_____　邮编：_____
电　话：_____　传真：_____
联系人：_____　联系电话：_____

乙　方：_____（以下简称"乙方"）
地　址：_____　邮编：_____
电　话：_____　传真：_____
联系人：_____　联系电话：_____

依照合同法以及专利法及其实施细则之有关规定，甲、乙双方就_____诉讼代理的具体事宜，由甲方提起行政诉讼，经协商一致签订如下条款：

一、甲方委托乙方专利代理人或律师_____具体代理_____行政纠纷一案（一审/二审）。代理权限：详见授权委托书。

二、双方义务：甲方必须真实陈述情况，提供有关必要的技术资料或证据；如在签约后发现甲方弄虚作假，乙方可以终止代理，依约所收费用不予退还。乙方必须认真负责维护甲方的合法权益，如乙方无故终止合同，代理费全部退还。

三、收费标准：根据有关规定经协商一致，具体采用以下方式支付费用：

1. 甲方向乙方支付本行政纠纷一审的工作费用_____元（大写人民币_____），其中一审_____元，二审_____元，包括代理费、差旅、交通、检索、取证、公证及杂费等费用。甲方向乙方支付本行政纠纷一审风险代理费_____元（大写人民币_____），如果一审甲方败诉，乙方将该风险代理费退还给甲方。

2. 付费时间及方式：____年____月____日　□现金　□转账

四、保密条款：根据国家法律法规，乙方对涉及甲方的商业或技术秘密承担保密责任。

五、合同期限：本合同自签字之日起至本案一审终结。在此期间，乙方就有关法律文书及通知以面交或挂号形式通知甲方，自文件发出之日起满 15 日推定为甲方收到之日。

六、本合同一式两份，甲、乙双方各持一份，本协议以上内容甲方已明白无误，自甲方向乙方付费并签字盖章后生效。

甲方：　　　（盖　章）　　　　　　乙方：　　　　（盖章/签字）
代表人：　　　　　　　　　　　　　代表人：
日期：　年　月　日　　　　　　　　日期：　年　月　日

二、基础管理程序相关的表单

（一）获取环节中的表单

1. 技术交底书

技术交底书

案号：＿＿＿＿＿＿＿＿＿＿＿＿＿＿＿＿

交底书名称：＿＿＿＿＿＿＿＿＿＿＿＿＿＿＿

发明人：＿＿＿＿＿＿＿＿＿　　撰写人：＿＿＿＿＿＿＿＿＿

撰写人电话：＿＿＿＿＿＿＿＿　　E-mail：＿＿＿＿＿＿＿＿＿

交底书注意事项：

1. 代理人并不是技术专家，交底书要使代理人能看懂，尤其是背景技术和详细技术方案，一定要写得全面、清楚。

2. 英文缩写应有中文译文及英文全称。

3. 全文对同一事物的叫法应统一，避免出现一种东西多种叫法。

4. 与代理人沟通时，对于代理人的疑问应认真讲解，要求补充的材料应及时补充。

5. 专利法规定：

专利必须是一个技术方案，应该阐述发明目的是通过什么技术方案来实现的，不能只有原理，也不能只做功能介绍；

专利必须充分公开，以本领域技术人员不需付出创造性劳动即可实现为准。

必须满足上述规定，专利才能批准，但为了不让竞争对手完全掌握该项技术，可以在一些细节上做一些加工，如隐藏，或别的实现方式。

一、相关技术背景（背景技术），与本发明最相近似的现有实现方案（现有技术）

1.1 背景技术

（该部分对于代理人理解本发明非常重要，请务必提供！）

1.2 与本发明相关的现有技术一

1.2.1 现有技术一的技术方案

（1）只提供相关现有技术，不相关的不提供，如果该现有技术的缺点或不足正是本发明所要解决的技术问题，则为相关现有技术，否则为非相关现有技术；可以理解为促使发明人产生改进念头的目前正在使用的技术；

（2）结合附图，用文字对实现方案进行描述；应详细介绍，以不需再去看文献即可领会该技术内容为准，如果现有技术出自专利、期刊、书籍，则提供出处，如有必要，请提供引用文献的相关部分内容；

（3）现有技术的提供非常重要，能加快专利的授权，还能使专利代理人找出本发明的创新点，以确定合适的保护范围。

1.2.2 现有技术一的缺点

（1）用反推法，根据本发明的优点来找对应的缺点；

（2）本发明不能解决的缺点，不需要提供；

（3）缺点可以是成本高、误码率高、反应速度慢等类似的问题。

1.3 与本发明相关的现有技术二（如没有则不写，有更多则新建1.4节等，写法与现有技术一的写法完全一样）

1.3.1 现有技术二的技术方案

1.3.2 现有技术二的缺点

二、本发明技术方案的详细阐述（发明内容）

2.1 本发明所要解决的技术问题（发明目的）

（1）对应现有技术的所有缺点，一一正面描述本发明所要解决的技术问题；

（2）本发明解决不了的，不能提供。

2.2 本发明提供的完整技术方案（发明方案）

（1）本部分为专利申请最重要的部分，需要详细提供；

（2）专利必须是一个技术方案，应该阐述发明目的是通过什么技术方案来实现的，不能只有原理，也不能只做功能介绍；

（3）附图以方框图、黑白方式提供，不必提供彩色图例；

（4）对于软件、业务方法，除提供流程图外，还应提供相关的系统装置或软件借助运行的硬件平台，如手机、计算机等；

（5）必须结合流程图、原理框图、电路图、时序图等附图进行说明，每个图都应有对应的文字描述，以别人不看附图即可明白技术方案为准。

2.3 本发明技术方案带来的有益效果

（1）结合技术方案通过对技术特征分析推理来描述，做到有理有据；

（2）可以对应2.1部分所要解决的技术问题来描述。

三、针对2中的技术方案，是否还有别的替代方案同样能完成发明目的（替代技术方案即除发明人<u>当前想到的途径外</u>，其他可以实现的途径）

1. 如果有，请尽量写明，内容的提供可以扩大专利的保护范围，防止他人绕过本技术去实现同样的发明目的；

2. "替代方案"可以是部分结构、器件、方法步骤的替代，也可以是完整技术方案的替代。

四、本发明的技术关键点和欲保护点是什么

1. 简单点明；

2. 具体可以是根据2.3部分能给本发明带来有益效果的关键技术点。

2. 知识产权申请审批表（见表5.24）

表 5.24　知识产权申请审批表

编号：IPC×××-××

项目名称	
拟申请内容	
申请知识产权类型	
部门审查意见	负责人：　　　日期：　　年　月　日
知识产权办公室审查意见	负责人：　　　日期：　　年　月　日
知识产权主管审查意见	负责人：　　　日期：　　年　月　日
执行情况	负责人：　　　日期：　　年　月　日
备注	

3. 专利申请审批表（见表 5.25）

表 5.25 ××公司专利申请审批表

编号：IPC×××-××

发明名称	
发明人及比例	张三（60%），李四（30%），王五（10%）
申请人	
申请类型	□发明，□实用新型，□外观设计，□PCT，□其他
申请级别	□核心，□重点，□一般
交底文件	见附件
部门审查意见	 负责人：　　　　日期：　　　年　月　日
知识产权办公室审查意见	 负责人：　　　　日期：　　　年　月　日
知识产权主管审查意见	 负责人：　　　　日期：　　　年　月　日
执行情况	 负责人：　　　　日期：　　　年　月　日

4. 知识产权申请台账（见表5.26）

表 5.26　知识产权申请台账

编号：IPC×××-××

序号	知识产权名称	申请日期	申请号	知识产权类型	发明人	状态	备注

5. 知识产权检索申请表（见表5.27）

表 5.27　知识产权检索申请表

编号：IPC×××-××

项目名称	
主要内容	
关键词	
部门审查意见	负责人：　　　　日期：　　年　月　日
知识产权办公室审查意见	负责人：　　　　日期：　　年　月　日
知识产权主管审查意见	负责人：　　　　日期：　　年　月　日
备注	

6. 知识产权检索报告（见表5.28）

表5.28 知识产权检索报告

编号：IPC×××－××

项目名称	
项目概述、技术要点	
企业已有相关知识产权情况（专利号、专利申请号、申请人、专利名称）	
检索词	
查询范围	地区：国内（ ）国外（ ），指定国家：
	文献：专利文献（ ）科技文献（ ）
查询的时间范围	
检索方式	自行检索（ ）委外检索（ ）
相关国内外专利检索结果（检索主题词、检索数据库名称、相关专利号、专利申请号、申请人、专利名称）	
国内外文献查询结果（文献名称、来源、发表人）	
检索专利与本项目技术的对比分析及结论	

编制：　　　　　　　日期：　　　　审核：　　　　　　日期：

7. 专利检索申请表（见表 5.29）

表 5.29 专利检索申请表

编号：IPC×××-××

涉及项目名称	
检索关键词	
主要内容	
提交时间	联系人
部门意见	负责人：　　　　日期：
知识产权管理部门意见	□ 委托专门机构检索 □ 自行组织检索 □ 审核不通过，不予检索 负责人：　　　　日期：

8. 专利检索报告（见表 5.30）

表 5.30　专利检索报告

编号：IPC×××-××

项目名称	
项目概述、技术要点	
企业已有相关知识产权（专利号、申请号、申请人、专利名称）	
检索词	
查询范围	地区：□国内　□国外，指定国家：
	文献：□专利文献　□科技文献
查询时间范围	
检索方式	□自行检索　□委外检索
相关国内外专利检索结果（检索主题词、检索数据库名称、相关专利号、专利申请号、申请人、专利名称）	
国内外文献查询结果（文献名称、来源、发表人）	
检索专利与本项目技术的对比分析及结论	

编制：　　　　　日期：　　　　审核：　　　　日期：

9. 专利申请表（见表 5.31）

表 5.31　专利申请表

编号：IPC×××－××

申请名称	
发明人	
申请人	
申请类型	□发明　□实用新型　□外观设计　□PCT　□其他
提交时间	联系人
是否职务发明	□职务发明　　□非职务发明
申请内容	
部门意见	负责人：　　　　日期：
知识产权办公室意见	□　委托专利事务所申请 □　自行组织申请 □　审核不通过，不予申请 □　非职务发明，发明人可以自行申请 负责人：　　　　日期：

10. 商标申请流程表（见表 5.32）

表 5.32　商标申请流程表

单位名称	综合管理部法务办		流程名称	商标申请流程
层次	1		任务概要	规范商标注册管理流程
单位	公司司务会议/总经理	部门负责人	商标管理员	其他相关部门
节点	A	B	C	D
1			开始	
2			方案征集	
3			筛选/设计	方案修改
4				
5	评审	审核	初审	
6	审定		填写注册申请	
7			申请提交	
8			待批	
9			注册	
10			结束	
公司名称			密级	共　页 第　页
编制单位			签发人	签发日期

11. 商标注册申请审核表（见表5.33）

表5.33 商标注册申请审核表

申请人：　　　　　申请部门：　　　　　申请日期：　　年　　月　　日

编号：IPC×××-××

申请事由	 　年　月　日
申请商标	
申请商品（服务）	
需求部门补充（修改）意见	签字：　　　　　　　　年　月　日
部门审核意见	签字：　　　　　　　　年　月　日
公司主管领导审批意见	签字：　　　　　　　　年　月　日
备注	

12. 软件著作权登记审批表（见表5.34）

表5.34　软件著作权登记审批表

编号：IPC×××-××

软件名称			
开发完成日期		首次发表日期	
著作权人			
申请类型	□发明　□实用新型　□外观设计　□PCT　□其他		
提交时间		联系人	
是否职务开发	□职务开发　　□非职务开发		
软件说明			
部门意见	负责人：　　　　　日期：		
知识产权办公室意见	□ 委托登记 □ 自行组织登记 □ 审核不通过，不予登记 □ 非职务开发，可以自行登记 负责人：　　　　　日期：		

（二）维护环节中的表单

1. 知识产权变更、放弃申报审批表（见表 5.35）

表 5.35　知识产权变更、放弃申报审批表

编号：IPC×××-××

知识产权名称	
知识产权主要内容	
变更、放弃主要原因	
部门审查意见	负责人：　　　　日期：　　年　月　日
知识产权办公室审查意见	负责人：　　　　日期：　　年　月　日
知识产权主管审查意见	负责人：　　　　日期：　　年　月　日
最高管理者审查意见	签　字：　　　　日期：　　年　月　日
执行情况	负责人：　　　　日期：　　年　月　日
备注	

2. 专利放弃、终止审批表（见表5.36）

表5.36 专利放弃、终止审批表

编号：IPC×××-××

专利名称			
专利申请号		申请人	
申请日		授权日	
专利主要内容			
变更、放弃主要原因			
知识产权办公室意见	负责人： 　　　　　日期：		
总经理意见	□ 停止缴纳年费、主动放弃 □ 停止审查答复 □ 停止办理相关手续 签　字：　　　　　日期：		

3. 专利台账（见表5.37）

表5.37 专利台账

编号：IPC×××-××

序号	专利号	专利名称	申请日期	授权日期	设计人	类型	法律状态	实施情况

编制：　　　　　日期：　　　　　复核：　　　　　日期：

4. 商标台账（见表5.38）

表5.38 商标台账

编号：IPC×××-××

序号	商标注册号	商标名称	有效期限	备注

编制：　　　　日期：　　　　　　　　复核：　　　　日期：

5. 著作权管理台账（见表5.39）

表5.39 著作权管理台账

编号：IPC×××-××

序号	登记号	名称	生效日期	著作权人	状态	备注

编制：　　　　日期：　　　　　　　　复核：　　　　日期：

6. 知识产权有效性评估报告（见表5.40）

表5.40　知识产权有效性评估报告

编号：IPC×××-××

评估范围	
内容简述	
评估结果	负责人：　　　　日期：　　年　月　日
知识产权主管审查意见	负责人：　　　　日期：　　年　月　日
最高管理者审查意见	签　字：　　　　日期：　　年　月　日
备注	

7. 商标续展申请流程表（见表5.41）

表5.41 商标续展申请流程表

单位名称	综合管理部法务办		流程名称	商标续展申请流程	
层 次	1		任务概要	商标续展管理	
单位	公司领导	部门负责人	商标管理专员	其他相关部门	
节点	A	B	C	D	
1			开始	续展信息	
2	审批	审核	填写申请表		
3			制作申请文件		
4			办理申请手续	加盖企业公章	
5			续展申请跟踪	提交委托代理	
6				商标局审查	
7			领证	公告/发证	
8			登记	归档	
9			结束		
公司名称			密级	共 页 第 页	
编制单位			签发人	签发日期	

（三）权利运用环节的表单

1. 专利评估报告（见表5.42）

表 5.42　专利评估报告

编号：IPC×××-××

专利名称			
专利申请号		申请人	
申请日		授权日	
主要内容			
部门评估结果	负责人：　　　　　日期：		
知识产权办公室评估结果	[可以附检索报告] 负责人：　　　　　日期：		

2. 专利运用审批表(见表5.43)

表5.43 专利运用审批表

编号:IPC×××-××

专利名称	
专利申请号	申请人
申请日	授权日
主要内容	
运用类型	□许可实施 □权利转让 □投资入股 □质押融资 □其他
知识产权办公室评估结果	[可以附检索报告] 负责人:　　　　　　日期:
总经理意见	签字:　　　　　　日期:

3. 知识产权运用记录(见表5.44)

表5.44 知识产权运用记录

编号:IPC×××-××

文件编号		版本号			
序号	知识产权类型	运用方式	运用效果	经办人	时间

4. 商标使用审核流程表（见表5.45）

表5.45 商标使用审核流程表

单位名称	综合管理部法务办		流程名称	商标使用审核流程
层次	1		任务概要	规范商标使用行为
单位	公司主管领导	部门负责人	商标管理员	其他相关部门
节点	A	B	C	D
1			开始	
2				使用方案
3			方案评审 ←	方案提交
4		审核	初审	方案修改
5	审批			
6			方案确定 →	执行
7			备案	
8			结束	
9				
公司名称			密级	共 页 第 页
编制单位			签发人	签发日期

5. 商标异议(复审)申请审核表(见表5.46)

表 5.46　商标异议(复审)申请审核表

申请人：　　　　　申请部门：　　　　　申请日期：　　年　　月　　日

编号：IPC×××-××

申请事由	 　　　　　　　　　　　　　　　　　　　　　年　月　日
申请异议 (复审)商标	
部门审核意见	 　　　　　　　签字：　　　　　　　　　年　月　日
会签意见	签字：　　　　　　　　　年　月　日 签字：　　　　　　　　　年　月　日
公司主管领导审批意见	 　　　　　　　签字：　　　　　　　　　年　月　日
备　注	

6. 软件著作权评审报告（见表5.47）

表5.47 软件著作权评审报告

编号：IPC×××-××

软件名称	
登记号	登记日
著作权人	
软件介绍	
评估结果	

负责人： 日期：

（四）权利保护环节的表单

1. 市场（专利技术）情况监控表（见表5.48）

表5.48 市场（专利技术）情况监控表

编号：IPC×××-××

部门名称	
监控时间	
市场情况	
	签字： 日期：
技术情况	
	签字： 日期：

2. 知识产权纠纷记录台账（见表5.49）

表5.49 知识产权纠纷记录台账

编号：IPC×××-××

序号	纠纷（侵权）类型	时间	相关企业	知识产权类型	处理（结案）结果	备注

制表人：　　　　　复核：

3. 输出国（地区）法律法规状况报告（见表5.50）

表5.50 输出国（地区）法律法规状况报告

编号：IPC×××-××

输出国（地区）	
法律法规名称及内容	
法律法规情况分析结论	
权利输入输出情况	

编制：　　　审核：　　　　批准：

4. 拟引进或输出技术（产品）知识产权风险评估报告（见表5.51）

表5.51 拟引进或输出技术（产品）知识产权风险评估报告

编号：IPC×××-××

文件编号		版本号	
待评估技术（产品）的市场类别	属于公司技术（产品）引进 （ ） 属于公司技术（产品）输出 （ ）		
评估组织方式	自主评估 （ ） 委托评估 （ ）		
评估部门或单位			
技术（产品）主要技术内容简介			
技术（产品）目标市场国知识产权法律环境分析			
技术（产品）涉及技术内容在目标市场国的知识产权状况分析			
评估结论	（是否存在知识产权侵权风险、对策建议）		
知识产权主管意见	签字： 日期：		
领导审批意见	签字： 日期：		

5. 引进/输出技术（产品）涉及的知识产权记录表（见表5.52）

表 5.52　引进/输出技术（产品）涉及的知识产权记录表

编号：IPC×××-××

文件编号				版本号		
序号	权利类型	权利编号	权利有效国或地区	引进/输出国或地区	权利有效期限

6. 知识产权海关备案记录表（见表5.53）

表 5.53　知识产权海关备案记录表

编号：IPC×××-××

备案号	
申请人	
权利名称	
权利授权号	

备案内容类型		备案权利类别	
备案生效日期		备案终止日期	

(五) 合同管理中的表单

合同管理环节涉及的表单主要是合同知识产权审查表，见表 5.54。

表 5.54　合同知识产权审查表

编号：IPC×××-××

合同类别	□采购　□销售　□技术　□劳动
合同名称	
知识产权条款 1. 有无知识产权条款：□有　□无 2. 知识产权条款内容：	
销售合同和技术合同需检索下列信息： 1. 法律风险： 2. 知识产权风险：	
知识产权部意见：	
技术领导意见：	
总经理意见：	

(六) 保密环节的表单

1. 商业秘密一览表（见表 5.55）

表 5.55　公司商业秘密一览表

编号：IPC×××-××

序号	商业秘密名称	形式	所属部门	密级	期限	保密要点	存放地点

总经理意见	

2. 商业秘密事项登记表（见表 5.56）

表 5.56　商业秘密事项登记表

编号：IPC×××-××

部门名称		承办人			时间		
事项名称	形式	日期	密级	期限	保密要点	存放地点
部门意见						
知识产权办公室意见						

3. 商业秘密借阅登记表（见表 5.57）

表 5.57　商业秘密借阅登记表

编号：IPC×××-××

序号	商业秘密名称	密级	借阅人	借阅时间	归还时间

责任人：

4. 商业秘密借出审批表（见表5.58）

表 5.58 商业秘密借出审批表

编号：IPC×××-××

日期：

商业秘密名称			密级	
借用人			所属单位	
借用形式	□原件　□复印件/复制件			
用途					
使用时间					
部门意见	 签字：　　　　　　　　日期：				
知识产权办公室意见	 签字：　　　　　　　　日期：				

样例五 实施和运行程序及记录

一、实施和运行中的程序

(一) 立项与研究开发

立项与研发

1. 技术研究开发部门对拟立项研究的开发项目提出《知识产权检索申请》，知识产权管理部门对项目内容进行分析检索，检索国内外专利申请情况、科技文献等资料，出具《知识产权检索报告》。

2. 技术主管对技术研究开发部门提交的《项目立项申请书》进行审核、审批，明确对研究开发项目的知识产权产出要求。

3. 研究开发项目立项后，技术研究开发部门组织技术研究开发人员进行项目说明与培训、企业研发管理制度和保密制度教育；或由人力资源管理部门根据企业规定与研发人员签署《保密协议》。

4. 研发人员根据《项目研究开发计划任务书》开展研发工作，并及时、准确、真实填写研发记录、形成研发档案，并根据企业制度规定的研发文档密级管理要求，实施研究开发文档管理。

5. 研发过程中，知识产权管理职能部门对项目确定的关键技术进行定期知识产权检索工作，并将《检索报告》转交项目负责人；对需要申请知识产权的内容，研发部门需提出《知识产权申请审批表》，由知识产权主管审批。

6. 研发结束后，知识产权管理部门对研发成果进行评审和需要公布的内容进行审查，形成《研发成果评审报告》和《知识产权信息发布审查报告》。

7. 合作研发/委托研发，知识产权管理部门应当审查合同中双方知识产权的权利、责任、研发成果的权属、保密条款及违约后的处理方式等条款；并在研发过程中作好监控工作。

企业研究与开发活动知识产权管理流程如图 5.5 所示。

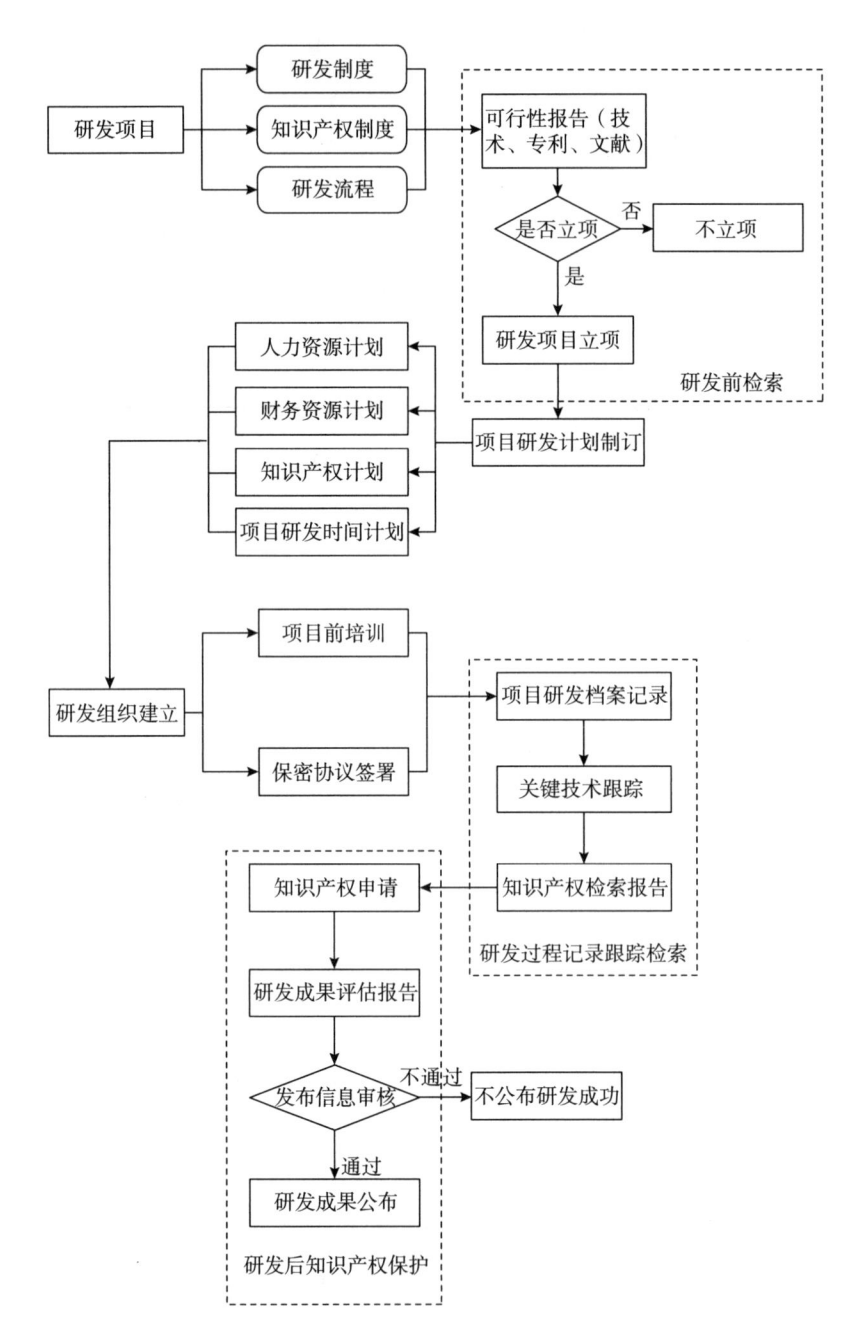

图 5.5　企业研究与开发活动知识产权管理流程

产品开发

1 范围

本程序规定了×××产品开发各阶段的职责、工作程序及评审步骤、内容和要求。

本程序适用于×××产品开发各阶段的管理。

2 规范性引用文件

下列文件中的条款通过本标准的引用而成为本标准的条款。凡是注日期的引用文件，其随后所有的修改单（不包括勘误的内容）或修订版均不适用于本标准；提出、归口、起草单位和实施本标准涉及的各方，应及时研究是否可使用这些文件的最新版本，并修改本标准的相应内容。凡是不注日期的引用文件，其最新版本适用于本标准。

3 术语和定义

下列术语和定义适用于本程序。

3.1 立项

结合公司发展战略、市场需求、提出课题项目、开发目标及项目进度，经过评审和批准后确立为正式研究、开发项目的过程。

3.2 小试

在实验室完成主要参数达到预定目标的小量样品，并获得可重复的必要数据和结论的过程。

3.3 中试

在扩大试验装置上完成规定数量的、达到预定目的的样本，并获得可靠的数据和结论的过程。

3.4 生产放量过渡

在车间生产装置上完成规定批量的、达到预定目的的产品，并解决生产过程中各种问题的过程。

4 职责

4.1 公司×××负责组织制订公司下一年度技术创新项目白皮书与公司级技术创新计划、新产品计划。×××负责主持公司级技术创新计划、新产品计划项目各阶段评审，评审委员会由公司技术、经济、管理等专家组成；×××负责组织计划的实施与资源配置。×××负责子公司、事业部级技术创新计划、新产品计划的审查与实施过程的监督、检查与考核。

4.2 ×××部是公司科研管理统管部门。

4.2.1 协助公司×××制订公司下一年度技术创新项目白皮书。

4.2.2 负责公司级技术创新计划、新产品计划的编制、报审及下达。

4.2.3 负责公司影像产品开发控制程序的编制与完善。

4.2.4 ×××部门作为评审委员会的办事机构，配合×××完成各阶段评审工作的组织、协调工作。

4.2.5 负责组织申报各级政府技术创新项目计划及对列入各级政府部门的重大新产品、新技术开发项目的技术鉴定或验收。

4.2.6 负责子公司、事业部级技术创新计划、新产品计划的备案管理及子公司、事业部开发控制程序执行状况的监督、检查。

4.3 科研部门（各子公司或事业部的产品开发部，以下同）负责公司级研究开发建议计划草案的提出及其各阶段研发内容的实施；负责提出新产品试行标准草案。

4.4 质量部门负责提供中试评审所需的检测数据，负责放量过渡过程所得样品的质量检测工作，并会同科研部门、销售部门建立新产品检测方法，制定新产品内控标准、产品标准和包装标准。

4.5 生产管理部门负责组织生产放量过渡。

4.6 生产车间负责新产品生产放量过渡的实施，配合新工艺、新装备的调试。

4.7 工艺设计部门负责新工艺、装备的设计。

4.8 设备制造安装部门负责新产品开发所需自制设备的加工及安装工作。

4.9 物资供应部门负责科研过程中原材料、包装材料、化工设备、仪器、仪表、计量器具的采购供应工作。

4.10 销售部门负责市场信息的收集与反馈、潜在市场需求与研发项目提出，并组织新产品的应用试验、市场推广及应用报告的编制。

4.11 包装装潢设计部门负责新产品包装装潢的设计。

4.12 公司财务管理部门负责各子公司/事业部科研费用的汇总、科研项目成本的预测和效益分析；子公司/事业部的财务管理部门负责项目成本分析、财务核算、新产品的定价等财务控制工作。

4.13 安全、环保管理部门负责项目研发过程中涉及安全、环保内容的监督、管理。

4.14 知识产权部门负责研发过程中竞争对手专利分析与跟踪、专利查新、专利报告的审查与产生专利的申报。

4.15 固定资产投资管理部门负责科研新增仪器、装备等固定资产投资的审批与保证。

5 程序

5.1 计划与立项

5.1.1 计划策划

5.1.1.1 在公司×××的组织下，×××部门于每年9月会同科研部门、销售部门，依据公司发展战略，围绕当前与潜在市场需求、现行生产面临的重大质量问题及销售部门反馈的市场信息提出下一年度重点研发课题、重大产品质量改进项目及其市场定位与开发方向，并形成公司下一年度技术创新项目白皮书。

5.1.1.2 科研部门于每年10月依据公司下一年度技术创新项目白皮书确定下一年度重点研发课题、重大产品质量改进项目的具体开发目标（含可形成的专利数量）、进度、措施等建议计划草案。

5.1.1.3 子公司或事业部研发管理部门依据建议计划草案，进行项目初审与汇总，并组织科研部门、生产部门、销售部门及各子公司或事业部的科研主管领导会审或会签，对建议项目及其研发目标、进度、措施予以进一步的确认。

5.1.1.4 经确认后的建议计划草案报技术创新评审委员会对项目进行评审。

5.1.2 立项

5.1.2.1 立项输入（立项论证报告的编制）

依据建议计划草案，科研部门组织项目负责人及相关专业管理人员，汇集相关文献和技术情报资料，提出立项论证报告。

立项论证报告内容包括：

1）项目的技术创新性论证

a）简述本项目国内外发展现状、存在的主要问题及近期发展趋势，并将本项目在克服现存主要问题方面与国内、国外同类产品现行指标进行详细地比较（可以表格方式说明）。

b）详细说明本项目的关键技术内容，描述项目的技术或工艺路线、产品结构。

c）专利检索报告（含专利文献、情报资料分析）。

d）描述项目的技术来源、合作单位情况。

e）论述项目的创新点、创新程度、创新难度，包括技术创新、产品结构创新、生产工艺创新、产品性能和使用效果的显著变化。

f）本项目设定的开发目标和技术指标。

2）项目的成熟度和可靠性论证

a）详细说明项目目前的进展情况、技术成熟程度；论述如何充分利用现有的技术储备并发挥现有产品技术优势。

b）安全、环保及国家法律、法规符合性分析与说明。

3）项目产品市场调查与竞争能力预测

a）本项目产品目前主要使用领域的需求情况，未来市场预测。

b）项目产品的经济寿命期，目前处于寿命期的阶段。

c）分析本项目产品、技术的国内外市场竞争能力。

d）分析、明确本项目产品、技术的市场卖点。

4）项目实施方案

a）项目开发计划：详细描述项目各研发阶段工作计划（形成进度图），并明确完成各项工作预计所需时间和达到的阶段目标。

b）技术方案：论述实施本项目的具体内容、实施方式与后续技术改造、基本建设计划的衔接。

5）投资预算与资金使用计划

a）根据项目需要研发的内容和设计生产能力，估算本项目在完成期限内的计划投资额（含市场调研、小试、中试、生产放量过渡、必要仪器装备配置、产学研合作等相关费用），编制资金用途明细表。

b）根据项目实施进度，编制资金使用计划。

6）效益分析

a）成本状况。

b）效益分析。

7）需要公司内部各单位、部门配合或外部单位协作内容的说明。

8）特殊工艺、装备、原材料或其他技术支持说明。

9）有关市场应用与评价方法的说明。

10）项目研制人员状况。

11）结论与建议。

评审委员会意见

12）评审委员会专家名单（含签字）。

13）公司×××审批意见。

5.1.2.2 立项评审

5.1.2.2.1 科研部门对项目负责人编制的评审资料进行初步审查后，提交公司技术创新项目评审委员会组织审批，评审时间集中在每年11月至次年的1月15日前。

5.1.2.2.2 公司技术创新项目评审委员会以评审通知单的方式书面通知公司范围内的技术、经济、管理等相关专家参加立项评审会议。

5.1.2.2.3 立项评审内容主要包括：

1）立项的必要性和可行性（包括公司范围内的项目是否重复）；

2）产品的市场需求与前景；

3）产品成本、项目投资与经济可行性分析；

4）技术路线的可行性分析；

5）研制中的关键技术与解决措施；

6）产品技术指标的先进性与合理性以及市场卖点的符合性；

7）国内外同类产品专利的检索范围与统计分析，拟采取的专利规避措施及可能涉及专利的情况（专利权人、保护地域、专利号、申请日、保护期限）；

8）安全、环保及国家法律、法规符合性；

9）需要公司内部各单位、部门配合或外部单位协作内容的协调；

10）现有的原材料、分析检测仪器、试验装置及工艺设备是否能够满足开发要求？解决方案是否可行？有无编制质量计划的必要？

11）有关市场应用与评价方法的可行性与科学性；

12）小试输入材料与可行性的确认。

5.1.2.3 立项输出（计划编制与下达）

5.1.2.3.1 项目立项论证报告经公司×××批准后视为完成立项。

5.1.2.3.2 ×××部汇总通过评审的项目内容，形成公司下一年度技术创新计划、新产品计划，并由×××部印刷、下达，时间为下一年度的1月15日前。

5.2 小试

5.2.1 小试输入

根据技术创新计划与新产品计划的要求，结合通过立项评审的论证报告内容，确定如下内容：

1）实施小试研究的具体工作内容、技术路线与实施方式；

2）小试研究的关键技术、关键工艺、解决措施（重点是稳健性设计思路内容）与达到的阶段目标；

  3）研发进度与计划完成期限；

  4）小试阶段投资预算与资金使用计划；

  5）需要公司各单位、部门配合或外部单位协作内容的说明；

  6）特殊工艺、装备、原材料或其他技术支持说明；

  7）有关市场应用与评价方法的可行性与科学性。

5.2.2 小试实施

小试实施阶段主要包括如下工作：

  1）小试配方或小试技术研究，重点围绕稳健性设计思想采取相应的措施；

  2）为满足产品开发需要，优选原材料（包括特种照相有机物）；

  3）试验确定满足工艺（含安全、环境）要求的试验装置；

  4）产品结构研究；

  5）提供合格小试样品。

小试完成后，项目负责人提供试验报告（包括研制报告、试验配方、检验数据）、样品、安全环保状况报告、小试阶段专利工作报告、阶段财务决算报告、购置固定资产清单、试行标准草案。

5.2.3 小试评审

5.2.3.1 小试完成后由项目负责人提交小试评审材料，经科研部门各级领导审核，提请集团公司评审委员会组织评审。达到设计要求时，予以组织评审；主要指标未达到要求时，不予进行评审，科研部门需对问题进行深入分析、制订纠正措施、补充小试试验。完善小试工作，提交小试试验补充试验报告后，重新进入小试评审程序。

5.2.3.2 公司技术创新项目评审委员会以评审通知单的方式书面通知公司范围内的技术、经济、管理等相关专家参加小试评审会议。

5.2.3.3 评审内容主要包括：

  1）研究报告内容、试制样品质量水平、试验数据、配方稳健性评价；

  2）研究结果是否具备进行中试放量的条件和具有进行中试放量的价值；

  3）是否涉及他人专利（专利权人、保护地域、专利号、申请日、保护期限），针对对立题评审时进行的相关技术或竞争对手专利进行分析的基础上，利用相关策略规避了专利，是否需要获得专利许可，所采取技术方案与现有技术有何不同，是否具备专利申请的条件；

  4）小试结果与立项评审时设定的技术指标的符合性；

  5）现有的原材料、分析检测仪器、试验装置及工艺装备是否能够满足中试要求？解决方案是否可行？有无编制质量计划的必要？

6）安全、环保及国家法律、法规符合性；

7）可否形成企业自己的技术壁垒；

8）有关市场应用与评价方法的可行性与科学性；

9）中试输入材料与可行性的确认。

5.2.4 小试输出

小试评审完成后，输出的材料主要包括：

1）小试研制报告（含详细的稳健性设计思想的试验研究内容、措施；试验数据、试验配方、样品及是否对原材料、分析检测仪器、试验装置及工艺装备有特殊要求，有无编制质量计划的必要；试验结论等）；

2）专利状况报告（是否涉及他人专利、所采取技术方案与现有专利及相关技术有何不同，是否能够形成新的专利）；

3）物化测试报告及产品检验；

4）安全环保状况报告；

5）小试阶段财务决算报告、购置固定资产清单；

6）成品、半成品试行标准草案；

7）有关市场应用与评价方法；

8）小试评审书（含评审意见、公司×××审批意见及明确该项目是否终止、补充试验）

5.3 中试

5.3.1 中试输入

结合小试评审意见与小试输出材料，确定如下试验内容：

1）实施中试研究的具体工作内容、技术路线与实施方式；

2）中试研究的关键技术、关键工艺、实施措施与达到的阶段目标；

3）成品、半成品试行标准草案；

4）计划进度与完成期限；

5）中试阶段投资预算与资金使用计划；

6）需要公司各单位、部门配合或外部单位协作内容的说明；

7）特殊工艺、装备、原材料或其他技术支持说明或阶段质量计划。

5.3.2 中试实施

5.3.2.1 中试实施阶段主要包括如下工作：

1）于扩大量试验装置上，进行放量并做配方适应生产的调整和初步确定生产工艺（参数及条件）的试验；

2）中试之后，形成中试产品（中试涂布机上制得的样品等）；

3）质量部门分别对 3 次，且具重复性、稳健性设计的中试放量产品进行全面技术性能测定和应用，并出具测试检验报告。科研部门需同时向质量部门提供该项目的主要信息（包括技术特点、检测要求或注意事项）；

4）销售部门会同科研部门、技术标准管理部门制定详细的应用方案并将中试产品（指中试最终产品）送交用户进行实用试验；依据应用方案和用户评价内容提交应用报告。

5.3.2.2 中试完成后，科研部门提出下列资料：

1）中试实验报告；

2）中试配方；

3）中试产品的各种检测数据及市场应用报告（含用户意见）；

4）特殊原材料明细及配方理论用量；

5）环保、安全状况报告；

6）专利状况报告；

7）试行标准符合性说明与修改建议；

8）产品成本分析报告。

5.3.3 中试评审

5.3.3.1 中试完成后由项目负责人提交中试评审材料，经科研部门各级领导审核，提请公司评审委员会组织评审。达到设计要求时，予以组织评审；主要指标未完全达到要求时，不予进行评审，科研部门需对问题进行深入分析、制订纠正措施、补充小试或中试试验。完善小试或中试工作，提交小试或中试试验补充试验报告后，重新进行中试评审程序。

5.3.3.2 公司技术创新项目评审委员会以评审通知单的方式书面通知公司范围内的技术、经济、管理等相关专家参加中试评审会议。

5.3.3.3 评审内容主要包括：

1）中试配方的稳定性和重复性、工艺技术条件的可行性；

2）产品性能及检测方法；

3）研究成果是否具备进行生产放量过渡的条件；

4）技术路线的修改是否涉及他人的专利、是否采取了规避措施，是否需要获得专利许可。专利申请的范围是否覆盖了所有新的技术；

5）中试结果与小试评审时设定的技术指标的符合性和对产品试行标准的符合性；

6）现有的原材料、分析检测仪器、试验装置及工艺设备是否能够满足生产要求？解决方案是否可行？有无编制质量计划的必要？

7）安全、环保及国家法律、法规的符合性；

8）产品成本状况；

9）生产放量过渡输入材料与可行性的确认。

5.3.4 中试输出

中试评审完成后，输出的材料主要包括：

1）中试试验报告（含详细的试验研究内容、稳健性设计实施措施、试验数据、试验配方、样品及是否对原材料、分析检测仪器、实验装置及工艺装备有无特殊要求，试验结论等）；

2）专利状况报告（是否涉及他人专利、所采取的技术方案与现有专利及相关技术有何不同，是否能够形成新的专利）；

3）物化测试报告；

4）中试产品市场应用报告；

5）安全环保状况报告；

6）中试阶段财务决算报告、购置固定资产清单；

7）特殊原材料明细及配方理论消耗；

8）产品成本状况；

9）检测报告；

10）修订、审批后的产品设计指标和试行标准更改单；

11）中试评审书（含评审意见及公司×××审批意见，明确进行生产放量过渡、终止、补充试验）。

5.4 生产放量过渡

5.4.1 生产放量过渡输入

结合中试评审意见与中试输出材料，确定如下试验内容：

1）实施生产放量过渡试验的具体工作内容、技术路线与实施方式；

2）生产放量过渡试验的关键技术、关键工艺、实施措施（重点是稳健性设计内容）与达到的阶段目标；

3）修订、审批后的产品实行标准；

4）计划进度与完成期限；

5）生产放量阶段投资预算与资金使用计划；

6）需要公司各单位、部门配合或外部单位协作内容的说明；

7）特殊工艺、装备、原材料或其他技术支持说明或阶段质量计划。

5.4.2 生产放量过渡实施

5.4.2.1 通过中试评审后，科研部门在过渡前1个月，将产品放量过渡计划报生产管理部门。生产管理部门审查后，将放量计划纳入月度生产计划，并编制作业计划。

5.4.2.2 科研部门根据生产作业计划，提前一周进行配方的审批与下达，生产管理部门组织科研部门、生产部门、质量部门进行配方的交接。

5.4.2.3 生产部门按配方、工艺要求进行生产放量。

5.4.2.4 科研部门采取放量过渡，性能达标后，方可由生产部门在车间试验。

5.4.2.5 质量部门分别对不少于3次连续放量，且具稳健性、重复性的生产放量过渡产品进行全面技术性能测定和实用检验，并出具测试/检验报告。针对重大产品，质量部门根据技术指标或特性要求，选定客户，进行市场应用验证。

5.4.2.6 销售部门会同科研部门、技术标准管理部门根据立项卖点和消费群体制订详细的应用方案并将生产放量过渡产品（指最终产品）送交用户进行实用试验；依据应用方案和用户评价内容提交应用报告。

5.4.2.7 针对重大产品，销售公司根据产品技术特性确定市场考验期，进行市场应用试验。

5.4.2.8 生产放量过渡完成后，科研部门及相关单位或部门提交如下技术材料：

1）生产放量过渡总结；

2）生产工艺配方；

3）质量检测报告及市场应用报告；

4）特殊原材料明细及配方消耗定额；

5）产品技术标准修改建议及产品技术说明书、使用说明书草案；

6）生产放量过渡阶段专利状况报告；

7）生产放量阶段财务决算报告、购置固定资产清单；

8）车间生产工艺、装备改造建议报告；

9）产品成本、项目投资与经济效益分析；

10）环保、安全状况报告。

5.4.3 生产放量过渡评审

5.4.3.1 生产放量过渡完成后由项目负责人提出申请，经科研部门各级领导审核，提请公司评审委员会组织评审。达到试行标准要求时予以组织评审；主要指标未全面达到试行标准时，不予进行评审，科研部门需对问题进行深入分析、制订纠正措施、必要时补充小试或中试试验。完善小试或中试工作，提交小试或中试试验补充试验报告后，重新进入生产放量过渡评审程序。

5.4.3.2 公司技术创新项目评审委员会会以评审通知单的方式通知公司范围内的技术、经济、管理等相关专家参加生产放量评审会议。

5.4.3.3 评审内容主要包括：

1）生产配方的稳健性、工艺设备技术条件的可行性；

2）产品性能及检测方法的符合性；

3）生产放量过渡结果是否具备进行大批量、长周期稳定生产的条件；

4）最后确认专利申请的范围是否覆盖了所有新的技术；产品是否包含他人的专利，是否需要获得专利许可；

5）是否对原材料、分析检测仪器、生产装置及工艺装备有特殊要求，如何在下一步的生产过程之中予以解决；

6）生产放量过渡结果与产品试行标准的符合性；

7）安全、环保及国家法律、法规的符合性；

8）产品成本、项目投资与经济效益分析，确认所开发项目的投入产出是否合理或有无经济前景和投资回报；

9）有无其他改进要求。

5.4.4 生产放量过渡输出

5.4.4.1 生产放量过渡评审完成后，输出的材料主要包括：

1）生产放量过渡工作总结（含详细的试验研究内容、稳健性设计实施措施、试验数据）；

2）生产工艺配方；

3）质量检测报告及市场应用报告；

4）特殊原材料明细及配方消耗定额；

5）产品技术标准及产品技术说明书、使用说明书；

6）生产放量过渡阶段专利状况说明；

7）生产放量阶段财务决算报告、购置固定资产清单；

8）车间生产工艺、装备改造方案（如有必要）；

9）产品理论成本、项目投资与经济效益分析；

10）环保、安全状况报告；

11）生产放量过渡评审书（含评审意见及集团公司首席科学家审批意见）。

5.5 通过各阶段评审后由×××部整理评审材料，组织修改并汇齐全部资料以形成完整的项目技术总结材料。经公司×××审批后视为新产品开发工作结束，完成结题验收。结题验收后的项目移交接收单位。

5.6 新产品、新技术鉴定或验收

5.6.1 凡列入各级政府部门的重大新产品、新技术开发项目，开发任务完成后需进行技术鉴定或验收。

5.6.2 鉴定或验收应具备的文件、资料：

1）技术工作总结或研制工作报告；

2）产品企业标准、技术说明书与使用说明书；

3）权威部门质量检验报告；

4）财务预算；

5）新产品、新技术查新报告（含知识产权状况）；

6）环保、安全、卫生评价报告；

7）应用报告（用户意见）；

8）经济与社会效益分析；

9）项目申报书与可行性研究报告；

10）其他相关材料。

5.6.3 科研部门向×××部提出鉴定申请并提交规定的鉴定或验收文件和材料。对于符合鉴定或验收要求的项目，上报公司×××审查。

5.6.4 经公司×××审查并同意进行鉴定或验收后，由×××部向上级科技管理部门（国家、省、市科委或经贸委）提出鉴定申请并报送规定的鉴定或验收文件和资料。

5.6.5 列入各级政府部门的新产品、新技术鉴定由上级科技管理部门组织，×××部协助。

5.7 设计更改

5.7.1 计划的更改由具体实施计划的部门提出更改申请，并按程序履行审批程序。

5.7.2 当履行合同、协议要求时，应将计划的变更内容提交顾客审核和认可。

5.8 文件归档

×××部按照要求将研发各阶段产生的技术资料进行归档。

（二）采购

企业采购活动知识产权管理工作流程如下：

1. 采购部门根据需求部门提出的采购请求进行市场调研，形成市场调研报告，确定候选供货方名单；

2. 知识产权管理职能部门对候选供货方进行知识产权调查，包括拟采购产品的知识产权权属状况、知识产权风险状况以及供货方的知识产权管理状况等，形成《供货方知识产权状况调查表》，提出建议供货方名单，报企业知识产权主管或主要负责人审批；

3. 采购部门根据领导审批意见拟定《采购合同》，交由知识产权管理部门对《采购合同》中涉及的知识产权事项进行审查，提出采购合同中知识产权事项的约定是否需要修改以及具体修改意见，并形成《采购合同知识产权审查意见表》。

4. 采购部门建立供方档案，记录供方资信；知识产权管理部门对需要采取保密措施的采购信息作好保密工作。

5. 知识产权管理部门根据《知识产权侵权处理预案》，监控供方的供货信息，并对可能产生的知识产权纠纷作好提前预警。

企业采购活动知识产权管理流程如图5.6所示。

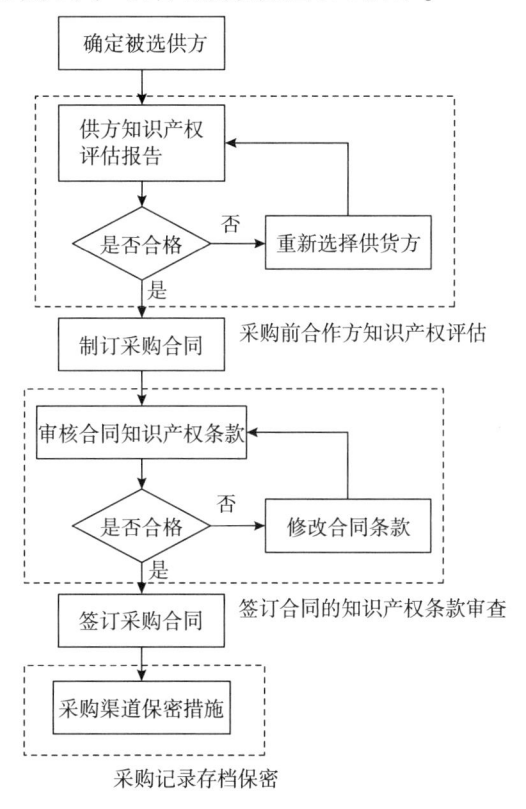

图5.6 企业采购活动知识产权管理流程

（三）生产

企业生产活动知识产权管理流程包括自主生产流程以及协同生产流程。

自主生产流程

1. 企业对生产过程中涉及知识产权的关键过程和特殊过程进行确认，并编制相应的作业指导书。

2. 根据企业安保等相关制度规定，知识产权管理部门将生产和办公区域划分为受控区域和非受控区域，明确标示受控区域；相关人员进入受控区域，需登记记录；非相关人员进入受控区域需填写《受控区准入申请表》，报安保部门审批。

3. 生产部门对生产人员进行岗位培训、考核，知识产权管理部门在上岗前与生产人员签订《保密协议》。

4. 生产过程中，任何员工或部门可以就生产产品提出技术改造、技术革新、发明创造或合理化建议。由技术部门对成果进行技术评估，确定是否推广应用。对建议提交者的奖励按照企业奖励制度实施。

5. 知识产权管理部门对拟推广应用的技术改造、技术革新、发明创造或合理化建议成果进行知识产权评估，形成《知识产权评估报告》，并提出知识产权保护建议。

6. 对需要申请专利的，由知识产权管理部门办理专利申请；对需要保密的，由技术管理部门按照保密规定实施保密管理；投入生产使用的，对保密成果，由生产部门按照保密生产管理规定实施保密生产。

协同生产流程

1. 生产部门对符合加工条件的企业进行调研，形成《调研报告》，确定候选协同生产企业名单。

2. 知识产权管理部门对候选协同生产企业进行知识产权审查，包括协同生产企业的知识产权管理状况、知识产权风险和候选协同生产企业的资信状况等，形成《合作方知识产权状况审查表》，确定合格协同生产企业名单。

3. 生产部门拟定《协同生产合同》，知识产权管理部门对《协同生产合同》中涉及的知识产权的权属、供需双方的知识产权权利义务、侵权法律责任和保密等条款进行审查，并形成《合同条款知识产权审查表》。

4. 与协同生产企业签署《协同生产合同》，生产部门和知识产权管理部门在生产过程中监控协同生产企业的生产数量等情况。

5. 生产部门建立协同生产企业档案，记录协同生产企业资信信息。

企业生产中的知识产权管理流程如图5.7所示

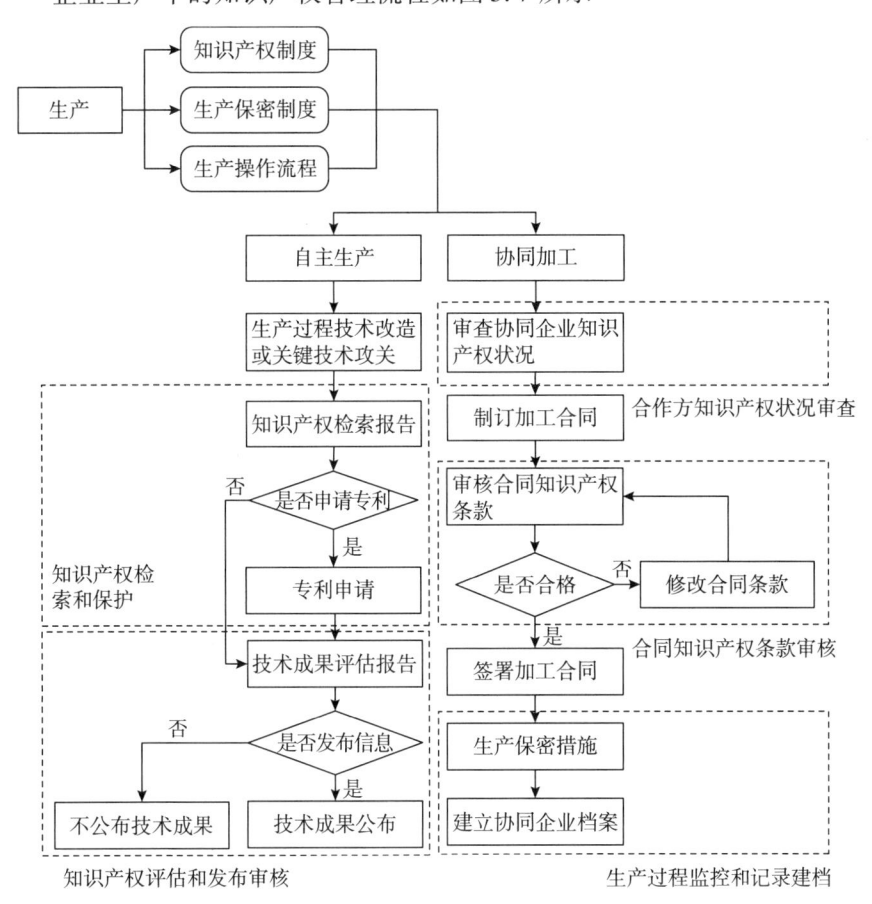

图5.7 企业生产中的知识产权管理流程

（四）销售和售后

1. 销售和售后流程

企业在产品销售前，知识产权部对市场同类产品知识产权状况进行调查分析（专利分布、商标注册情况），对公司产品的知识产权建立保护机制，也防止销售侵犯他人知识产权的产品。如在产品上柜前对供货商及知识产权标记进行登记管理。产品投入市场后，建立产品销售市场监控机制。通过市场销售网络和营销队伍，监控同类产品的市场投放情况。通过产品信息发布会、展览会、各类媒体广告、网络等多种途径收集同类产品来源信息。一旦发现同类产品涉嫌侵犯公司知识产权，应进行重点信息收集，掌握对方侵权证据，积极采取维权措施，确保侵权行为能得到及时有效的制止和处理。当产品升级或市场环境发生变化时，及时进行跟踪调查，调整知识产权保护和风险规避方案，适时形成新的知识产权。同时，知识产权管理部门应建立侵权记录，整理侵权材料，并形成档案。

企业销售和售后活动知识产权管理流程如图5.8所示。

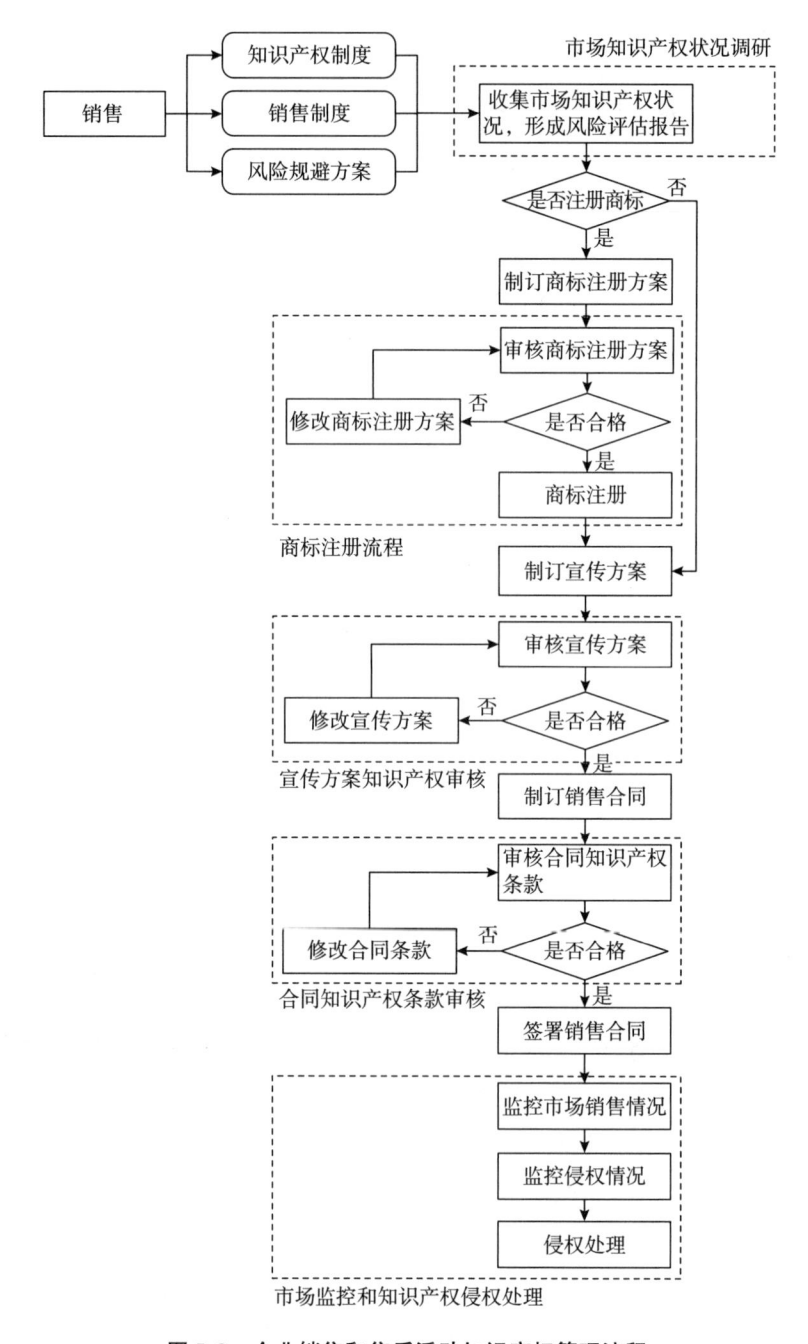

图5.8 企业销售和售后活动知识产权管理流程

二、实施和运行中的表单

(一) 立项和研究开发中的表单

1. 市场调查计划表（见表5.59）

表5.59　市场调查计划表

编号：IPC×××－××

调查目标	
考虑因素	
方法设计	
预定进度	
使用人力	
预算	

2. 市场调查报告表（见表5.60）

表5.60　市场调查报告表

编号：IPC×××-××

调查日期：	
调查内容：	
调查对象：	
调查方法：	
状况：	
动向：	
统计说明：	图解：
竞争厂商趋势：	
调查意见：	

3. 科研计划（见表 5.61）

表 5.61　科研计划

编号：IPC×××-××

项目名称	
项目简介	
人力资源计划	
时间计划	
财务计划	
资源计划	
知识产权计划	
部门主管意见	审批人：　　　　日期：
知识产权部门意见	审批人：　　　　日期：

4. 立项报告（见表 5.62）

表 5.62　立项报告

编号：IPC×××-××

项目名称	
项目简介	
可行性分析报告	
项目总体计划	
知识产权部门意见	审批人：　　　　日期：
技术主管意见	审批人：　　　　日期：

5. 研发项目知识产权状况分析报告（见表5.63）

表5.63　研发项目知识产权状况分析报告

编号：IPC×××-××

项目名称：
项目概述、技术要点：
已有知识产权情况：
检索词：
查询范围：1. 地区_____ 　　　　　2. 文献_____ 　　　　　3. 时间_____
检索方式：□自行　　□委外
检索结果：
一、相关国内外检索结果：
二、国内外文献查询结果：
三、已授权或公开的相关专利分析：

编制：　　　　　审核：　　　　　批准：

6. 专利检索申请表（见表5.64）

表5.64　专利检索申请表

编号：IPC×××-××

涉及项目名称	
检索关键词	
主要内容	
提交时间	联系人
部门意见	负责人：　　　　日期：
知识产权办公室意见	□ 委托专门机构检索 □ 自行组织检索 □ 审核不通过，不予检索 负责人：　　　　日期：

7. 研究开发成果信息发布审批记录（见表5.65）

表5.65　研究开发成果信息发布审批记录

编号：IPC×××-××

文件编号		版本号	
项目名称			
拟发布的信息			
信息发布方案			
所在部门领导意见	审批人：　　　　日期：		
知识产权部门审核意见	审批人：　　　　日期：		
知识产权主管审批意见	审批人：　　　　日期：		

8. 实验室记录（见表 5.66）

表 5.66　实验室记录

编号：IPC×××-××

| 项目编号： _____ |
| 项目名称： _____ |
| 项目内容： _____ |
| 测试和实验： _____ |
| 附件和随附资料： _____ |
| 实验者： _____ |

设计工程师： _____	审核人： _____
签名： _____	签名： _____
打印姓名： _____	打印姓名： _____
日期： _____	日期： _____

（二）采购中的表单

1. 新选供应商提交资料清单

新选供应商提交资料清单

1. 供应商保证能力调查资料

☐　供应商基本情况登记表（＊）

☐　供应商主要联系人通讯录（＊）

☐　供应商主要产品一览表（＊）

☐　供应商生产设备一览表（＊＊）

☐　供应商检测设备一览表（＊＊）

☐　产品主要原材料一览表（＊＊）

☐　供应商主要客户一览表（＊）

2. 供应商注册资料及证实性材料

☐　企业法人身份证明影印件

☐　营业执照影印件（＊）

☐　税务登记证影印件（＊）

☐　增值税一般纳税人资格证书影印件（＊）

☐　税务年审记录（＊）

☐　最新资产负债表、损益表、现金流量表（＊＊）

- [ ] 开户银行名称及银行账号
- [ ] 质量管理体系认证证书影印件（＊＊）
- [ ] 产品认证证书影印件
- [ ] 产品型式试验报告影印件（省级以上部门）
- [ ] 出厂检验报告影印件
- [ ] 在主要客户处的评级情况（＊＊）
- [ ] 授权代理的相关证明文件影印件（代理商提供）
- [ ] 知识产权权属证明材料

3. 自述性材料
- [ ] 供应商自我介绍（＊）
- [ ] 产品介绍（＊）
- [ ] 公司组织架构图（＊）
- [ ] 质量控制流程图（＊＊）
- [ ] 产品加工工艺流程（＊＊）
- [ ] 产品验收标准（＊＊）
- [ ] 购销流程图/表（代理商提供）

4. 服务方式说明
- [ ] 供应物料报价单/发票类型/付款期限（＊）
- [ ] 订单确认时间/产品交付方式（＊）
- [ ] 技术支持说明

注：（＊）为所有厂商必须提交的资料；（＊＊）为制造厂商必须提交的资料。

2. 供应商主要产品一览表（见表5.67）

表5.67 供应商主要产品一览表

编号：IPC×××-××

序号	产品类别	规格范围	品牌	涉及专利	产地	产品认证	采用标准	月产量	打样周期	首批交货周期	正常供货周期	备注

注：1. 有认证要求的产品，产品认证栏必须填写，并提供有效的认证证书影印件。

2. 备注栏请注明能为本月配套量。

3. 如有最小订购批量、最小订购金额请在备注栏说明。

3. 供货方知识产权状况调查表（见表5.68）

表 5.68　供货方知识产权状况调查表

编号：IPC×××-××

文件编号		版本号	
供货方企业名称			
注册地			
发明专利		实用新型	
外观设计		著作权	
商标		其他	
供货方知识产权管理状况（机构设置、管理制度建设、执行成效）评价			
拟采购产品或技术名称			
拟采购产品或技术的知识产权侵权分析评价			
评估结果及采购建议			
	知识产权部门主管签字：		日期：
企业领导签字			

(三) 生产中的表单

1. 原图管理表（见表5.69）

表5.69　原图管理表

编号：IPC×××-××　　　　　　　　　　　　　　　　　　　　　日期：

产品名称			蓝图张数		
类别	图号	完成日期	机密等级	复本张数	使用部门

2. 合理化建议提案表（见表5.70）

表5.70　合理化建议提案表

编号：IPC×××-××

提案人员	
所在部门	提案时间
提案类别	□ 经营管理思路和方法的改进； □ 各种工作流程、规程的改进； □ 新产品开发、原料供应保障、产品市场开拓的建议； □ 制造工艺、设备、技术的改进； □ 原材料节约、废料利用； □ 产品品质的保证和改进、原料质量的控制； □ 降低成本和各种消耗； □ 安全生产； □ 增强团队工作凝聚力； □ 其他任何有利于本公司的改进事项。
提案内容	签字：　　　　　　　　　　日期：
级别评定	□A级　　□B级　　□C级　　□D级 评定人：　　　　　　　　日期：

3. 合理化建议登记表（见表5.71）

表5.71 合理化建议登记表

编号：IPC×××-××

序号	提案标号	提案人员	提案类别	提案级别	提案时间	备注

（四）销售和售后中的表单

1. 市场（技术）情况监控表（见表5.72）

表5.72 市场（技术）情况监控表

编号：IPC×××-××

部门名称	
监控时间	
市场情况	签字：　　　　　　日期：
技术情况	签字：　　　　　　日期：

样例六 审核与改进程序及记录

一、审核和改进程序

企业应建立并保持内部审核的书面程序，其内容主要包括：审核的目的、审核的范围、引用的标准、审核的类别、审核的组织、审核的基本要求、审核人员的确定与责任、审核的计划、审核的基本步骤、审核的方法、审核的分析与记录、审核报告的编制及跟踪审核等。

内部审核的流程包括审核启动、现场审核的准备、现场审核的实施、编制内部审核报告、制订并实施纠正措施、跟踪审核和保存记录，如图5.9 所示

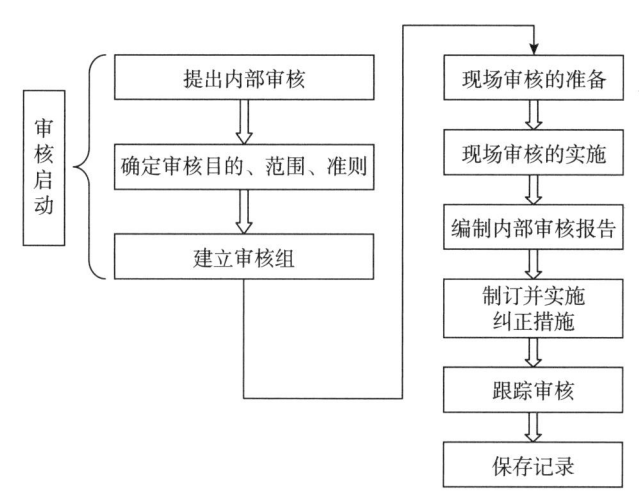

图 5.9 内部审核的流程

（一）审核启动

1. 指定审核组长

审核组长由负责管理审核方案的人员指定，在审核过程中，应明确审核组长的权限和各审核员的职责，审核组长应确保审核目的、范围和准则适用于企业审核的性质。

2. 确定审核目的、范围和准则

每次审核活动的目的应由审核委托方确定，并形成文件，符合审核方案总体目的。审核范围和准则应由审核委托方和审核组长根据审核方案程序确定。

3. 建立审核组

根据审核活动目的、范围、部门、过程及审核日程安排，选定审核组

长和成员，建立审核组。审核组成立后，审核组长应对各成员进行分工，明确各成员的工作职责和要求，同时确保审核组独立于受审核的活动并避免利益冲突。此外，审核组成立后，审核组长应及时召开审核组会议，以确保审核前准备工作全部完成，每个审核员对审核任务完全了解。

（二）现场审核的准备

1. 编制审核计划

审核计划是对本次审核活动的具体安排，应形成文件，由审核组组长制定并经管理审核方案人员批准，在现场审核活动开始前提交受审核方。

审核活动计划应明确审核的目的和范围，审核准则和引用文件，审核组成员名单及分工情况，现场审核活动的日期和地点，受审核部门，首次会议、末次会议的安排，各主要审核活动的时间安排、审核报告日期等。同时，审核计划还应体现本次审核所采用的主要方法。

2. 编制检查表

为提高审核的有效性和效率，审核员一般应根据分工准备现场审核用的检查表，检查表内容的多少取决于被审核部门的工作范围、职能、审核要求和方法。审核员在编制检查表前，应充分掌握企业知识产权管理规范对各部门的要求，先了解审核区域的职能，检查表的内容应覆盖该审核区域所承担的职能，并着重突出知识产权管理的职能，照顾相关职能。

3. 通知审核

审核前应通知受审核的部门，一般通知内容应包括审核员、时间安排要求等。审核计划应得到受审核部门负责人的确认，必要时应向受审核部门提供检查表。

（三）现场审核的实施

1. 首次会议

首次会议是现场审核的开端，是审核组全体成员与受审核方领导及有关人员共同参加的会议。首次会议由审核组组长主持，向受审核方介绍具体的审核内容及方法，并协调、解释有关问题，到会人员需进行签到，并保存记录。规模较小企业的内部审核，首次会议可以简单地包括对即将实施的审核的沟通和对审核性质的解释。

2. 现场审核

首次会议结束后，即进入现场审核阶段，现场审核应按照计划安排进行，具体的内容按照准备好的检查表进行。现场审核是使用抽样检查的方法收集并验证信息的过程，在这个过程中，审核员的个人素质和审核策略、技巧可以得到充分发挥。

现场审核过程中，内审员应根据检查表规定的检查内容，通过交谈、查阅文件、现场检查、调查验证等方法收集客观证据，并逐项作好记录。对审核中发现的问题，由内审员在检查记录表上填写不符合情况，并及时与受审核部门联系、交换意见和进行确认。现场审核结束后，审核组会议应对全部审核情况进行综合分析，并出具书面不符合报告。

3. 末次会议

现场审核以末次会议结束，末次会议是审核组、受审核方领导和有关职能部门负责人员参加的会议，由审核组组长主持，与会者应签到并保存记录。

末次会议主要是向受审核方介绍审核的情况，以便他们能够清楚地理解审核的结果，并予以确认。同时，审核组还应向受审核方报告审核发现的问题和审核结论，并提出后续工作要求，保证他们能够按照要求进行纠正和完善。

（四）编制内部审核报告

审核报告是审核组结束审核工作后必须编制的一份文件，一般由审核组组长在末次会议后的一周内完成，由全体内审员签字，并提交给最高管理者或管理者代表批准，批准通过后应分送有关部门和人员。审核报告提交后，审核即告结束。

（五）制定并实施纠正措施

不符合项的责任部门在一周内对不符合原因进行分析，查找原因，并制订纠正计划，明确完成日期和组织实施。

（六）跟踪审核

跟踪审核是对受审核方采取的纠正措施进行评审、验证，并对纠正结果进行判断和记录的一系列审核活动的总称。内审员对责任部门的纠正措施进行跟踪、检查和验证，将跟踪验证结果填写在《不符合项及纠正措施跟踪验证表》中，在"验证结果"栏中签字，纠正措施实施有效，纠正活动可以关闭。如审核中发现检测结果的正确性和有效性可疑时，应立即采取纠正措施并通知可能受到影响的所有委托方；如纠正措施达不到预期目标和效果，则应制订新的纠正计划和纠正措施，并执行《纠正与预防措施程序》。

（七）保存记录

内部审核结束后，所有的资料和记录交企业资料管理部门建档保存。

二、审核和改进相关表单

（一）企业知识产权内部审核计划表（见表5.73）

表5.73 企业知识产权内部审核计划表

编号：IPC×××-××

一、评审目的：	
二、评审范围：	
三、评审依据：	
四、评审成员： 　　审核组长： 　　管控员：	
评审时间	评审安排

（二）企业知识产权内部评审记录（见表5.74）

表5.74　企业知识产权内部评审记录

编号：IPC×××-××

部门：　　　　　部门负责人：

要求	审核方法	审核记录	不符合编号

管控员：　　　　　日期：

（三）企业知识产权内部评审报告（见表5.75）

表5.75　企业知识产权内部评审报告

编号：IPC×××-××

评价时间								
项目	方针目标	管理体系	资源管理	运行控制	检查分析改进	管理绩效		总分
标准分								100
得分								
审核计划实施情况：								
存在的主要问题：								
体系运行情况总结及有效性、符合性结论： 　　　　　　　　　　（评审组长）签名： 　　　　　　　　　　（知识产权负责人）批准： 　　　　　　　　　　日期：								

（四）企业知识产权改进措施（见表5.76）

表5.76 企业知识产权改进措施

编号：IPC×××－××

序号	不合格项	纠正或改进实施部门	纠正或改进情况	监督检查结果	检查人	备注

实施部门负责人：　　　　　　年　月　日　监督检查部门负责人：　　　　年　月　日

第六章 宣贯培训

企业应重视对员工的知识产权教育和培训。具体而言，对员工的培训应根据岗位设置确定培训重点。譬如，对入职新员工应进行知识产权基础知识培训，使其了解知识产权对企业的作用，树立知识产权"警戒线"意识和培养其知识产权意识。

一、内审员培训要求与内容

企业贯标内审人员的职责，包括参与企业知识产权管理标准化体系的建立与组织实施，对企业知识产权管理体系运行进行辅导、服务和监督；负责对本企业知识产权管理标准化体系的运行绩效实施内部审核。因此，首先需要对内审员进行培训，使其具备达到开展岗位工作的能力。

二、知识产权专职人员技能的培养

为实现知识产权与经营有机结合的目标，提高知识产权专职人员的技能是核心。知识产权部门应当设置专门的培训小组来开展提高知识产权专职人员技能的培训工作。也就是说，培训小组应根据人员的具体情况，如个人的岗位、职责、知识点、知识结构、存在问题和不足等方面，来制订个性化的培养方案和培养计划，并加以实施。

基本上采用在岗培训的方式来培育企业的知识产权专职人才，也要采取多种多样的培训方式来加强培养，如参与公司外部的培训、研讨会、国外专利事务所举办的培训、到国内外的法律学校去学习等，使其掌握广泛的知识和技能。而且，还要积极开展知识产权部门的人才轮岗制度。

企业可以要求知识产权专职人员取得代理人资格，如取得国家专利代理人、商标代理人等资格证书。同时，企业要积极引入知识产权专职人员的考试和内部认定制度，即依据知识产权部门的新人、骨干、管理人员各自水平设定一套培训课程以及内部考试，并将考试成绩和工作绩效作为公司内部资格认定的参考指标，使其具备撰写申请文件、答复审查意见通知书、完成申请补正、知识产权检索、侵权判断、提出无效宣告请求、参与知识产权诉讼等方面的能力。

如针对专利的培训包括：

（1）专利基础知识培训。包括专利概念和内涵、专利形式和类型、专利申请流程、专利授权标准、专利侵权判断等方面。

（2）专利挖掘培训。包括专利申请的基本要求，专利挖掘概念，专利挖掘的思路、方法和流程，专利挖掘的典型案例。

（3）专利申请文件撰写培训。包括权利要求书、说明书、实施例、附图的撰写规范要求，独立权利要求和从属权利要求的撰写技巧，专利申请文件的质量审核。

此外，还应提高知识产权人才的其他知识及能力，如让其参加知识产权以外的培训计划以及参与其他部门（研发部门、制造部门、营业部门、法务部门或人事部门等）的人员培训课程。

三、全员培训要求与内容

对全员的知识产权培训，重在意识培养，应重点加强知识产权法律法规、知识产权基本常识的宣传教育，还需要进行企业知识产权管理制度的灌输。培训内容包括知识产权法律制度、文件管理和保密制度，知识产权创造和维权等基本知识，使其逐步形成遵守知识产权法律制度和保护企业知识产权的强烈意识等。

宣传教育的方式可以多种多样，如聘请专家作专题讲座、举办报告会、组织集中短期培训等，还可以利用企业内部宣传报刊、杂志、网站、黑板报等宣传工具，或者通过发放宣传资料等，开展知识产权法律法规和基础知识的宣传。

四、知识产权管理人员培训要求与内容

企业管理人员在从事知识产权管理时往往要承担判断形势、作出决策等主要管理责任，因此，他们必须具备足够的知识产权基础知识才能作出正确的决策。但目前，企业管理人员往往缺乏有针对性的知识产权培训，他们的知识产权知识要么通过业务实践获得，要么通过自己非系统的自学，通过这两种渠道所获得的知识产权知识，往往不能适应信息时代迅猛发展的需求。因此，对这些管理人员进行有针对性的系统的知识产权培训，是实施企业知识产权战略中必不可少的一部分。

对企业知识产权管理部门及其工作人员的培训，应着力加强知识产权知识、技能和经验的全面培训。使企业的知识产权管理人员了解和掌握本企业生产产品的技术内容，知识产权法律知识、专业知识和操作实务知识，具备处理各类知识产权事务的基本知识和能力。

企业对知识产权管理人员的培训教育，可以采取多种形式和途径组织实施。如：聘请知识产权专家到企业开展短期培训讲座，选派人员参加各级知识产权管理部门组织的专业培训，选派人员到高等院校或专业培训机构进行知识产权知识的学习深造等。

五、相关部门培训要求与内容

对企业相关职能部门负责人及主要工作人员的培训教育，应结合该部门知识产权管理的内容，合理设置培训教育的内容。如：对技术研发部门负责人及其技术研究开发人员的知识产权培训教育，应当重点加强对企业技术研究开发管理流程、技术研究与开发文件要求及管理、技术研究与开发各个阶段知识产权管理要求、专利基础知识、可申请专利的发明创造及其申请文件准备、申请审批流程、技术研究与开发过程中的专利文献检索、专利申请文件撰写等内容的培训和教育。对营销部门负责人及营销人员的知识产权培训教育，应当重点加强对本企业生产产品的技术特点、专利、商标、著作权、商业秘密等主要知识产权基本知识，知识产权侵权判定等知识的培训教育，使其具有收集市场上与本企业生产产品相近似或类似产品的信息，并具有初步鉴别是否侵犯本企业知识产权的能力。对法务部门负责人及其工作人员的知识产权培训教育，应重点加强知识产权法律法规及其相关法律知识、知识产权侵权判定及诉讼实务、知识产权风险防范、知识产权应急预警等业务知识的培训教育，使其具有协助企业规避和控制各种知识产权风险、处置知识产权纠纷的能力。

六、最高管理层培训要求与内容

最高管理者以及管理者代表是各项工作的总负责人和第一推动力，他们的知识产权意识和水平直接影响一个单位的知识产权意识和水平。企业要特别重视对企业"一把手"的宣传教育。企业主管部门应将所属企业的"一把手"知识产权培训工作纳入其日常业务考核之中，对一定级别的领导干部必须进行知识产权知识的培训。目的是帮助企业决策者真正认识知识产权战略的核心思想、价值、意义和带动企业执行标准体系。

培训的具体内容包括：知识产权在企业运营中的核心价值；知识产权管理体系的构建；知识产权管理体系的资源配置。

有些企业在培训工作方面已经比较成体系，例如江苏常发集团的知识产权培训工作，分对象、分层次，不是笼统式的"一锅端"：一是对于企业中高层人员，从宏观角度出发，培训知识产权意识和观念，因为他们是企业的领航者；二是对于从事研发的专业技术人员，培训发掘技术亮点的思维，要把"知识产权、专利权"的概念朴实化、现实化，因为往往他们会是一项专利的原始设计人；三是对于从事销售、服务、市场调研等可以得到行业情报、竞争对手信息的人，注重其专利保护意识、保护途径、收集侵权证据方法等的培训；四是对于从事企业专利管理工作的人，注重宏观与微观两方面的培训，要求达到"触类旁通"，作好企业、代理机构、政府机关三大方面的桥梁沟通作用；五是对于一般普通员工，则开展知识产权知识的普及宣传教育。针对不同的需求，常发集团邀请了包括国家知识产权审查员、法院法官、政府部门主管、咨询服务机构等不同层次的人员为企业人员开展培训。

某企业的培训包括全员知识产权宣传培训、知识产权管理人员培训、研发人员的知识产权技能培训和新员工的知识产权基础培训，其记录如表6.1~表6.2所示。

表6.1 知识产权培训实施情况记录

编号：

培训时间		培训地点		培训老师	
培训主题				培训方式	
参加培训人员名单：					
培训内容摘要（包括使用的培训教材等）：					
考核情况（成绩）：					
有效性评价：					

编制： 审核： 批准：

表 6.2 知识产权培训效果评价表

编号：

培训项目		培训对象	
培训时间		培训教师	
培训内容			
培训效果评价			
评价项目	设定分值	评价得分	评分说明或不足之处不宜评估评分说明或不满意之处
培训准备			
培训时间			
培训内容			
培训形式			
培训设施			
授课教师教学能力			
培训考核成绩			
培训对员工的帮助			
其他补充事宜：			
评分总数			
评价人员	部门	职务	评价人员	部门	职务
建议改进措施：			

编制：　　　　审核：　　　　批准：

第七章 运行实施

第一节 运行要求

　　文件是保障，执行是关键，在知识产权管理体系建立之后，应依照体系文件的要求在企业内部运行，运行过程需要企业各个部门和工作岗位予以配合。尤其是涉及知识产权的岗位应认真学习体系文件的要求，并在实际活动过程中形成运行记录。

　　虽然所建立的知识产权管理体系体现了企业的特点，但建立体系后的管理与以前的管理可能还存在以下方面的不同，如：管理规定比以前要求更严格；监督控制比以前更加细化；记录的信息表单比以前更多；知识产权因素控制方面做了改进，导致工作流程与以前不同等。鉴于这些不同，知识产权管理体系运行期间，应按照前章所述开展宣贯培训，使他们熟悉并掌握文件的要求，具备相关岗位的技能，以满足知识产权管理体系的要求。

　　由于知识产权本身的特点，某些程序的执行需要的周期会比较长，为了充分了解企业执行知识产权管理规范的效果，以及建立的知识产权体系的适宜性和有效性，企业在认证申请前运行的周期一般不低于三个月。在运行期间未能得到执行的程序，企业可以在后续的运行周期继续执行和检查，以确保体系的持续稳定运行。

　　知识产权管理体系运行一定期限后，企业应对体系的运行情况进行内部评审，找出存在的不足，分析存在的问题，制定改进措施，并监督进行改进。

第二节 实施和保持

　　知识产权管理体系文件是企业知识产权管理的法规性文件，企业的广大员工应在日常运行中加以实施和保持。"实施"的含义是执行文件的规定,"保持"的含义是在文件没有修改的情况下,员工一直按文件的要求去做。在实施和运行过程中应形成知识产权记录。

1. 知识产权检索控制流程(见图7.1)

(1) 技术中心根据需要向知识产权管理办公室提出知识产权检索申请;

(2) 知识产权管理办公室根据申请的内容决定自行检索或委外检索;

(3) 自行检索:知识产权管理办公室根据自行检索的结果,出具知识产权检索报告;

(4) 委外检索:知识产权管理办公室与检索机构出具带有保密协议的委托检索合同,并将检索机构出具的检索报告作为最终检索报告(见图7.1、表7.1和表7.2)。

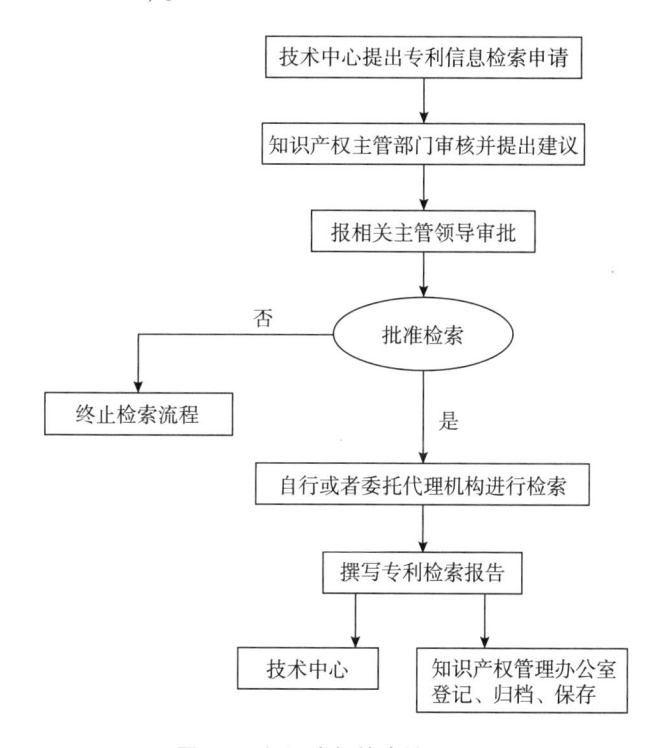

图7.1 知识产权检索控制流程

表 7.1　知识产权检索申请表

编号：

项目名称	
主要内容	
关键词	
部门审查意见	负责人：　　　日期：　年　月　日
知识产权主管部门审查意见	负责人：　　　日期：　年　月　日
知识产权主管审查意见	负责人：　　　日期：　年　月　日
备注	

编制：　　　　审核：　　　　批准：

表7.2 知识产权检索报告

编号：

项目名称	
项目概述、技术要点	
公司已有相关知识产权情况（专利号、专利申请号、申请人、专利名称）	
检索词	
查询范围	地区：国内（　）国外（　），指定国家：
	文献：专利文献（　）科技文献（　）
查询的时间范围	
检索方式	自行检索（　）委外检索（　）
相关国内外专利检索结果（检索主题词、检索数据库名称、相关专利号、专利申请号、申请人、专利名称）	
国内外文献查询结果（文献名称、来源、发表人）	
检索专利与本项目技术的对比分析及结论	

编制：　　　审核：　　　批准：　　　日期：

2.（a）知识产权申请控制流程（见图7.2）

（1）技术中心根据研发成果向知识产权管理办公室提出知识产权申请；

（2）知识产权管理办公室对提出的知识产权申请进行论证，并对相关专利进行检索，并给出检索结果；

（3）知识产权管理办公室将符合要求的申请提交主管领导审批；

（4）知识产权管理办公室委托专利代理机构撰写专利申请文件；

（5）知识产权管理办公室将专利代理机构撰写的申请文件转交发明人进行确认；

（6）知识产权管理办公室委托专利代理机构提交专利申请文件；

（7）知识产权管理办公室跟踪专利申请并办理相关手续。

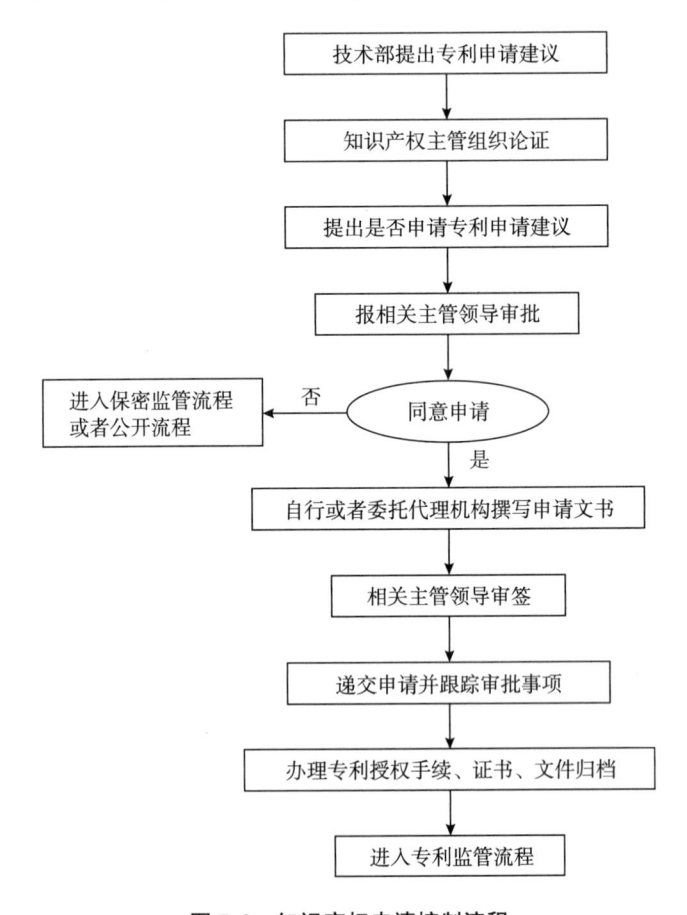

图7.2 知识产权申请控制流程

(b) 知识产权申请审批表（见表7.3）。

表7.3 知识产权申请审批表

编号：

项目名称	
拟申请内容	
申请知识产权类型	
部门审查意见	负责人：　　　日期：　年　月　日
知识产权管理办公室审查意见	负责人：　　　日期：　年　月　日
知识产权主管审查意见	负责人：　　　日期：　年　月　日
执行情况	负责人：　　　日期：　年　月　日
备注	

编制：　　　　审核：　　　　批准：

3. 研发活动记录（见表7.4至表7.6）

表7.4 研发活动记录

编号：

研发项目名称			
时间		地点	
主持人		记录人	
参与人员			
主要议案			
主要发言记录			
决议事项			
下一阶段工作安排			

编制：　　　　审核：　　　　批准：

表 7.5　研发过程知识产权跟踪检索记录

编号：CLIP611-03

序号	项目名称	首次检索时间	二次检索时间	三次检索时间	检索结果

编制：

表 7.6　项目研发成果知识产权保护评估记录

编号：

保护方式 ＼ 审查部门	项目名称	技术中心审查意见	知识产权管理办公室的意见
保密			
申请发明专利			
申请实用新型专利			
作为商业秘密保护			
拟转让			

编制：　　　　　　审核：

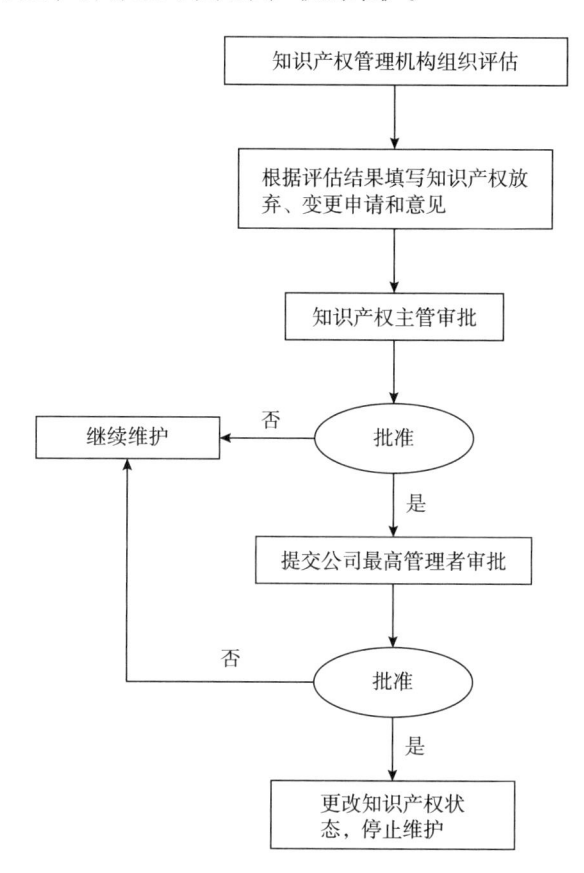

4. 知识产权变更、放弃流程（见图 7.3）

（1）知识产权管理办公室根据业务部门提出的知识产权变更、放弃申请，组织对知识产权进行评估，评估知识产权的市场价值和技术价值；

（2）知识产权管理办公室根据评估结果，出具知识产权变更、放弃意见；

（3）知识产权分管副总裁根据知识产权管理办公室出具的意见，对知识产权的变更、放弃进行审批；

（4）董事长对知识产权变更、放弃进行最后的确认审批；

（5）知识产权管理办公室根据审批的情况，继续维护或改变知识产权管理台账的状态，并停止对该知识产权的维护。

图 7.3 知识产权变更、放弃流程

知识产权变更、放弃审批表（见表7.7）。

表7.7　知识产权变更、放弃审批表

编号：

知识产权名称	
知识产权主要内容	
变更、放弃主要原因	
部门审查意见	负责人：　　　　　日期：
知识产权管理办公室审查意见	负责人：　　　　　日期：
知识产权主管审查意见	负责人：　　　　　日期：
最高管理者审查意见	负责人：　　　　　日期：
执行情况	负责人：　　　　　日期：
备注	

5. 知识产权投资流程（见图7.4）

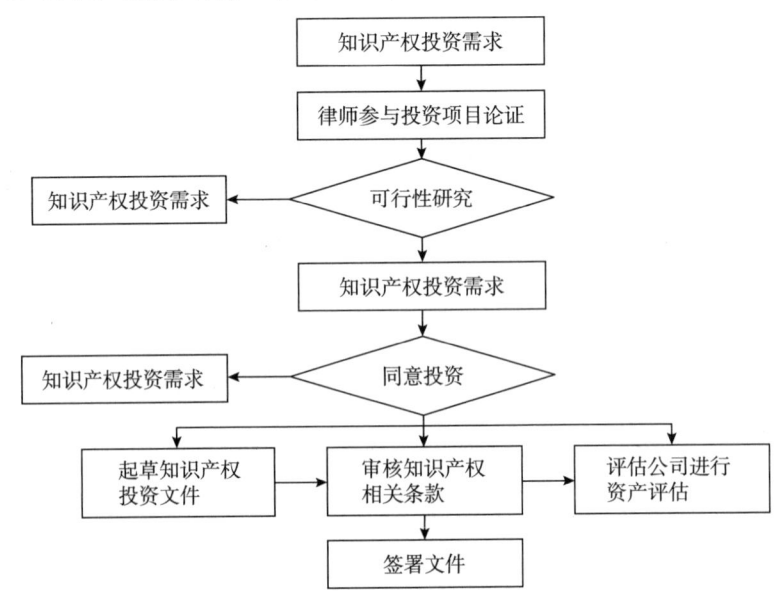

图7.4　知识产权投资流程

知识产权评估报告（见表7.8）

表 7.8　知识产权评估报告

编号：

评估项目	
项目简述	
部门审查结果	负责人：　　　日期：　　年　月　日
知识产权管理办公室审查意见	负责人：　　　日期：　　年　月　日
知识产权主管审查意见	负责人：　　　日期：　　年　月　日
最高领导者审查意见	负责人：　　　日期：　　年　月　日
备注	

编制：

6. 合同审查程序

（一）公司签订对外合同或合同变更之前，应对合同标的涉及的知识产权内容进行法律审查，根据合同的内容和性质，明确相应的知识产权权属和双方权利义务条款；

（二）涉及重大事项的合同，如重大技术、装备引进，重大产品投资等合同，在合同签订前，应组织开展知识产权审核论证，避免因知识产权问题而招致重大损失；

（三）对于知识产权运用方面的合同，如专利权转让、许可等合同，签订时可以尽量参考或采用国家有关行政主管部门现有格式合同示范文本；

（四）对于必须经过法定程序的，如专利权、商标权等知识产权转让合同，国家法律规定必须办理相关登记、公告、审批手续才能生效的，在合同签订后，应及时办理相应手续。

7. 合同管理流程

为明确公司合同审批权限，规范公司合同订立行为，加强对合同使用的监督，防范和降低因合同的签订给公司带来的风险，特制定本制度。

合同审批共包括 7 个环节：编制合同文本、审核业务风险、审核法律风险、分管副总裁审批、董事长审查、签署合同和登记存档。

1）编制合同文本

编制合同文本是指根据双方协商的结果及相关资料起草合同文本的过程。采用非标准样本的合同均需要编制合同文本。

工作内容：

a）收集相关信息

在编制非标准合同文本之前，公司相关人员必须收集相关信息，包括业务协商的结果、公司以前的合同样本、类似合同的标准样本等，作为起草合同文本的基础，同时相关资料作为合同附件。

b）制定合同框架

根据合同的价格条款、交易方式等条件，同一类型的合同也具有不同的框架体系，因此在起草非标准合同文本之前，必须先确定合同的框架体系，根据价格条款、交易方式确定应包括的合同类型。

c）起草合同文本

对于合同框架中的非标准合同，合同文本的起草必须遵循《合同法》等相关法律、法规的规定，保证条款的合法性、严密性和可行性。

d）上报合同

在起草完合同文本之后，相关业务人员必须仔细检查合同的各项条款，保证内容完整，用词准确，没有文字错误，并将检查过的合同文本等相关附件上报上级主管。

2）审核业务风险

工作内容：

a）评价业务前景

公司的部门主管在拿到业务员编制的合同文本后，首先需要对业务的发展前景进行评估。对于有发展潜力的业务，可以考虑适当增加优惠条款，以维护双方的长期合作关系。

b）评价业务利润

在确定了业务的发展前景之后，部门主管需要根据业务发展前景来确定合同的利润水平，同时将合同的盈亏预测与相应的利润水平作对比，如满足利润要求，则签字同意，否则提出修改建议。

c）评价风险控制措施

在合同满足了业务发展需求和利润要求之后，还必须对合同中的风险控制措施进行评估，检查合同条款是否对可能出现的风险采取了恰当的规避措施。

3）审核法律风险

工作内容：

a）审核合法性

（1）当事人有无签订、履行该合同的权利能力和行为能力；

（2）合同内容是否符合国家相关法律、法规和政策的规定；

（3）当事人的意思表达是否真实、一致，权利、义务是否平等；

（4）订约程序是否符合法律规定。

b）审核严密性

（1）合同应具备的条款是否齐全；

（2）当事人双方的权利、义务是否具体、明确；

（3）文字表述是否准确无误。

c）审核可行性

（1）当事人双方特别是对方是否具备履行合同的能力、条件；

（2）预计取得的经济效益和可能承担的风险；

（3）合同非正常履行时可能受到的经济损失。

d）修改合同文本

在公司合规部对合同文本提出修改建议后，相关业务人员必须严格依据修改意见对合同文本进行修改，保证合同的合法性、严密性和可行性。

4）总裁审批

5）最高管理者意见审查

审查是指最高管理者对合同审批结果进行查看。

6）签署合同

签署合同也就是使合同具备法律效力的过程。

7）登记存档

合同签署完毕，三份合同正本应交公司档案管理部门登记、编号。

合同审查流程（见图7.5），合同评审表（见表7.9）。

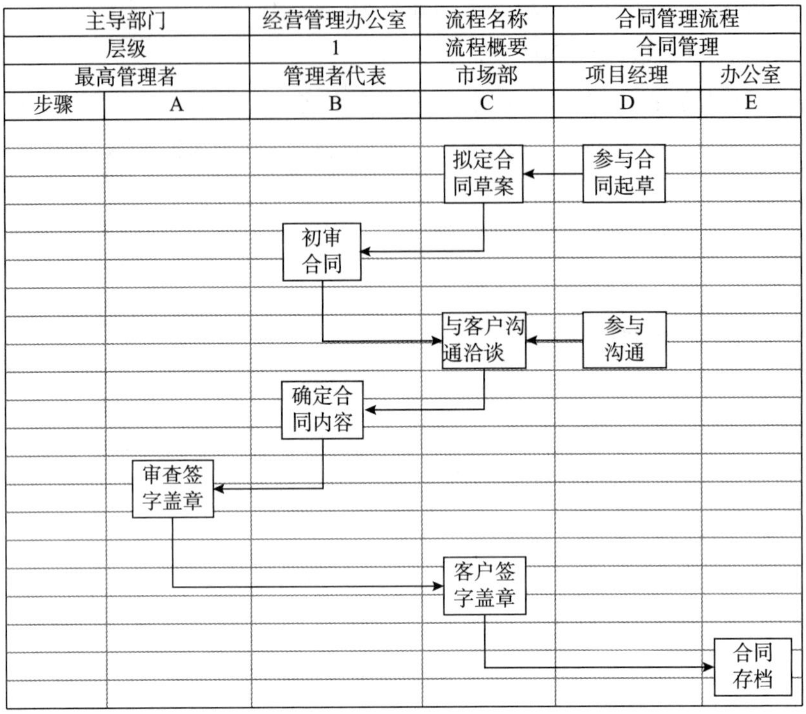
主导部门
经营管理办公室
流程名称
合同管理流程
层级
1
流程概要
合同管理
最高管理者
管理者代表
市场部
项目经理
办公室
步骤
A
B
C
D
E
拟定合同草案
参与合同起草
初审合同
与客户沟通洽谈
参与沟通
确定合同内容
审查签字盖章
客户签字盖章
合同存档

图7.5 合同审查流程

表7.9 合同评审表

合同名称		合同类别	□采购 □销售 □技术 □劳动
评审人	评审意见		签字、评审时间
合同评审要点			
合同专管员			
知识产权主管			
最高管理者			

第八章　持续改进

持续改进是保持知识产权管理体系适宜性和有效性的先决条件，持续改进的契机是企业建立的自我完善机制。而内部审核和管理评审恰是企业自我完善的途径。

第一节　内部审核

内部审核是检查企业知识产权管理体系是否有效运行的一种方式，应依据企业的知识产权管理流程和既定的评价程序定期举行，至少每年一次。

一、内部审核的工作要点

1. 审核内容

企业开展知识产权管理内部审核的内容应涵盖知识产权管理体系建立及运行的各个环节。主要包括：企业的知识产权方针、管理目标是否与企业的发展战略相适应；知识产权管理机构是否符合企业发展的实际需要；企业知识产权管理所需的人力、基础设施、财务、信息资源是否落实；企业在生产经营流程中的知识产权管理工作是否存在不足以及实际管理绩效；企业知识产权相关合同的管理是否存在问题等。

2. 审核方法

企业开展知识产权管理内部审核可以采取多种方式。可以查阅各项内容的管理文件、台账及活动记录；也可以实施现场考察，检查各部门知识产权工作开展情况；还可以采取组织召开座谈会或者听取各部门详细汇报的方式进行。

3. 审核人员

企业开展知识产权管理内部审核的人员应当由知识产权主管、知识产权管理部门及相关部门的领导、贯标工作内审员等组成。

二、内审员的要求

内部审核要求企业有符合要求的内审员。内审员是企业内部有资格实施知识产权管理审核并能胜任的人员，资格是审核员所共有的个人素质、最低学历、培训、工作和审核经历及能力的组合。内审员是维持、提高企业知识产权管理体系运行效果的骨干力量，对监督和提高企业知识产权管理水平具有重要的作用。内审员的个人素质和能力直接影响审核工作的质量，也直接关系到内审程序的有效实施，因此企业知识产权内审员必须具备一定的素质和能力，才能成为合格的内审员。

根据企业知识产权管理规范，内审员需具备六个方面的资格条件，即教育、审核员培训、工作经历、个人素质、审核经历以及知识和技能的应用能力。

1. 审核员培训

企业知识产权内审员必须通过一定程度的审核培训，只有通过内审员考试，并获得企业知识产权内审员资格证书的人员，才能从事企业知识产权内部审核方面的工作。

2. 工作经历

内审员应具有从事企业知识产权管理方面的工作经历，并取得实际的工作经验。

3. 内审员的能力和评价

内审员的能力主要包括个人素质、知识和技能的应用能力两个方面。

第一是内审员的个人素质。内审员应具有良好的个人基本素质，主要包括：

（1）正当地获取和公正地评定客观证据；

（2）不卑不亢，忠实于审核目的；

（3）在审核过程中，不断地注意审核观察结果和人际关系的影响；

（4）处理好与相关人员的关系，以取得最佳的审核效果；

（5）尊重审核所在部门、区域的规定；

（6）能本能地了解和理解环境；

（7）适应能力强，即能容易地适应不同情况；

（8）审核过程中排出干扰，认真进行；

（9）以审核观察记录为基础，得出能为大多数人所接受的结论；

（10）忠实于自己的结论，不屈从于无事实根据要求改变结论的压力。

第二是内审员的知识和技能。主要包括：

（1）知识产权审核员通用的知识和技能。

首先，内审员应能够恰当的把握知识产权审核原则、程序和技巧，并将其应用于不同的审核,确保审核实施的一致性和系统性;其次,内审员应了解企业的知识产权管理体系及其运行情况,深入理解审核范围并运用审核准则;最后,内审员应熟悉企业知识产权管理适用的法律、法规和与其相关领域相关的其他要求,并在适用于受审核方的这些要求的范围内开展工作。

(2) 内审员特定的知识和技能。

内审员应掌握与企业知识产权管理有关的方法和技术,以及企业知识产权管理的基本流程和相关部门的具体职能,以便能有效检查企业的知识产权管理工作,并形成适当的审核发现和结论。

4. 内审员能力的保持和提高

内审员本人可以通过自学、培训、工作经历等相关活动,保持和提高专业知识、技能和个人素质,以适应企业和外部环境的变化。同时,内审员还可通过不断地参加知识产权管理体系审核来保持和证实其审核能力。

某企业的内部审核记录如下(见表8.1~表8.3)。

表 8.1　内部审核计划

编号:

一、审核目的	
二、审核范围	
三、审核依据	
四、审核成员 审核组长 内审员	
审核时间	审核安排

编制:　　　　　审核:　　　　　日期:

表 8.2　内部评价记录

编号：

部门：　　　　　　　　　　部门负责人：

要求	审核方法	审核记录	不符合编号

内审员：　　　　　　　　　时间：

表 8.3　改进措施

编号：

序号	不合格项	纠正或改进实施部门	纠正或改进情况	监督检查结果	检查人	备注

实施部门负责人：　　年　月　日　　监督检查部门负责人：　　年　月　日

第二节　管理评审

　　管理评审是企业最高管理者对企业知识产权管理体系运行状况实施监督和管理的重要工作之一，目的是评价企业知识产权管理体系的适宜性、充分性和有效性，分析和查找知识产权管理体系运行中存在的问题，研究制定改进措施，保障知识产权管理体系的有效运行。

　　对企业知识产权管理体系运行状况的管理评估，应当由企业的最高管理层组织实施，并应当有开展管理评估活动的时间要求（如每年或每两年评估一次等）。企业开展知识产权管理体系的管理评估，主要是对知识产权管理体系的运行绩效实施评估，要依据定性和定量相结合的原则组织评估，根据企业知识产权管理体系涉及的各个环节的管理内容，采取审阅企业内部各项规章制度的制定是否合理、各部门知识产权管理工作职责划分是否明确合理；听取各部门工作汇报；查阅各部门知识产权工作任务完成情况、工作进度记录情况、工作档案保管情况等方法，开展管理评估。管理评估的重点环节是分析企业知识产权管理体系在各个管理环节的运行情况，查找和发现存在的问题，并根据存在问题研究制定改进措施。

一、管理评审与改进的关系

管理评审的主要目的是寻找改进的方面。改进需要花费一定的时间，需要投入一定的人力和财力，有权决策改进的人是最高管理者。因此，管理评审是最高管理者的职责，管理评审会议也必须由最高管理者支持，不能由其他人替代。

最高管理者虽然是改进的决策者，但决策还应建立在以事实为依据的基础上，这种事实就是各部门在评审会上交流的信息，即评审输入。评审输入的信息包括：企业的知识产权方针、知识产权目标（包括长期、中期、阶段目标）是否符合企业实际情况；知识产权管理机构设置是否合理、是否符合企业发展的实际需要；企业的经营目标、策略以及新产品、新业务规划；企业知识产权管理的各类规章制度是否完善、是否符合企业实际、是否缺少必要的规章制度；企业技术研究与开发活动知识产权管理工作是否存在不足和需要改进、完善的事项；企业原辅材料采购中知识产权管理事项是否齐全、是否需要改进；企业生产环节知识产权管理事项是否到位，是否存在需要改进和完善的事项；企业产品销售环节知识产权管理是否到位，是否存在需要改进和完善的事项；企业技术、产品进出口环节还存在哪些知识产权管理问题，是否需要改进和完善；企业的各类知识产权权利取得和维护、各类有关知识产权的合同管理、所需要的知识产权法律法规和政策收集、有关的知识产权信息收集等，还存在哪些问题需要改进和完善；企业的员工知识产权教育培训、员工创新激励政策制度等还存在哪些问题需要改进和完善；以及技术、标准发展趋势，还有前期审核结果等。

最高管理者通过评审会上输入的各种信息了解企业知识产权管理体系的不足，但具体哪些方面需要立即实施改进，如何进行改进，最高管理者不一定能作出最佳的决策，还应该集思广益，在听取大家建议的基础上，再根据企业的发展方向、目前的状况和财力，对改进作出最佳的决策。

二、如何从输入的信息中寻找改进的机会

管理评审的输入信息之一是内部审核结果。内部审核是以事实为依据，以审核准则为判定标准，从多方面来检查知识产权管理体系的运行情况。审核时发现的不符合项就是体系运行和准则之间的差距，需要改进。

评审另一方面的输入信息是"技术、标准发展趋势"，这种信息为企业提供了因变化而产生的差距，需要改进。

跟踪已存在或潜在不符合的改进和以前管理评审决定的改进，了解这两种改进的实施情况和实施后的效果，如果以前改进没有得到很好的实施或实施后的效果不好，则需调查并分析其原因，针对原因确定继续改进的措施。

三、管理评审的输出

管理评审输出的重点是改进的决定以及如何实施改进的措施和资源需求。因为管理评审虽然包括对知识产权管理体系运行好的方面的评审，但是好的方面在以后的运行中继续保持，不需要再附加安排和要求，而改进的方面则需要一定的时间、技术和资源，这些都应在管理评审时落实，而且应记录落实的情况，便于后面改进措施的实施和验证，所以评审输出的重点是改进的内容和资源需求。管理评审报告是对评审过程的综述，报告无固定格式，其内容应包括改进的内容和改进措施的安排以及资源需求。

如某企业的管理评审要求如下：公司最高管理者应当在每年年底主持开展管理体系、运行控制过程状况总结会议，及时纠正知识产权管理体系和运行控制中存在的问题。收集分析包括来自检查结果以及其他有关来源的信息，以验证知识产权管理体系的适宜性和有效性，并对如何提高和改进知识产权管理体系的有效性进行评价，确定知识产权管理体系是否符合知识产权管理的要求，是否得到了正确的实施，是否有效满足知识产权方针和目标。

评审项目主要从以下方面入手：

（一）知识产权管理体系管理评估定量指标。该指标能更为客观地把握知识产权管理的水平，主要包括：

（1）知识产权工作人员的数量；

（2）专利收支额；

（3）专利实施率；

（4）财务经费实施绩效；

（5）预防和纠正措施的实施情况。

（二）知识产权评估指标的具体核查事项包括：

（1）是否将确立的知识产权方针广为宣传并具体化；

（2）公司在制定知识产权战略时，是否考虑到竞争要素的变化；

（3）公司定期在董事会、高级管理人员会议等会议上讨论知识产权战略是否在公司的经营中得到反映；

（4）公司在国内外主张权利、解决司法纠纷时，是否必要而充分主张了权利；

（5）针对公司业务的发展速度，公司知识产权部战略性服务工作的速度是否能完全跟上；

（6）公司是否用与机构相对应的形式，明文规定了知识产权的相关责任和权限；

（7）公司是否有计划地配备机构运营所必需的知识产权要员；

（8）关于申请专利、维持专利等所需要的知识产权活动成本与希望通过这些活动得到的收益和通过这些活动而避免的风险之间的收支平衡；

（9）为提高公司的知识产权效率和水平，公司将知识产权业务外托给专门的服务机构，以上业务外托是否有助于提高公司的知识产权效率和水平；

（10）公司是否对新职员进行知识产权培训；

（11）关于职务发明，公司是否进行客观判断；

（12）公司是否具有根据发明质量高低而以不同奖励的奖励制度；

（13）公司技术开发部门的领导中是否有曾经从事过知识产权管理的人员，公司技术开发部门的领导是否理解知识产权制度；

（14）公司的技术人员是否充分理解知识产权在业务活动中的重要性；

（15）知识产权工作人员是否参加公司的研发会议；

（16）公司是否能根据本公司业务活动情况和其他公司的业务动向而适时地对权利的维持和放弃作出判断，公司对权利的维持和放弃是否有明确的判断标准；

（17）公司对于没有达到申请水平的发明是否有明确的处理规定；

（18）当发生问题时，公司内作出决断的程序是否明确。

具体如表8.4、表8.5所示。

表 8.4 知识产权管理评审计划

编号：

评审目的	
评审范围	本公司知识产权管理体系涉及的全部知识产权管理事项
评审准则	1. GB/T 29490《企业知识产权管理规范》 2. 本公司《知识产权管理手册》 3. 知识产权法律法规及相关法律法规和政策文件
评审成员	评审组长：　　　　　　　　评审员：
评审日期	
评审时间和工作进度安排	
评审报告发布日期及范围	
评审报告计划发布日期及范围	

编制：　　　　审核：　　　　批准：　　　　日期：

表 8.5 知识产权管理评审报告

编号：

评审目的			
评审范围			
评审准则			
评审组成员	评审组长：　　　　　　　　评审员：		
评审日期			
评审范围（评审内容、绩效评价、存在问题等）			
改进措施			
评审报告发布方式和范围			
报告附件（提供评审的资料等）			
编制日期		批准日期	

编制：　　　　审核：　　　　批准：

第九章 《企业知识产权管理规范》贯彻实施常见问题

企业知识产权管理标准化工作是一个新生事物，作为管理体系的一种，势必要求企业全方位思考企业知识产权管理的问题，在此基础上对照规范完成企业的贯标工作。由于企业规模、类型的差异，以及咨询服务机构的水平差异，贯标过程中将会出现一些问题。江苏省从2009年起正式推进企业知识产权管理规范贯标工作，在多年的工作实践中一直不断总结，本章对典型问题进行重点剖析。

第一节 知识产权管理诊断问题

企业知识产权管理诊断是实施贯标工作的前提，贯彻规范工作做得好坏与诊断工作做得深入情况有直接关系，只有有效了解企业的知识产权管理情况，才能有针对性、个性化地完成企业的贯标工作。有很多企业认为贯标工作就是按照规范提供的要求重新在企业里面贯彻实施，甚至在贯标一开始就抛弃企业原有的程序，想通过规范提供的模板或抄袭其他优秀企业的贯标文件快速完成贯标工作，这样做的直接后果就是体系文件和企业的实际情况不符，形成的体系也不能满足企业知识产权管理的实际需求。

某企业在贯标前未进行知识产权管理诊断，就编制了专利管理程序、商标管理程序和著作权管理程序等文件，但经过实际了解发现该企业并没有与著作权相关的知识产权，著作权管理程序对企业没有实际作用，因此在贯标过程中企业做了实际不需要的文件，既浪费了企业的资源，又对企业没有实际的作用。

医生在给病人治病前首先要进行诊断，然后才能对症下药。知识产权管理诊断的过程和医生治病一样至关重要，我们可以把规范看成一个药铺，具体适合用什么药是应该根据病人的病情进行适当调整的，不必服用与病情无关的部分。在贯标过程中应该根据实际诊断的结果，对规范进行适当的调整贯彻，以满足企业个性化的需要。

某企业在贯标时制定的专利管理程序是照抄某大型企业的程序，但由于没对企业进行诊断，该大型企业的资源和本企业存在很大的差别，制定出来的程序不适合企业的实际情况。

企业知识产权管理规范是一个通用的文本，但企业实际上由于规模、行业的不同，存在很大的差别，因此在贯标前要了解企业的实际情况，并根据实际情况对症下药，有针对性地制订相应文件，只有这样，贯标工作在企业才有生命力。

某企业在贯标之初，认为该企业贯标的重点是专利，但经过前期的诊断发现，该企业研发中心的保密工作存在疏漏，既未和重点员工签署保密协议，又无具体的保密措施，存在泄密风险，因此即时调整贯标工作重点，有效在贯标中解决了企业知识产权风险问题。

企业知识产权管理应遵循企业的实际特点，有针对性地进行，《企业知识产权管理规范》的制定是考虑了企业的通用要求，但每个企业都有其实际特点，因此在执行过程中，要结合企业的需求，做到因地制宜。

第二节 方针目标问题

方针目标是企业实施知识产权管理体系的总纲和指引，因此方针目标在制定过程中应从大处着手，考虑企业长远的发展需要，与企业的整体经营发展相适应，同时在目标的设定上要分层次、分部门的进行，既有中长期的目标，又有年度的执行目标；既有公司的总体目标，又有分部门的目标；同时目标应该有相应的考核机制，既考核相关部门，也考核重点员工，只有这样设定的方针目标才能有效完成。

某企业以前每年申请专利不到10件，但在贯标过程中为了提高绩效结果，领导直接定了年专利申请量超过100件的指标，导致在目标的贯彻执行中出现了诸多问题。

目标的设定和企业资源的投入直接相关，每年100件的专利申请量要企业投入相应的资金、人力和时间成本，企业领导的拍脑袋行为将导致企业的不正常发展，因此在目标设定过程中一定要正视企业的现实情况，科学合理地制订相应的目标。

企业只制定了知识产权的总体目标，没有对知识产权目标进行分解和细化，也不可量化。

知识产权目标的设定是想使目标能够更好地在企业得到有效地执行，而程序和记录的制定也是为了保证目标能够实现，因此在目标的制定时一定要分层次、分部门的进行，设定的目标要清晰、责任明确、可量化，以便于及时通过检查目标执行的情况发现企业体系存在的问题，也使企业能最终完成知识产权设定的目标。

第三节　职责权限问题

职责明确才能有效地保证体系的有效运行，这里提到的职责既包括贯标过程中要职责明确，也包括执行知识产权管理体系时的职责要明确。同时由于知识产权管理体系是一个从上到下的工程，应该引起企业最高管理者的足够重视，包括方针目标的设定、宣传动员，以及资源的调配，同时也应任命管理者代表能够代表最高管理者行使具体的管理和沟通职能。

某企业责成具体人员落实贯标，但在执行过程中，该员工无法协调相关部门间的关系，无法从其他部门得到应有的支持，导致贯标工作停滞不前。最后反映到企业最高管理者，经最高管理者动员管理层人员，同时指派公司副总作为管理者代表推进贯标事宜，该企业贯标才得以正常进行。

任何管理体系的贯彻实施都需要企业从上到下的有力推动，知识产权管理体系作为管理体系的一种，在推行之初势必会存在一些抵触的声音，这就要求企业管理者认真对待，并任命能够协调企业各个部门的人员作为管理者代表落实贯标工作，只有这样才能使规范在企业得到有效的贯彻。

某企业由于管理过程中职责不明，导致由于未能及时缴纳专利年费使专利权失效，给企业造成了很大的损失。

知识产权管理的对象是各类知识产权，但管理的主体是人，由于目前一些企业由于知识产权的意识相对薄弱，导致对知识产权的人力投入不足，无专门机构和专业人员负责企业知识产权管理，因此在管理过程中就容易出现各种纰漏，因此在知识产权管理体系中应明确各部门的知识产权职责，以及相关管理人员的知识产权职责，使知识产权得到有效的管理。

第四节 体系文件问题

体系文件包括企业知识产权管理制度、办法、流程和相关的记录表单，体系文件是企业能否进行知识产权有效管理的重要保证和文件基础。《企业知识产权管理规范》是推进企业建立文件化的知识产权管理体系，文件化的管理体系既要求企业能够制定相关的管理文件，又要确保管理文件能够在企业得到有效的执行。在文件的制定过程中，企业应以知识产权相关法律法规为依据，以企业的实际需求为出发点，建立起适合企业的管理办法。

某企业为了能快速完成贯标工作，直接借用网上的管理制度，不加修改地应用到本企业当中。

企业在编制管理文件时可以借用已有的作为参考，但不可照抄，应该根据情况进行修改。如专利法在2008年做过修改，有些企业的专利管理办法还停留在以前的法律基础上，这就造成该企业的专利管理办法缺乏法律基础的支持，甚至有些条款和现行法律条款相抵触。企业在编制制度时应首先收集最新的法律法规，并结合企业现有的情况制定相应的文件。

企业贯彻知识产权管理规范，但不知道该编写多少文件，如何编写。

企业知识产权管理体系文件的编制是建立在企业需求的基础上的，《企业知识产权管理规范》规定了企业应遵守PDCA循环建立企业的管理体系，该体系是以方针目标为指引，以体系文件为保证，以严格执行为基础，只有这样才能达到最初设定的目标。而体系文件的编写是建立在企业的实际需求基础上的，有些企业以专利管理为重点，有些企业以商业秘密管理为重点，因此企业在编写文件的时候尽量从自身的实际业务出发，结合规范的要求，重点防范自身可能存在的知识产权风险即可，对文件的数量未做要求。

第五节 贯彻实施问题

企业知识产权管理体系的构建，诊断和文件编写是基础，实施执行是关键。前一个阶段企业做的是有规可依，这个阶段就是有规必依，也就是要求体系文件中规定的事项一定要严格执行。在企业管理实践中我们经常会发现企业建立了很多制度和流程，但实际企业的管理还是出了很多问题，其根源就在于执行力，即企业未能按照文件的规定执行相关的操作。要保障各项措施得到有效执行需要从两个方面下工夫：一是员工意识，二是监督检查。

某企业在贯标过程中建立了一套完善的知识产权管理文件，但企业未对员工进行有效的培训，导致管理文件不被企业员工所了解，造成管理体系得不到有效的执行。

员工是执行管理体系的关键，因此在构建好管理体系之后就应该在员工培训上下工夫，通过不同层次人员的各类培训，提高员工的意识，使其了解知识产权相关法律法规，以及企业内部的相关规定。尤其是使相关岗位的员工明确自己的职责和相关业务操作程序，使体系文件的内容得到有效的贯彻执行。

某企业建立知识产权管理体系文件之后，不做阶段的监督检查，既无内部审核，也无绩效评价，导致制度形同虚设。

监督是体系有效运行的必要监控手段，监督包括执行过程中的定期检查，查看是否按照设定的目标进行了落实，通过检查也能反思所建立的体系与企业实际是否相符，以便于后期的不断改进。同时，企业也应该将目标的完成情况纳入绩效考评，只有奖罚并重，才能使体系在企业有效运行下去。

第六节　企业意识问题

企业知识产权意识是决定企业知识产权管理投入及绩效的重要因素，尤其是企业管理层的知识产权意识是知识产权管理体系构建能否有效实现的根本保障，只有从上到下的重视，才能推进企业知识产权事业的不断向前发展。

有些企业为了能够达标，做假材料，尤其是执行层面的文件记录。

企业知识产权管理能力提升的受益者是企业本身，而外界的环境只不过是对企业的促进影响。《企业知识产权管理规范》的提出，是想通过优秀企业的经验，使知识产权意识较为薄弱的企业能够提前意识到控制知识产权风险的重要性。目前，一些大企业由于知识产权问题，竞争已经到了白热化阶段，如果企业能够从自身的知识产权管理体系上有所突破，不断反思，通过体系的完善促进企业知识产权的发展，就能够不断提升企业自主创新的能力，提升企业在市场的竞争力。

不管企业出于什么目的进行贯标，既然开始实施贯标，就应该按照规范的要求严格要求，首先解决从领导层到基层员工的意识问题，使他们意识到贯标工作对企业的深远影响，只有这样才能保证从贯标的组织实施到知识产权管理体系的运行得到强有力的支撑，才能达到规范要求的目标。